普通高等院校"十三五"规划教材

形势与政策

XINGSHI YU ZHENGCE

主　编：王日明　宋文兴

副主编：张密丹　尉　萍　周银凤　李新萍
　　　　周　明　袁　溧　余应坤　戴　军

编　者：卫汾梅　徐慧敏　刘建忠　张全梅
　　　　宋珍珍　张　芸　张华胜　冯　梅
　　　　刘驾云　林丽颖　吴　静　何亚云

中国原子能出版社

图书在版编目(CIP)数据

形势与政策/王日明,宋文兴主编. —北京:中
国原子能出版社,2016.8(2021.7 重印)
ISBN 978 - 7 - 5022 - 7490 - 0

Ⅰ.①形⋯ Ⅱ.①王⋯ ②宋⋯ Ⅲ.①时事政策教育
—高等职业教育—教材 Ⅳ.①G641.4

中国版本图书馆 CIP 数据核字(2016)第 207531 号

形势与政策

出版发行	中国原子能出版社(北京市海淀区阜成路 43 号　100048)
责任编辑	王　朋
印　　刷	天津市蓟县宏图印务有限公司
经　　销	全国新华书店
开　　本	787 mm×1092 mm　1/16
印　　张	14
字　　数	320 千字
版　　本	2016 年 8 月第 1 版　2021 年 7 月第 7 次印刷
书　　号	ISBN 978 - 7 - 5022 - 7490 - 0
定　　价	33.00 元

网址:http://www.aep.com.cn　　　　E - mail:atomep123@126.com
发行电话:010 - 68452845　　　　版权所有 侵权必究

前　言

　　形势与政策教育是高等学校学生思想政治教育的重要内容。该课程是高校思想政治理论课的重要组成部分，也是对广大学生进行形势与政策教育的主渠道、主阵地，是每个高校学生的必修课程。它以马克思列宁主义、毛泽东思想和中国特色社会主义理论体系为指导思想，以高校培养目标为依据，紧密结合国内外形势，紧抓大学生的思想实际，对大学生进行比较系统的党的路线、方针和政策的教育。

　　1998 年中共中央宣传部、教育部发布了《关于普通高等学校"两课"课程设置的规定及其实施工作的意见》，明确提出了开设形势与政策课程的要求；2004 年中共中央宣传部、教育部又发布了《关于进一步加强高等学校学生形势与政策教育的通知》，阐述了形势与政策教育的作用和地位；2005 年中共中央宣传部、教育部再一次发布了《关于进一步加强和改进高校思想政治理论课的意见》，其中对形势与政策教育提出了更详细的规定；2018 年教育部印发《新时代高校思想政治理论课教学工作基本要求》，提出严格落实形势与政策课程学分，每学期必修形势与政策课程。

　　本书结合高校学生的实际情况，培养大学生关注时事政治，帮助大学生了解和掌握国际、国内形势与国家方针政策，开拓大学生的视野，提升大学生的思想理论素养和政策水平；引导大学生统一思想、凝聚力量，坚定不移地走中国特色社会主义道路，为全面建成小康社会和实现中华民族伟大复兴的中国梦而努力学习。

　　基于以上要求，本书在编写过程中有以下两大思路：

　　第一，注意培养大学生的兴趣，启发大学生关心政治。在我们的社会生活中，每天都有很多新闻发生，因此，选取大学生普遍关心且能展示政治背景的题材，有利于指导大学生透过纷繁复杂的新闻，看到事物现象的本质，激发大学生关注形势与政策的兴趣并提高大学生对形势与政策的判断力、分析力和辨别力。

　　第二，选材丰富、新颖、典型、可读性强。在选材时，理论联系实际，把抽象的理论形象化、具体化，选材更注重丰富、新颖、典型。背景知识介绍和延伸不仅增加了信息量，也能使大学生更好地解读抽象的理论，可感性强，可读性强。

　　在书稿的编写中，吸取了相关专家、学者的理论研究成果，在此表示诚挚的感谢。由于时间仓促、任务重、作者水平有限，书中难免有不足之处，敬请各位专家、学者及广大读者提出宝贵意见和建议。

编　者

目　录

专题一 百年恰是风华正茂——庆祝中国共产党成立100周年

引言：

2021年是中国共产党成立100周年。100年披荆斩棘，100年风雨兼程，100年，中国社会沧桑巨变，承载着中国人民伟大梦想的航船在中国共产党坚强领导下，乘风破浪、坚毅前行。从石库门到天安门，从兴业路到复兴路，中国人民从站起来、富起来到强起来……中国共产党与时代同步伐、与人民共命运，跨过一道又一道沟坎，取得一个又一个辉煌胜利。百年征程波澜壮阔，百年初心历久弥坚。"100"的背后是什么？是不忘初心，是惟有奋斗，是每一个你我，接过时代的接力棒，奋勇向前。100年恰是风华正茂，新征程仍需砥砺前行。

2021年是中国共产党成立100周年，也是"十四五"开局之年，必将在中国历史上留下浓墨重彩的标注。开启历史新征程，朝着第二个百年奋斗目标进军，这是建党百年来前所未有的重要关口。站在"两个一百年"奋斗目标的历史交汇点上，既要充满信心，也要居安思危。要胸怀中华民族伟大复兴战略全局和世界百年未有之大变局，牢牢把握"国之大者"，锚定党中央擘画的宏伟蓝图，观大势、谋全局、抓大事，坚持底线思维，保持战略定力，勇于担当作为，增强斗争精神，认真做好各项工作，以优异成绩庆祝中国共产党成立100周年。

一、中国共产党百年初心历久弥坚

习近平总书记指出："百年征程波澜壮阔，百年初心历久弥坚。从上海石库门到嘉兴南湖，一艘小小红船承载着人民的重托、民族的希望，越过急流险滩，穿过惊涛骇浪，成为领航中国行稳致远的巍巍巨轮。"红船，见证了中国历史上开天辟地的大事变，成为中国革命源头的象征；"红船精神"，铸就了中华儿女心中永不褪色的精神丰碑，成为全体中华儿女不断夺取新胜利的强大精神力量和宝贵精神财富。在"两个一百年"奋斗目标历史交汇的关键节点，我们要深入学习贯彻习近平总书记在党史学习教育动员大会上的重要讲话精神，大力弘扬"红船精神"，赓续共产党人精神血脉，让"红船精神"绽放新的时代光芒。

（一）"红船精神"昭示着中国共产党人的初心

2005年6月，习近平同志首次提出"红船精神"，将其概括为"开天辟地、敢为人先的首创精神，坚定理想、百折不挠的奋斗精神，立党为公、忠诚为民的奉献精神"，深刻阐述了"红船精神"的丰富内涵、历史地位、时代价值。2017年10月，党的十九大闭幕仅一周，习近平总书记就带领中共中央政治局常委同志，瞻仰上海中共一大会址和浙江嘉兴南湖红船，回顾建党历史，重温入党誓词。习近平总书记在南湖革命纪念馆参观时指出："我们要结合时代特点大力弘扬'红船精神'。""红船精神"是中国革命精神之源，激励着中国共产党砥砺前行、发展壮大，是中国共产党立党兴党、执政兴国的宝贵精神财富。

开天辟地、敢为人先的首创精神激励着中国共产党人始终站在历史和时代发展的潮头。中国共产党是中国工人阶级的先锋队，同时是中国人民和中华民族的先锋队。作为先锋队，必然要始终站在历史和时代发展的潮头，顺应历史发展趋势，勇敢担负起实现民族独立、人民解放和国家富强、人民幸福的历史重任。中国共产党人以开天辟地、敢为人先的首创精神，全力投身于改造旧社会和创造新社会的伟大实践。正是南湖红船点燃的星星之火，形成了中国革命的燎原之势。中国共产党从这里走向井冈山，走向延安，走向西柏坡，走向一个又一个胜利。100年来，中国共产党带领中国人民不懈奋斗，中华民族实现了从站起来、富起来到强起来的伟大飞跃。

坚定理想、百折不挠的奋斗精神激励着中国共产党人推动党和人民事业不断前进。完成民族独立、人民解放和国家富强、人民幸福的历史重任，必然要经历艰苦卓绝的斗争。没有坚定理想、百折不挠的奋斗精神，就不可能取得成功。100年来，中国共产党人对远大理想坚贞不渝，依靠奋斗发展壮大的脚步从未停歇。南湖红船成为巍巍巨轮，靠的就是坚定理想、百折不挠的奋斗精神。中国共产党人的奋斗精神，已经熔铸于战争年代的烽火硝烟之中、建设年代的广阔天地之中、改革年代的风起云涌之中。正是奋斗精神，让中国共产党人历经曲折而不畏艰险，屡经考验而初心不改。

立党为公、忠诚为民的奉献精神激励着中国共产党人坚守为人民谋幸福的初心不动摇。为人民谋幸福，是中国共产党人的初心。中国共产党除了工人阶级和最广大人民群众的利益，没有自己特殊的利益。这决定了中国共产党可以摆脱以往一切政治力量追求自身特殊利益的局限，始终坚持人民立场，把全心全意为人民服务作为党的根本宗旨，把人民对美好生活的向往作为奋斗目标，把人民利益摆在至高无上的地位，努力实现好、维护好、发展好最广大人民的根本利益。100年来，中国共产党干革命、搞建设、抓改革，都是为人民谋利益，为了让人民过上好日子。

（二）大力弘扬"红船精神"是实现中华民族伟大复兴的内在要求

在100年波澜壮阔的征程中，中国共产党团结、带领人民取得了举世瞩目的伟大成就。今天，我们比历史上任何时期都更接近中华民族伟大复兴的目标。但也要清醒认识到，越是接近民族复兴越不会一帆风顺，越充满风险挑战乃至惊涛骇浪。习近平总书记强调："同困难作斗争，是物质的角力，也是精神的对垒。"面对前进道路上的风险挑战乃至惊涛骇浪，我们必须大力弘扬"红船精神"，披荆斩棘、奋勇前进，使"红船精神"成为实现中华民族伟大复兴的坚强精神支撑。

以"红船精神"推进党的自我革命。办好中国的事情，关键在党。中国共产党要始终成为时代先锋、民族脊梁，必须通过自我革命确保自身始终过硬。党的十八大以来，全面从严治党成效显著，全国人民给予高度评价。但也要看到，在党长期执政条件下，各种弱化党的先进性、损害党的纯洁性的因素无时不有，各种违背初心和使命、动摇党的根基的危险无处不在，党内存在的思想不纯、政治不纯、组织不纯、作风不纯等突出问题尚未得到根本解决。还要看到，党面临的"四大考验"具有长期性和复杂性，党面临的"四种危险"具有尖锐性和严峻性。解决思想不纯、政治不纯、组织不纯、作风不纯等突出问题，经受住"四大考验"，克服"四种危险"，一个很重要的方面就是教育引导广大党员、干部挺起中国共产党人的精神脊梁。大力弘扬"红船精神"，建设好共产党人的精神家园，有利于坚决清除一切弱化党的先进性、损害党的纯洁性的因素，坚决割除一切滋生在党的肌体上的毒瘤，坚决防范一切违背初心和使命、动摇党的根基的危险，让中国共产党始终保持蓬勃朝气、昂扬斗志。

以"红船精神"推进党领导的社会革命。实现中华民族伟大复兴，是中国共产党的历史使命。当前，世界正经历百年未有之大变局，中国正处于实现中华民族伟大复兴关键时期，错综复杂的国际环境带来许多新矛盾新挑战，中国社会主要矛盾的变化带来许多新特征新要求，中国共产党正带领人民进行具有许多新的历史特点的伟大斗争，形势环境变化之快、改革发展稳定任务之重、矛盾风险挑战之多、对党治国理政考验之大前所未有。逆水行舟，不进则退。中国共产党绝不能有半点骄傲自满、故步自封，也绝不能有丝毫犹豫不决、徘徊彷徨，必须大力弘扬"红船精神"，在世界形势深刻变化的历史进程中始终走在时代前列，在应对国内外各种风险和考验的历史进程中始终成为全国人民的主心骨，在坚持和发展中国特色社会主义的历史进程中始终成为坚强领导核心，把新时代坚持和发展中国特色社会主义这场伟大社会革命进行好，向着实现中华民族伟大复兴的宏伟目标奋勇前进。

（三）"红船精神"绽放新的时代光芒

回顾走过的路、不忘来时的路，归根结底是为了继续走好前行的路。"红船精神"是中国革命精神之源，具有超越时空的永恒价值。在中国共产党成立100周年之际，我们要大力发扬红色传统、传承红色基因，不断赋予"红船精神"新的时代内涵，让其绽放新的时代光芒，为奋进新征程提供强大精神动力。习近平总书记在

2021年春节团拜会上指出："只要我们党始终站在时代潮流最前列、站在攻坚克难最前沿、站在最广大人民之中，就必将永远立于不败之地！"习近平总书记的重要论述为我们在新时代大力弘扬"红船精神"指明了方向。我们要把弘扬"红船精神"同深入学习贯彻习近平新时代中国特色社会主义思想紧密结合起来，同开展党史学习教育紧密结合起来，提振迈进新征程、奋进新时代的精气神。

在大力弘扬"红船精神"中确保党始终站在时代潮流前列。习近平总书记指出："面向未来，我们要全面推进党和国家各项工作，尤其是贯彻新发展理念、推动高质量发展、构建新发展格局，继续走在时代前列，仍然要以全面深化改革添动力、求突破。"走在时代前列，以全面深化改革添动力、求突破，就要大力弘扬"红船精神"中开天辟地、敢为人先的首创精神。我们要进一步解放思想，坚持创新思维，大胆试、大胆闯，跟着问题走、奔着问题去，准确识变、科学应变、主动求变，充分发挥首创精神，坚持守正创新，以更加积极有效的作为来应对不稳定不确定因素，确保党始终站在时代潮流前列。

在大力弘扬"红船精神"中确保党始终站在攻坚克难最前沿。习近平总书记指出："干事业就要有钉钉子精神，抓铁有痕、踏石留印，稳扎稳打向前走，过了一山再登一峰，跨过一沟再越一壑，不断通过化解难题开创工作新局面。"应对挑战、化解难题，就要知重负重、苦干实干、攻坚克难。这就要求我们大力弘扬"红船精神"中坚定理想、百折不挠的奋斗精神。广大党员、干部要保持越是艰险越向前的刚健勇毅，始终站在攻坚克难最前沿，遇到矛盾和困难敢字为先、干字当头，勇于担当、善于作为，在有效应对重大挑战、抵御重大风险、克服重大阻力、解决重大矛盾中冲锋在前、建功立业。

在大力弘扬"红船精神"中确保党始终站在最广大人民之中。习近平总书记指出："我们党的百年历史，就是一部践行党的初心使命的历史，就是一部党与人民心连心、同呼吸、共命运的历史。"中国特色社会主义进入新时代，社会主要矛盾已经转化为人民日益增长的美好生活需要和不平衡不充分的发展之间的矛盾。我们要把人民对美好生活的向往作为始终不渝的奋斗目标，就要大力弘扬"红船精神"中立党为公、忠诚为民的奉献精神，在任何时候、任何情况下都始终坚持以人民为中心，时刻把群众安危冷暖放在心上，认真落实党中央各项惠民政策，切实解决群众"急难愁盼"的问题，在收入、就业、教育、社保、住房等方面不断增强人民群众的获得感、幸福感、安全感。

"红船精神"，铸就了中华儿女心中永不褪色的精神丰碑，成为我们不断夺取新胜利的强大精神力量和宝贵精神财富。我们要深入学习贯彻习近平总书记在党史学习教育动员大会上的重要讲话精神，大力弘扬"红船精神"，赓续共产党人精神血脉，使"红船精神"成为实现中华民族伟大复兴的坚强精神支撑，让"红船精神"绽放新的时代光芒。

二、中国共产党百年历史划分

中国共产党百年历史，可以划分为四个历史时期：从 1921 年 7 月中国共产党建立至 1949 年 10 月中华人民共和国成立，是新民主主义革命时期；从 1949 年 10 月至 1978 年 12 月党的十一届三中全会召开，是社会主义革命和建设时期；从 1978 年 12 月至 2012 年 11 月党的十八大召开，是改革开放和社会主义现代化建设新时期；从 2012 年 11 月至今是中国特色社会主义新时代。在这四个历史时期，中国共产党完成和推进了四件大事。四件大事铸就了中国共产党百年辉煌。

（一）开天辟地：中国共产党在新民主主义革命时期完成救国大业

中国共产党是在近代中国社会矛盾的剧烈冲突中、在中国人民反抗封建统治和外来侵略的激烈斗争中、在马克思列宁主义同中国工人运动的结合过程中应运而生的。毛泽东同志在总结党的创建的历史时说：中国共产党对中国革命道路的探索经历了艰难的历程。在艰辛的探索实践中，中国共产党坚持把马克思主义基本原理同中国革命具体实际相结合，团结带领中国人民找到了一条农村包围城市、武装夺取政权的正确革命道路，进行了 28 年浴血奋战，打败日本帝国主义，推翻了国民党反动统治，完成了新民主主义革命，建立了中华人民共和国。在这个过程中，党带领人民流血牺牲，历经千难万险。可以说，红色政权来之不易，新中国来之不易。它是红色的，是由无数革命先烈用生命和鲜血换来的。毛泽东同志在党的七大上曾指出："我们党尝尽了艰难困苦，轰轰烈烈，英勇奋斗。从古以来，中国没有一个集团，像共产党一样，不惜牺牲一切，牺牲多少人，干这样的大事。"

新中国的成立，标志着中国共产党领导的人民大众的反帝反封建的新民主主义革命的胜利，宣告中国人民从此站立起来了！它彻底结束了旧中国半殖民地半封建社会的历史，彻底结束了旧中国一盘散沙的局面，彻底废除了列强强加给中国的不平等条约和帝国主义在中国的一切特权，中国人民真正成为国家和社会的主人，实现了中国从几千年封建专制政治向人民民主的伟大飞跃。中华民族走上了实现伟大复兴的壮阔道路，"以勇敢而勤劳的姿态工作着，创造自己的文明和幸福，同时也促进世界的和平和自由"。

（二）改天换地：中国共产党在社会主义革命和建设时期完成兴国大业

新中国成立之初，我国面临的国际国内形势是异常艰难和复杂的。由于长期战争，国内经济凋敝，民不聊生。国民党残余伺机破坏，匪患严重。有些地方还未得到解放，很多基层还未建立政权。以美国为首的西方国家在政治上孤立我们、在经济上封锁我们、在军事上威胁我们。1950年6月25日，朝鲜内战爆发，随后美国入侵朝鲜，同时派第七舰队侵入台湾海峡。新生的中华人民共和国遭到严重安全威胁。"打得一拳开，免得百拳来。"经过充分讨论和全面衡量，党中央和毛泽东主席作出了"抗美援朝，保家卫国"的战略决策。抗美援朝战争打出了新中国的国威军威，提高了中国共产党在全国人民中的威望，提高了中国人民的民族自信心和民族自豪感，维护了亚洲和世界和平，新中国站稳了脚跟。正像后来邓小平同志所说的那样，新中国的成立，"中国取得了一个资格：人们不敢轻视我们"。

同样，怎样建设社会主义，如何推进中国的现代化，对新中国成立之初的中国共产党来说，也是一个全新的课题。中国共产党从学习苏联到"以苏为鉴"，开始探索中国自己的社会主义建设道路。1956年，我国社会主义改造完成，确立起社会主义基本制度，并开始大规模进行社会主义建设，取得巨大的成就。进行社会主义革命，确立社会主义基本制度，这是以毛泽东同志为核心的党的第一代中央领导集体，团结带领全党全国各族人民进行的伟大创造，体现了中国人民的意愿，符合中国的实际，顺应了历史发展的潮流。这场中华民族有史以来最为广泛而深刻的社会变革，为当代中国一切发展进步奠定了根本政治前提和制度基础，为开创中国特色社会主义提供了宝贵经验、理论准备、物质基础。中国共产党在新民主主义革命时期、社会主义革命和建设时期团结带领中国人民实现了中华民族从"东亚病夫"到站起来的伟大飞跃。

（三）翻天覆地：中国共产党在改革开放和社会主义现代化建设新时期推进富国大业

如何结合国情，在一个经济文化落后的国家里，探索中国自己的社会主义建设道路，是一件极不容易的事情。既然是探索，就会有失误。我们党在取得探索成果的同时，从1958年以后发生了"大跃进"、人民公社化运动以及影响全局长达十年之久的"文化大革命"。面对"左"的错误造成的严重后果，我们党进行了深刻反思。1978年12月13日邓小平同志在中央工作会议上发表重要讲话《解放思想，实事求是，团结一致向前看》。他强调指出："如果现在再不实行改革，我们的现代化事业和社会主义事业就会被葬送。"这个讲话实际上成为此后召开的党的十一届三中全会的主题报告，成为新时期解放思想、实事求是的宣言书。

1978年党的十一届三中全会的召开，实现了新中国成立以来党的历史上具有深远意义的伟大转折，开启了改革开放和社会主义现代化建设新时期。党的十一届三中全会后，以邓小平同志为核心的党的第二代中央领导集体，面对"文化大革命"造成的危难局面，以巨大的政治勇气和理论勇气，团结带领全党全国各族人民，深刻总结中国社会主义建设正反两方面经验，借鉴世界社会主义历史经验，解放思想、实事求是，作出把党和国家工作中心转移到经济建设上来、实行改革开放的历史性决策，明确提出走自己的路、建设中国特色社会主义，制定"三步走"发展战略，确立社会主义初级阶段基本路线，深刻揭示社会主义本质，创立邓小平理论，科学回答了建设中国特色社会主义的一系列基本问题，在拨乱反正和改革开放中成功开创了中国特色社会主义。

1989年党的十三届四中全会后，以江泽民同志为核心的党的第三代中央领导集体，面对国内外纷繁复杂的形势，在世界社会主义运动出现严重曲折的严峻考验面前，团结带领全党全国各族人民，坚持党的基本理论、基本路线，坚定捍卫中国特色社会主义，依据新的实践确立党的基本纲领、基本经验，确立社会主义市场经济体制的改革目标和基本框架，确立社会主义初级阶段的基本经济制度和分配制度，提出依法治国基本方略，推进党的建设新的伟大工程，形成"三个代表"重要思想，开创了全面改革开放新局面，成功把中国特色社会主义推向21世纪。

2002年党的十六大后，以胡锦涛同志为总书记的党中央，紧紧抓住和用好重要战略机遇期，团结带领全党全国各族人民，积极推进实践创新、理论创新、制度创新，坚持以人为本、全面协调可持续发展，构建社会主义和谐社会，加快生态文明建设，着力保障和改善民生，促进社会公平正义，推动建设和谐世界，推进党的执政能力建设和先进性建设，形成科学发展观，在全面建设小康社会的伟大实践中，成功坚持和发展了中国特色社会主义。

改革开放和社会主义现代化建设新时期，我国经济得到快速发展，社会保持长期稳定。从1978年至2012年，我国经济高速增长，国内生产总值先后超过意大利、法国、英国、德国，2010年超过日本，成为世界第二大经济体。同时，出口超过德国，成为世界第一大出口国。成为18世纪工业革命以来继英国、美国、日本、德国之后的"世界工厂"，并于2010年跨入上中等收入国家的行列。

中国共产党在改革开放和社会主义现代化建设新时期团结带领中国人民实现了中华民族从站起来到富起来的伟大飞跃。

（四）惊天动地：中国共产党在中国特色社会主义新时代推进并将在本世纪中叶实现强国大业

2012年党的十八大以来，以习近平同志为核心的党中央，团结带领全党全国各族人民，举旗定向，谋篇布局，从理论和实践结合上深刻回答了新时代坚持和发展什么样的中国特色社会主义、怎样坚持和发展中国特色社会主义这个重大时代课题，创立习近平新时代中国特色社会主义思想，统揽伟大斗争、伟大工程、伟大事业、伟大梦想，统筹推进"五位一体"总体布局、协调推进"四个全面"战略布局，坚持完善和发展中国特色社会主义制度，推进国家治理体系和治理能力现代化，解决了许多长期想解决而没有解决的难题，办成了许多过去想办而没有办成的大事，推动党和国家事业取得历史性成就、发生历史性变革，推动中国特色社会主义进入新时代。

新时代党和国家事业的历史性成就和历史性变革，体现在以下几个方面：坚定不移全面加强党对一切工作的领导，党的凝聚力、战斗力、领导力、号召力大大增强。坚定不移贯彻新发展理念，推动我国发展不断朝着更高质量、更有效率、更加公平、更可持续、更为安全的方向前进。我国已经成为世界第二大经济体、第一大工业国、第一大货物贸易国、第一大外汇储备国，对世界经济增长的贡献率达到 30% 左右。取得载人航天、探月工程、量子通信、超级计算、海底深潜、大飞机制造、航空母舰等一大批标志性成果。坚定不移全面深化改革，推动改革呈现出全面发力、多点突破、蹄疾步稳、纵深推进的崭新局面。各领域基础性制度框架基本确立。许多领域实现历史性变革、系统性重塑、整体性重构。坚定不移全面推进依法治国，党运用法律手段领导和治理国家的能力显著提高。全面推进科学立法、严格执法、公正司法、全民守法，法治建设取得新进展。坚定不移加强党对意识形态工作的领导，全党全社会思想上的团结统一进一步巩固。马克思主义在意识形态领域的指导地位得到加强，社会主义核心价值观大力弘扬，文化事业和文化产业繁荣发展，国家文化软实力显著增强。坚定不移坚持在发展的基础上保障和改善民生，人民群众获得感、幸福感、安全感不断提升。脱贫攻坚成果举世瞩目，现行标准下农村贫困人口全部脱贫，8 年来累计脱贫近 1 亿人，全国 832 个贫困县全部摘帽。人民生活水平显著提高，中等收入群体超过 4 亿人。高等教育进入普及化阶段。城镇新增就业连续多年年均超过千万人。建成世界上规模最大的社会保障体系，基本医疗保险覆盖超过 13 亿人，基本养老保险覆盖近 10 亿人。居民平均预期寿命提高到 77.3 岁。坚定不移推进生态文明建设，推动美丽中国建设迈出重要步伐。下大气力治理环境污染，生态环境恶化的局面得到扭转。坚定不移推进国防和军队现代化，推动国防和军队改革取得历史性突破。军队组织形态实现重大变革。坚定不移推进中国特色大国外交，营造了我国发展的国际和平环境和良好周边环境。中国在国际上的话语权得以提升，对世界的影响力不断扩大。坚定不移推进全面从严治党，党的执政基础和群众基础更加巩固。全面从严治党成效卓著，反腐败斗争压倒性态势已经形成并巩固发展。

新时代中国共产党对全面建成小康社会、开启全面建设社会主义现代化国家新征程、实现中华民族伟大复兴中国梦进行了战略谋划。党的十九大将实现第二个百年奋斗目标分为两个阶段安排。第一个阶段，从 2020 年到 2035 年，基本实现社会主义现代化；第二个阶段，从 2035 年到本世纪中叶，把我国建成富强民主文明和谐美丽的社会主义现代化强国，实现中华民族伟大复兴的中国梦。党的十九届五中全会审议通过的《中共中央关于制定国民经济和社会发展第十四个五年规划和二〇三五年远景目标的建议》，对 2035 年远景目标进行了擘画。根据党的十九大的展望，到本世纪中叶，我国物质文明、政治文明、精神文明、社会文明、生态文明将全面提升，实现国家治理体系和治理能力现代化，成为综合国力和国际影响力领先的国家，全体人民共同富裕基本实现，我国人民将享有更加幸福安康的生活，中华民族将以更加昂扬的姿态屹立于世界民族之林。

三、中国共产党百年历史的宝贵经验

1921 年到 2021 年，中国共产党走过了整整一百年的历程。这是用鲜血、汗水、泪水、勇气、智慧、力量写就的百年；是筚路蓝缕、披荆斩棘、艰苦创业、砥砺前行、充满艰险、充满神奇的百年；是苦难中铸就辉煌、挫折后毅然奋起、探索中收获成功、失误后拨乱反正、转折中开创新局、奋斗后赢得未来的百年。争取民族独立、人民解放和实现国家富强、人民幸福，是中国共产党百年历史的主题和主线；"不懈奋斗史""理论探索史""自身建设史"，是中国共产党百年历史的主流和本质；把革命、建设、改革、复兴事业不断推向前进，是中国共产党百年历史的鲜明特征；逐步实现救国、兴国、富国、强国的奋斗目标，是中国共产党百年历史的庄严使命。中国共产党百年历史积累了宝贵经验，这些经验弥足珍贵，概括起来有以下内容。

（一）必须坚持党对一切工作的领导

中国近代以来的历史表明，没有共产党就没有新中国，没有共产党就没有中国特色社会主义。习近平总书记指出："党政军民学，东西南北中，党是领导一切的。"中国特色社会主义最本质的特征是中国共产党领导，中国特色社会主义制度的最大优势是中国共产党领导，党是最高政治领导力量。我们要坚决维护以习近平同志为核心的党中央权威和集中统一领导，完善坚持党的全面领导的体制机制，提高党把方向、谋大局、定政策、促改革的能力和定力。

（二）必须坚持马克思主义的指导地位

中国共产党是在马克思主义指导下建立起来的无产阶级政党。马克思主义是党的思想旗帜、精神旗帜。习近平总书记指出："马克思主义是我们立党立国的根本指导思想。背离或放弃马克思主义，我们党就会失去灵魂、迷失方向。"我们必须把马克思主义基本原理同中国实际和时代特征相结合，不断推进马克思主义中国化，用党的创新理论武装全党、教育人民，不断开辟当代中国马克思主义、21 世纪马克思主义新境界。

（三）必须坚持走中国特色社会主义道路

方向决定前途，道路决定命运。习近平总书记指出："中国特色社会主义不是从天上掉下来的，是党和人民历尽千辛万苦、付出巨大代价取得的根本成就。中国特色社会主义，既是我们必须不断推进的伟大事业，又是我们开辟未来的根本保证。"我们必须始终不渝地既不走封闭僵化的老路，也不走改旗易帜的邪路，而是坚定不移走中国特色社会主义道路。

（四）必须坚持以人民为中心

中国共产党除了工人阶级和最广大人民群众的利益外，没有自己的利益，更没有自己的特殊利益。习近平总书记指出："人民是我们党执政的最大底气，是我们共和国的坚实根基，是我们强党兴国的根本所在。"我们党来自于人民，为人民而生，因人民而兴，必须始终与人民心心相印，与人民同甘共苦，与人民团结奋斗。我们要坚持全心全意为人民服务的根本宗旨，贯彻群众路线，尊重人民主体地位和首创精神，始终保持同人民群众的血肉联系，凝聚起众志成城的磅礴力量，团结带领人民共同创造历史伟业。

（五）必须坚持把发展作为党执政兴国的第一要务

贫穷不是社会主义，解放和发展社会生产力，增强社会主义国家的综合国力，是社会主义的本质要求。习近平总书记指出："发展是解决我国一切问题的基础和关键。"我们必须坚持新发展理念，把推动高质量发展作为主题，建设现代化经济体系，为中国特色社会主义奠定强大的物质基础。

（六）必须坚持深化改革开放

改革开放是当代中国发展进步的活力之源，是党和人民大踏步赶上时代前进步伐的重要法宝，是坚持和发展中国特色社会主义的必由之路。习近平总书记指出："改革开放是我们党在新的时代条件下带领人民进行的新的伟大革命，是当代中国最鲜明的特色，也是我们党最鲜明的旗帜。"改革开放只有进行时，没有完成时。我们要深化对改革开放规律的认识和运用，坚定改革开放的定力，增强改革开放的勇气，坚定不移将改革开放进行到底。

（七）必须坚持民主集中制

民主集中制是马克思主义政党的根本组织原则。我们党在长期的实践中，丰富发展了民主集中制的内容，使之成为党特有的领导制度和工作制度。习近平总书记指出："民主集中制是我们党的根本组织原则和领导制度，是马克思主义政党区别于其他政党的重要标志。"在新的形势下，我们要坚持好这个根本组织原则，保持和发挥好党这个最大的制度优势。

（八）必须坚持科学执政、民主执政、依法执政

科学执政、民主执政、依法执政，是中国共产党在长期执政实践中探索形成的符合中国国情的执政方式。习近平总书记指出："必须适应国家现代化总进程，提高党科学执政、民主执政、依法执政水平，提高国家机构履职能力，提高人民群众依法管理国家事务、经济社会文化事务、自身事务的能力，实现党、国家、社会各项事务治理制度化、规范化、程序化，不断提高运用中国特色社会主义制度有效治理国家的能力。"我们要将党这个科学有效的执政方式坚持好发展好完善好。

（九）必须坚持社会主义意识形态

马克思主义在意识形态领域的指导地位，是全党全国人民共同团结奋斗的思想基础。习近平总书记指出："做好新形势下宣传思想工作，必须自觉承担起举旗帜、聚民心、育新人、兴文化、展形象的使命任务。"我们必须坚定文化自信，坚持以社会主义核心价值观引领文化建设，大力弘扬以爱国主义为核心的民族精神和以改革创新为核心的时代精神，加强社会主义精神文明建设，为全面建设社会主义现代化国家提供强大的思想保证和有力的文化支持。

（十）必须坚持党对人民军队的绝对领导

拥有强大军队和巩固国防，是无产阶级政党夺取政权并长期执政的基本条件。习近平总书记指出："建设一支听党指挥、能打胜仗、作风优良的人民军队，是实现'两个一百年'奋斗目标、实现中华民族伟大复兴的战略支撑。"中国人民解放军是在党的领导下孕育产生的、发展壮大的。坚持党对军队的绝对领导，是中国人民解放军永远不变的军魂，是党长期执政、国家长治久安的根本保障。我们要坚定不移走中国特色强军之路，坚持政治建军、改革强军、科技强军、人才强军、依法治军，全面提高国防和军队现代化水平，把人民军队建设成为世界一流军队。

（十一）必须坚持巩固和发展最广泛的爱国统一战线

统一战线是中国共产党的重要法宝。建立统一战线，实现最广泛的政治团结，扩大社会基础，团结一切可以团结的力量，是中国共产党在各个历史时期取得胜利的一条成功经验。习近平总书记指出："我们搞统一战线，从来不是为了好看、为了好听，而是因为有用、有大用、有不可或缺的作用。说到底，统一战线是做人的工作，搞统一战线是为了壮大共同奋斗的力量。"我们要不断发展壮大新时代的爱国统一战线，促进政党关系、民族关系、宗教关系、阶层关系、海内外同胞关系和谐，

寻求最大公约数，画出最大同心圆，为祖国统一和实现中华民族伟大复兴中国梦增添强大力量。

（十二）必须坚持推进人类和平与发展的崇高事业

中国共产党是为中国人民谋幸福的政党，也是为人类进步事业而奋斗的政党。中国共产党始终把为人类作出新的更大的贡献作为自己的使命。习近平总书记指出："中国共产党所做的一切，就是为中国人民谋幸福、为中华民族谋复兴、为人类谋和平与发展。"我们要高举和平、发展、合作、共赢的旗帜，坚持把握世界发展大势，始终挺立在时代发展的潮头，始终不渝走和平发展道路，始终不渝奉行互利共赢的开放战略，坚持推动构建新型国际关系，推动构建人类命运共同体，加强同各国的友好往来，同各国人民一道，不断把人类和平与发展的崇高事业推向前进。

（十三）必须坚持全面从严治党

中国共产党的伟大不在于不犯错误，而是在于从不讳疾忌医，敢于直面问题，勇于自我革命。习近平总书记指出："打铁必须自身硬。办好中国的事情，关键在党，关键在坚持党要管党、全面从严治党。"我们党之所以在现代中国各种政治力量反复较量中脱颖而出，根本原因在于党始终保持自我革命精神，一次次拿起手术刀来革除自身病症，一次次靠自己解决了自身问题。我们党要始终拥有领导伟大社会革命的资格，就必须勇于进行伟大的自我革命，不断增强自我净化、自我完善、自我革新、自我提高能力，始终保持党的先进性和纯洁性。我们要不断提高管党治党水平，不断推进党的建设新的伟大工程，把党建设得更加坚强有力。

四、从中国共产党百年历史中汲取力量

全面把握党的一百年波澜壮阔历史的丰富内容，坚定党的历史自信，从中国共产党百年历史中汲取智慧与力量。学习党的历史，确立正确的党史观和科学的方法论至关重要。历史是由时间和空间、人物和事件所构成，内容十分丰富，也非常宏大。关键要准确把握党的历史的主题主线、主流本质。

从党的历史的主题主线来了解和把握党的历史。从纵向维度来看，争取民族独立、人民解放和实现国家富强、人民幸福，是中国共产党肩负的两大历史任务，这是中国共产党百年历史的主题和主线。

从党的历史的主流本质来了解和把握党的历史。从横向维度来看，"不懈奋斗史""理论探索史""自身建设史"，是中国共产党百年历史的主流和本质。

从党带领人民所取得的辉煌成就来了解和把握党的历史。辉煌成就可以用"一""二""三""四"作高度概括。"一"就是取得了一个最根本成就：开创、坚持

和发展了中国特色社会主义；"二"就是领导了两场伟大革命：党领导人民进行了伟大社会革命和领导全党进行了伟大自我革命；"三"就是实现了三次伟大飞跃：党领导人民实现了中华民族从"东亚病夫"到站起来的伟大飞跃、实现了中华民族从站起来到富起来的伟大飞跃、迎来了中华民族从富起来到强起来的伟大飞跃；"四"就是完成和推进了四件大事：救国、兴国、富国、强国。开天辟地，在新民主主义革命时期完成救国大业；改天换地，在社会主义革命和建设时期完成兴国大业；翻天覆地，在改革开放和社会主义现代化建设新时期推进富国大业；惊天动地，在中国特色社会主义新时代推进和将在本世纪中叶实现强国大业。前两件大事已经完成，第三件大事和第四件大事正在接续推进之中。救国、兴国、富国、强国四件大事属于纵向维度。从横向维度看，我们党百年来为国家、人民、民族、世界作出了彪炳史册的伟大贡献。我们党对国家的伟大贡献，就是把一个积贫积弱、落后挨打的国家改变成为一个朝气蓬勃、蒸蒸日上、日益走向强大的社会主义现代化国家；对人民的伟大贡献，就是使人民翻身解放、当家作主，真正成为国家、社会和自己命运的主人，促进人的全面发展和社会全面进步，使全体人民朝着共同富裕的目标不断迈进；对民族的伟大贡献，就是实现了中华民族从"东亚病夫"到站起来、富起来的伟大飞跃，迎来了从富起来到强起来的伟大飞跃；对世界的伟大贡献，就是实现了中国从落后时代到大踏步赶上时代、引领时代，从近代以来对人类进步事业贡献较小到贡献较大的历史性转变。

中国共产党的发展历程并不是一帆风顺的，在不同的历史时期，中国共产党都曾遭受过挫折。但中国共产党的伟大不在于不犯错误，而在于从不讳疾忌医，敢于直面问题，勇于自我革命。比如，第五次反"围剿"失败，使中国共产党在白区的革命力量几乎损失100%，苏区的革命力量损失90%。当时，土地革命战争时期创立的十几块革命根据地，除陕甘革命根据地"硕果"仅存外，其余的全部丢失，中国革命几乎陷入绝境。中央红军在突破敌人第四道封锁线时，发生了湘江战役，付出了极大牺牲，人数从出发时的8.6万余人减少到3万多人，到达陕北时只有7 000余人。1958年7月毛泽东在会见黑非洲青年代表团时指出："长征中我们走了很多路，用两条腿走的，全部路程等于地球的轴心，从中国钻进去，从美国出来，有一万二千五百公里。那时我们犯了错误，蒋介石就逼着我们走这么多路，走到北方来了。这以后我们就得到了教训，知道马列主义的普遍真理是应该相信的，但是要同中国革命的实际情况相结合。后来一结合就灵了，就打胜仗了。"遵义会议是中国共产党的历史上一个生死攸关的转折点，会议确立了毛泽东在党中央和红军中的领导地位，在极端危急的关头挽救了党，挽救了红军，挽救了中国革命。遵义会议后，在毛泽东和党中央的正确领导下，中央红军四渡赤水出奇兵，灵活机动，大踏步前进，大纵深迂回，像变成了另一支部队，处处赢得主动。遵义会议召开的时间正好处在新民主主义革命时期 28 年历史的中间点上。新民主主义革命时期 28 年的历史以遵义会议为界标，可以分为前 14 年和后 14 年。前 14 年中国共产党不成熟；后 14 年，中国共产党勇于自我革命，从而不断从胜利走向胜利，先后取得长征的胜利、抗日战争的胜利、解放战争的胜利，最终取得新民主主义革命的胜利，建立了中华人民共和国。

历史启示我们，不断推进自我革命，必须坚持初心和使命、坚持实事求是、坚持民主集中制、坚持批评和自我批评。敢于直面问题、勇于修正错误，是中国共产党的显著特点和优势。习近平总书记强调："强大的政党是在自我革命中锻造出来的。回顾党的历史，我们党总是在推动社会革命的同时，勇于推动自我革命，始终坚持真理、修正错误，敢于正视问题、克服缺点，勇于刮骨疗毒、去腐生肌。正因为我们党始终坚持这样做，才能够在危难之际绝处逢生、失误之后拨乱反正，成为永远打不倒、压不垮的马克思主义政党。"从中国共产党历史上实现的自我革命中，我们可以得到许多深刻的历史启示。

第一，必须坚持初心和使命。习近平总书记在党的十九大报告中指出："中国共产党人的初心和使命，就是为中国人民谋幸福，为中华民族谋复兴。这个初心和使命是激励中国共产党人不断前进的根本动力。"这里需要搞清楚为什么近代中国会产生中国共产党，中国共产党是一个什么性质的党的问题。中国共产党的产生必须具备两个基本条件：马克思主义的广泛传播，独立的工人运动的发生和发展，二者缺一不可。马克思列宁主义与中国工人运动相结合便产生了中国共产党。中国共产党是中国工人阶级的先锋队，同时是中国人民和中华民族的先锋队，这是中国共产党的性质。中国共产党的宗旨是全心全意为人民服务。党的性质和宗旨的表述，其理论根据来自于马克思主义。马克思、恩格斯在《共产党宣言》中强调，共产党人"没有任何同整个无产阶级利益不同的利益"。"过去的一切运动都是少数人的，或者为少数人谋利益的运动。无产阶级的运动是绝大多数人的，为绝大多数人谋利益的独立的运动。"其他阶级都将随着大工业的发展而最终消亡，工人阶级会随着大工业的发展而不断壮大，它是最后一个要被消灭的阶级。它的使命是解放全人类，无产阶级只有解放了全人类才能最后解放自己。因此，1941 年 11 月 6 日毛泽东在陕甘宁边区参议会的演说中强调："共产党是为民族、为人民谋利益的政党，它本身决无私利可图。"中国共产党是中国工人阶级的政党，它没有自己的利益，更没有自己的特殊利益，它代表的利益就是中国工人阶级的利益，就是中国人民和中华民族的利益。因此，中国共产党人要始终坚守理想信念，不忘初心、牢记使命，勇于、敢于、善于为人民利益坚持好的，为人民利益改正错的。

第二，必须坚持实事求是。实事求是是马克思主义的根本观点，是中国共产党人认识世界、改造世界的根本要求，是党的基本思想方法、工作方法、领导方法。毛泽东思想活的灵魂有三个方面，排在第一位的就是实事求是。什么是实事求是？"实事求是"四个字出自班固的《汉书》。《汉书·河间献王刘德》记载，汉景帝刘启的第三个儿子刘德，"修学好古，实事求是"。毛泽东对"实事求是"这四个字进行了革命的改造，赋予其新的内涵，使其成为党的思想路线的核心内容。1941年5月毛泽东在《改造我们的学习》中进行过经典阐释。他说："'实事'就是客观存在着的一切事物，'是'就是客观事物的内部联系，即规律性，'求'就是我们去研究。"这实际上涉及一个什么是真理，怎样获得真理的问题。真理就是事物的本质和规律性认识，它来自实践、又指导实践，受实践检验、又在实践中发展。人类不可能穷尽真理。真理永远是相对的，真理永远处在循环往复、以至无穷的历史过程之中。毛泽东对此特别强调要处理好理论与实践、主观与客观的关系，必须善于调查研究和总结经验。1930年毛泽东写下了著名的《反对本本主义》，他在文中提出了一个著名论断：没有调查，没有发言权。1931年他在《总政治部关于调查人口和土地状况的通知》中，对"没有调查，没有发言权"的论断作了补充和发展，提出"我们的口号是：一，不做调查没有发言权。二，不做正确的调查同样没有发言权"。他教导我们说："调查就像'十月怀胎'，解决问题就像'一朝分娩'。调查就是解决问题。"关于总结经验，1941年8月22日毛泽东在给谢觉哉的一封信中写道："凡人（包括共产党员）都只能根据自己的见闻即经验作为说话，做事，打主意，定计划的出发点或方法论，故注意吸收新的经验甚为重要，未见未闻的，连梦也不会作。""善于总结经验，就是领导者的任务。"历史证明，只有坚持实事求是，坚持我们党的这条思想路线，我们才能做到坚持真理，修正错误，并在实践中推进党的理论创新，坚持和发展马克思主义。

第三，必须坚持民主集中制。民主集中制是党的根本组织原则，是党的根本组织制度和领导制度，还是规范党内政治生活、处理党内关系的基本准则。这个制度是集中指导下的民主和民主基础上集中的结合和统一，是民主和集中的矛盾统一体。民主强调的是集中全党的智慧，集中强调的是凝聚全党的力量。关键是要把握好度的结合点，如果把握不好，偏向民主，就会出现"大民主""极端民主化""一盘散沙"；偏向集中，就会出现个人专断、一言堂、家长制。1929年12月，中国共产党红军第四军第九次代表大会通过的《古田会议决议》，就提出了反对"极端民主化"的问题。在党的历史上，我们看到，民主集中制在党勇于自我革命方面发挥了重要作用。有重大历史转折意义的遵义会议、党的十一届三中全会之所以开得好、开得成功，民主集中制起了保障作用。试想，当年遵义会议和党的十一届三中全会之前的中央工作会议召开时，争论和思想交锋非常激烈，如果没有这个制度起规范和约束作用，那么，搞不好会使党、红军、国家发生分裂。所以，党勇于自我革命，必须坚持好民主集中制这个制度。

第四，必须坚持批评和自我批评。批评和自我批评，是我们党的三大作风之一，是我们党区别于其他政党的一个显著标志。辩证唯物主义和历史唯物主义认为，世界是由矛盾构成的，没有矛盾就没有世界。中国共产党作为一个政治组织，是世界的一部分，也会充满矛盾。正像1937年8月毛泽东在《矛盾论》中所阐述的："党内不同思想的对立和斗争是经常发生的，这是社会的阶级矛盾和新旧事物的矛盾在党内的反映。党内如果没有矛盾和解决矛盾的思想斗争，党的生命也就停止了。"因此，解决党内存在的问题，清除党员和领导干部思想上的政治微生物，克服各种非无产阶级思想和党性不纯的现象，必须积极开展党内思想斗争。而唯一的途径和办法，就是进行批评和自我批评。开展批评和自我批评，坚持的公式是团结——批评——团结，从团结的愿望出发，经过批评和自我批评，在新的基础上达到新的团结。既要弄清思想，又要团结同志。延安整风是我们党开展的一次成功的全党马克思主义教育运动。改革开放后我们党进行了整党和一系列专题集中教育，特别是党的十八大以来，全党先后开展了党的群众路线教育实践活动、"三严三实"专题教育、"两学一做"学习教育、"不忘初心、牢记使命"主题教育，在运用批评和自我批评方面都取得了显著成效。党的十八大以后，在党内政治生活中，应用批评和自我批评的武器已经成为常态。习近平总书记反复强调："批评和自我批评是清除党内政治灰尘和政治微生物的有力武器"，是"我们防身治病的武器"。我们要将这个武器磨利擦亮，将这个武器经常用、反复用，用好、用活、用足、用够。党的历史告诉我们，党要纠正错误，勇于自我革命，必须坚持和发扬好批评和自我批评这个优良作风。

历史是一面镜子，它照亮现实，也照亮未来。立志千秋伟业，百年恰是风华正茂，迈向新征程的中国共产党，举世瞩目。回顾历史，我们豪情万丈；展望未来，我们心潮澎湃。历史是从昨天走到今天再走向明天的，历史的联系不可割断。中国共产党建党百年，已经团结带领中国人民创造了历史的辉煌。中国共产党今天取得的辉煌，为明天取得更大的辉煌提供了前提，创造了条件，奠定了基础。不忘初心、牢记使命、永远奋斗，中国共产党一定会在执政百年暨中华人民共和国成立一百年时，谱写新的篇章，创造出新的更大辉煌。历史在人民的探索和奋斗中造就了中国共产党，中国共产党团结和带领人民创造了历史的辉煌。"看历史，就会看到前途。"学习重温中国共产党百年历史，我们应该坚定中国共产党历史自信，同时，坚定中国人民和中华民族未来自信。

2020 年是新中国历史上极为不寻常的一年，每一个中国人都会铭刻下永难忘却的记忆。面对严峻复杂的国际形势、艰巨繁重的国内改革发展稳定任务，特别是新冠肺炎疫情的严重冲击，以习近平同志为核心的党中央保持战略定力，准确判断形势，精心谋划部署，果断采取行动，付出艰苦努力，交出了一份人民满意、世界瞩目、可以载入史册的答卷。在这一年，党的十九届五中全会描绘了 2035 年远景目标和"十四五"时期我国经济社会发展的指导方针、发展目标、重大战略和重要任务，为在全面建成小康社会之后，开启全面建设社会主义现代化国家新征程展现了一幅更加美好的画卷。

思考题

1. 结合"红船精神"，谈谈如何理解中国共产党的初心与使命？

2. 纵观中国共产党百年历史，可以划分为哪四个历史时期？

专题二 "一带一路"建设

引言:

2000 多年前,亚欧大陆上勤劳勇敢的人民,探索出多条连接亚欧非几大文明的贸易和人文交流通路,后人将其统称为"丝绸之路"。千百年来,"和平合作、开放包容、互学互鉴、互利共赢"的丝绸之路精神薪火相传,推进了人类文明进步,是促进沿线各国繁荣发展的重要纽带,是东西方交流合作的象征,是世界各国共有的历史文化遗产。

习近平总书记在 2013 年 9 月和 10 月先后提出了建设"丝绸之路经济带"和"21 世纪海上丝绸之路"的战略构想。这一构想已经引起了国内和相关国家、地区乃至全世界的高度关注和强烈共鸣。之所以产生如此巨大的效果,就在于这一宏伟构想有着极其深远的意义,蕴藏了无限的机遇与挑战。

"丝绸之路经济带"和"21 世纪海上丝绸之路"是中国顺应当今世界和平、发展、合作的时代潮流而提出的战略构想,它着力构建中国与东南亚、东北亚、中亚、南亚、西亚、欧洲、非洲等区域的合作大通道,致力于实现政策沟通、设施联通、贸易畅通、资金融通、民心相通,推动相关各方在经济、政治、文化等各领域开展广泛、深入、持久的交流与合作,构建更强劲、更有效、更具亲和力的区域一体化合作大格局,旨在推动更多国家和地区共同应对全球发展面临的重大挑战,开展全方位合作,建设利益共享的全球价值链,实现人类和平发展和共同繁荣。

第一讲 "一带一路"介绍及其战略意义

一、"一带一路"介绍

(一)"一带一路"的含义

"一带一路"是"丝绸之路经济带"和"21 世纪海上丝绸之路"的简称。

一带一路(the Belt and Road,缩写为 B&R),是合作发展的理念和倡议,是充分依靠中国与有关国家既有的双多边机制,借助既有的、行之有效的区域合作平台,旨在借用古代"丝绸之路"的历史符号，高举和平发展的旗帜，积极主动地发展与沿线国家的经济合作伙伴关系，共同打造政治互信、经济融合、文化包容的利益共同体、命运共同体和责任共同体。

2014 年博鳌亚洲论坛年会开幕大会上，中国全面阐述了亚洲合作政策，并特别强调要推进"一带一路"的建设。

（二）"一带一路"的前世今生

丝绸之路古已有之，公元前 2 世纪左右，以张骞出使西域开始，汉朝的商人、使者往来频繁，人们把中国的丝绸、纺织品、陶器从长安通过河西走廊（今新疆地区）运往西亚，再转运到欧洲，又把西域各国的香料、药品、奇珍异宝输入中国。这条贯通中西的陆上要道就是历史上著名的丝绸之路。

（1）陆上丝绸之路：起自中国古代都城长安（今西安），经中亚国家、阿富汗、伊朗、伊拉克、叙利亚等而达地中海，以罗马为终点，全长 6 440 千米。这条路被认为是联结亚欧大陆的古代东西方文明的交汇之路，而丝绸则是最具代表性的货物。

19 世纪末，德国地质学家李希霍芬将这条东西大通道誉为"丝绸之路"。德国人胡特森在多年研究的基础上，撰写成专著《丝路》。从此，"丝绸之路"这一称谓得到世界的认可。

（2）海上丝绸之路：是指古代中国与世界其他地区进行经济文化交流的海上通道。海上丝绸之路是由当时东、西洋间一系列港口网点组成的国际贸易网。起于秦汉，兴于隋唐，盛于宋元，明初达到顶峰，明中叶因海禁而衰落。

在唐宋元的繁盛期，中国境内主要由泉州、广州、宁波三个主港和其他支线港组成。其中，泉州为联合国教科文组织唯一认定的海上丝绸之路起点。

（三）"一带一路"建设的提出及推进过程

2013 年 9 月和 10 月：习近平主席在出访中亚和东南亚国家期间，先后提出共建"丝绸之路经济带"和"21 世纪海上丝绸之路"的重大倡议。

2013 年 9 月 7 日：习近平在哈萨克斯坦纳扎尔巴耶夫大学发表演讲时表示为了使各国经济联系更加紧密、相互合作更加深入、发展空间更加广阔，可以用创新的合作模式，共同建设"丝绸之路经济带"，以点带面，从线到片，逐步形成区域大合作。

2013 年 10 月 3 日：习近平主席在印尼国会发表演讲时表示中国愿同东盟国家加强海上合作，使用好中国政府设立的中国—东盟海上合作基金，发展好海洋合作伙伴关系，共同建设"21 世纪海上丝绸之路"。

2013 年:李克强总理在中国—东盟博览会期间强调铺就面向东盟的海上丝绸之路，打造带动腹地发展的战略支点，加快"一带一路"建设。

2013 年 12 月：习近平总书记在中央经济工作会议上指出，推进"丝绸之路经济带"建设，抓紧制订战略规划，加强基础设施互联互通建设。建设"21 世纪海上丝绸之路"，加强海上通道互联互通建设，拉紧相互利益纽带。

2014 年 5 月 21 日：习近平在亚信峰会上作主旨发言时指出，中国将同各国一道，加快推进"丝绸之路经济带"和"21 世纪海上丝绸之路"建设，尽早启动亚洲基础设施投资银行，更加深入参与区域合作进程，推动亚洲发展和安全相互促进、相得益彰。

2014 年 6 月 5 日：习近平出席中阿合作论坛第六届部长级会议表示，希望双方弘扬丝绸之路精神，以共建"丝绸之路经济带"和"21 世纪海上丝绸之路"为新机遇、新起点，不断深化全面合作、共同发展的中阿战略合作关系。

2014 年 8 月：习近平出访蒙古国时，表示欢迎周边国家"搭便车"。

2014 年 11 月 4 日：中央财经领导小组第八次会议，习近平表示尽早确定时间表，并提出建立亚洲基础设施投资银行和设立丝绸之路。

2015 年 3 月 28 日：国家发展改革委（以下简称"发改委"）、外交部、商务部联合发布了《推动共建丝绸之路经济带和 21 世纪海上丝绸之路的愿景与行动》。从时代背景、共建原则、框架思路、合作重点、合作机制等方面阐述了"一带一路"的主张与内涵，提出了共建"一带一路"的方向和任务。

博鳌亚洲论坛开幕式上，习近平发表主旨演讲，表示"一带一路"建设不是要替代现有地区合作机制和倡议，而是要在已有基础上，推动沿线各国实现经济战略相互对接、优势互补。

2015 年 5 月：习近平主席出访哈萨克斯坦、俄罗斯和白俄罗斯，迈出了"一带一路"倡议实施阶段中国对欧亚地区外交的重要一步，三国同为"丝绸之路经济带"沿线国家，与中国不断发展和深化全面战略伙伴关系，经济联系越来越密切。

2015 年 6 月 18—19 日：推进中央企业参与"一带一路"建设暨国际产能和装备制造合作工作会议在京召开，李克强总理指出：推动国际产能和装备制造合作，是新阶段下以开放促进发展的必由之路，既有利于顶住经济下行压力、实现中高速增长、迈向中高端水平，也是与全球经济深度融合，在更高层次上嵌入世界产业链条，实现优势互补、合作发展的共赢之举。

2017 年 5 月 14 日—15 日："一带一路"国际合作高峰论坛在中国北京举行。28 个国家元首和政府首脑应邀出席论坛。本次论坛全面总结"一带一路"建设的积极进展，展现重要早期收获成果。共商下一阶段重要合作举措，进一步推动各方加强发展战略对接。在推进中国经济社会发展和结构调整的同时，推动国际合作，实现合作共赢。

（四）"一带一路"提出的背景

1.国际背景

（1）中国与中亚、东南亚地区经济联系的不断加强是建设"一带一路"的经济基础

1990 年中国与哈萨克斯坦铁路在边境接轨，1992 年投入运营，从中国到欧洲之间第一次有了联通的铁路运输，这使人们再次回想起古代的丝绸之路，被冠以第二亚欧大陆桥的名字。然而开通初期对沟通沿桥各国的作用未能充分发挥，人们对其关注便逐渐下降，这是由于当时的客观条件造成的。当时苏联刚解体不久，1992 年，中国与中亚地区的贸易额仅为 4.6 亿美元。

经过这些年的建设，尤其是 2000 年实施的西部大开发战略，中国西北地区的基础设施建设与经济发展水平与 20 多年前相比已有了本质的变化。中国与中亚地区的贸易额也呈级数倍增长。未来中国与中亚地区在经贸领域的合作将不断深入，内容将更加丰富，规模将进一步扩大。

（2）建设"一带一路"的地缘优势

中国与哈萨克斯坦、吉尔吉斯斯坦、塔吉克斯坦山水相连，共同享有长 3 300 千米的边界线，交通基础设施日益完善，并已开辟霍尔果斯国际边境合作中心。

中南半岛国家与我国有着漫长的陆地边界，我国南海地区深入东南亚，整个东南亚地区形成一个巨大的弧形环绕在中国的南部，这种特征使它对我国华南地区的稳定有着重要影响。

（3）建设"一带一路"的历史渊源

中亚作为丝绸之路的枢纽，源于中国历史上与中亚地区有着密切交流，各民族曾经在这一地区共同创造了辉煌灿烂的古代文明。

中华文明漫长璀璨的历史中，东南亚诸国一直扮演的是属国以及睦邻的角色，一直与中原政权有着密切的交往。

（4）建设"一带一路"的现实需要

由于丝绸之路沿线地区具有重要的区位优势、丰富的自然资源和广阔的发展前景，相关大国近年来纷纷提出了针对这一区域的战略构想，影响较大的有日本的"丝绸之路外交战略"、俄印等国的"北南走廊计划"、欧盟的"新丝绸之路计划"和美国的"新丝绸之路战略"。在区域经济联系不断加强、大国丝绸之路战略竞争日趋激烈的背景下，中国作为古丝绸之路的起点和主要国家，有必要提出自己的丝绸之路战略。

2. 国内背景

（1）区域发展不平衡

长期以来，由于自然、历史和社会等原因，我国中西部地区在经济发展方面相对落后。在西部大开发战略和中部崛起战略实施后区域发展差距过大依然是困扰中国现代化全局的短板之一。随着"丝绸之路经济带"建设的推进，将会有大量的资源从东部转移到中西部，在"丝绸之路"上将培育出新的经济增长极，引进产业、聚集人口，从而加快中西部的跨越式发展。目前，中西部各省都在积极运筹，希望在建设"丝绸之路经济带"的大背景下，能够抓住新的机遇带动和促进本地区的发展。

（2）能源安全形势严峻

中国面临十分复杂的海洋安全环境，霍尔木兹海峡和马六甲海峡是中东和非洲输出石油的必经之路。目前我国约80%的能源进口及进出口货物需经过马六甲海峡，此地水路狭窄，极易封锁，我国在两处海峡的航路安全完全受制于人。虽然我国已开通了中哈、中俄和中缅石油管道，加强了我国从中亚、东北亚和海上石油的进口安全，但通过上述通道进口的原油仅占我国原油进口总量的20%左右，我国海上石油运输安全问题并未得到根本解决，维护海上咽喉通畅的实力亟待进一步增强。

（3）产能严重过剩

中国的钢铁、电力、船舶制造、电解铝产业等产能严重过剩。增强中国企业的国际竞争力和跨国经营能力，向需要这些产品和技术的国家，特别是发展中国家转移。

"一带一路"建设倡议提出后，在一年多时间内，有50多个国家以不同形式表示支持。其中，最引人注目的是中国提出筹建的亚洲基础设施投资银行，截至2015年4月15日，最终确定的意向创始成员国有57个之多，2017年12月，亚投行成员总数扩围至84个。2018年6月26日，批准黎巴嫩作为意向成员加入，其成员总数增至87个。截至2019年7月13日，亚投行已有100个成员国。亚投行本身虽然与"一带一路"没有直接联系，但它致力于促进亚洲地区基础设施建设和互联互通，其中包括为"一带一路"沿线亚投行成员国的相关基础设施建设项目提供服务，对"一带一路"建设的持续开展将起到重要支持作用。与此同时，很多具有互利共赢性质的具体项目，如中俄能源、高铁合作，中巴能源、通道项目等，也在有条不紊地开展和推进。

迄今为止，"一带一路"建设可以说取得了良好的、在某种程度上是超乎预期的开局。这一良好开局，一方面是中国外交做出的很多重要努力的结果；另一方面也反映了这样一个最根本的事实，即不是中国在国际社会有多强的基础性号召力，而是这一战略倡议的提出，顺应了国际社会中，特别是"一带一路"沿线国家潜藏的巨大的共同发展的强烈需求。而中国在呼应和满足这一需求方面，具有资金、技术、人力资本、经验等方面颇为明显的比较优势，以及很高的、迄今在其他大国身上还没有得到充分体现的、与相关国家共同发展的决心和诚意。"一带一路"倡议的提出，对很多沿线国家是一个难得的、具有某种不可替代性的发展机遇。这一客观事实，是推动很多国家对它采取积极态度的一个重要的基础性因素。由于"一带一路"倡议顺应了大多数沿线国家实现社会经济发展、加强多领域交流的强大意愿，加上全球化、信息化时代所具有的全方位技术条件的支撑，它的前景将十分光明。

二、"一带一路"的战略意义

共建"一带一路"，致力于亚欧非大陆及附近海洋的互联互通，建立和加强沿线各国互联互通伙伴关系，构建全方位、多层次、复合型的互联互通网络，实现沿线各国多元、自主、平衡、可持续的发展。"一带一路"的互联互通项目将推动沿线各国发展战略的对接与耦合，发掘区域内市场的潜力，促进投资和消费，创造需求和就业，增进沿线各国人民的人文交流与文明互鉴，让各国人民相逢相知、互信互敬，共享和谐、安宁、富裕的生活。

（一）"一带一路"的现实意义

1. 有助于解决中国的过剩产能的市场问题

过剩产能对经济的运行造成了很大的问题，中国传统的出口国较为单一和狭窄，美欧日占据出口的核心国位置，但这些传统的出口市场已经开拓得较为充分，增量空间已经不大，国内的过剩产能很难通过他们进行消化，在国内消费加速启动难以推进的情况下，通过"一带一路"来开辟新的出口市场是很好的抓手。

2. 有助于解决中国的资源获取问题

中国的油气资源、矿产资源对国外的依存度较高，这些资源主要通过沿海海路进入中国，渠道较为单一。中国与其他重要资源国的合作还不深入，经贸合作也未广泛有效地展开，使得资源方面的合作不稳定、不牢固。"一带一路"新增了大量有效的陆路资源进入通道，对于资源获取的多样化十分重要。

3. 有助于中国的战略纵深开拓和国家安全的强化问题

我国的资源进入现在还主要是通过沿海海路，而沿海直接暴露于外部威胁，在战时极为脆弱。我国的工业和基础设施也集中于沿海，如果遇到外部的打击，整个中国会瞬时失去核心设施。在战略纵深更高的中部和西部地区,特别是西部地区,地广人稀工业少,还有很大的工业和基础设施发展潜力,在战时受到的威胁也少,通过"一带一路"加大对西部的开发,将有利于战略纵深的开拓和国家安全的强化。

4. 有助于中国掌控区域经济的贸易主导权

"一带一路"建设对中国而言,不仅能对冲掉美国主导的试图绕开孤立中国而推进 TPP(跨太平洋伙伴关系协议)、TTIP(跨大西洋贸易与投资伙伴关系协议),还能有机会在"一带一路"经贸中抢占全球贸易新规则制定权。

5. 有助于解决中国区域发展不平衡问题

随着"丝绸之路经济带"建设的推进,将会有大量的资源从东部转移到中西部,在"丝绸之路"上将培育出新的经济增长极,引进产业、聚集人口,从而加快中西部的跨越式发展。目前,中西部各省都在积极运筹,希望在建设"丝绸之路经济带"的大背景下,能够抓住新的机遇带动和促进本地区的发展。

(二)"一带一路"的政治意义

1."一带一路"是推动和平发展的大国方略

"一带一路"是一条和平之路。亚洲是当今世界发展最具活力和最富潜力的地区,也是当前国际战略竞争和博弈的一个焦点。面对周边领土主权争端、大国地缘政治博弈、民族宗教矛盾等问题交织叠加的安全态势,我国坚持"亲、诚、惠、容"的理念,积极倡导共同、综合、合作、可持续的亚洲安全观,指明了一条共建、共享、共赢的亚洲安全之路。

2."一带一路"是实现国家间战略协作的有效平台

国家之间的政治互信与战略对接,对于推进和平发展至关重要。习近平主席强调:"彼此坦诚相待,不惧怕分歧、不回避问题,就各自外交政策和发展战略进行充分交流,增进政治互信,促进战略对接。"在访欧时习近平指出,建设文明共荣之桥,把中欧两大文明连接起来。这些倡议得到受访各国元首的赞同和积极响应。"一带一路"是一条合作共赢、惠及各方之路,是我国与其他大国实现战略对接、实现国家间战略协作的有效平台。

3."一带一路"是承载丝路精神的文明载体

推进中国和平发展,既需要与各国经贸合作的支撑,也离不开文化交流的促进。习近平同志指出,"民心相通是'一带一路'建设的重要内容,也是关键基础""千百年来,丝绸之路承载的和平合作、开放包容、互学互鉴、互利共赢精神薪火相传",强调弘扬丝路精神,就是要促进文明互鉴,尊重道路选择,坚持合作共赢,倡导对话交流。建设"一带一路",需要继承和弘扬"丝路精神",充分发掘沿线国家深厚的历史文化资源,积极发挥文化交流与合作的作用,促进不同文明共同发展。

4. "一带一路"是对外开放的新深化

党的十一届三中全会以来,我国对外开放由点到线、由线到面,从南到北、从东到西逐步扩展。建设"一带一路",是我们党在国际国内形势发生深刻变化的时代条件下,以全新理念推动的新一轮开放,有利于实现国内与国际的互动合作、对内开放与对外开放的相互促进,从而更好地利用两个市场、两种资源,拓展发展空间、释放发展潜力。

5. "一带一路"是经济转型的新引擎

建设"丝绸之路经济带",是打造中国经济升级版的新引擎,能够形成新的亚欧商贸通道和经济发展带,带动我国内陆沿边向西开放,扩大西部经济发展空间。建设"21世纪海上丝绸之路",是打造东部经济升级版的新支点,能够带动沿海地区优化外贸结构,推动经济转型升级,减轻资源环境压力,形成与东南亚国家联动发展的新局面。

6. "一带一路"是互利合作的新拓展

千百年来,"和平合作、开放包容、互学互鉴、互利共赢"的丝绸之路精神薪火相传,推动了人类文明进步。进入21世纪,在以"和平、发展、合作、共赢"为主题的新时代,传承和弘扬丝绸之路精神更显其独特价值和意义——沟通历史与未来,连接中国与世界。习近平主席准确把握新时期国际秩序深刻调整、经济全球化不断深入的大趋势,高屋建瓴提出共建"丝绸之路经济带"和"21世纪海上丝绸之路"的重大倡议,吸引了全世界的目光。"一带一路"建设的不断推进,为世界和平发展注入了强大的正能量,古老的丝绸之路正焕发新的蓬勃生机。

三、"一带一路"的前景

中国提出"一带一路",是现实的必然。当前世界经济增长乏力,各国都急于寻找新的经济增长点。如何实现结构转型,保证亚洲发展稳增长,成为亚洲各国共识。"一带一路"建设,则有望为亚洲经济注入新活力。

据权威机构预测,亚洲在基础设施建设上至少存在8万亿美元资金缺口,这让亚洲基础设施建设缓慢、经济增长乏力、民生改善不足。中国改革开放多年积累下来的资本、技术、装备等优势,则让中国完全有"走出去"的能力。中国带头筹建亚投行、丝路基金等金融机构，将为"一带一路"沿线国家提供融资保障，也充分展现中国作为世界大国的担当和责任。

（1）从经济层面而言，"一带一路"建设将改善沿线国家公路、铁路、港口、油管、桥梁、输电网路、光缆传输等基础设施。同时，该战略还将提升沿线国家在投资贸易、文化教育、旅游购物、医疗卫生等领域的合作往来，实现经济共荣，文明共生。不容忽视的是，创造力不高是亚洲国家通病，而"一带一路"将为亚洲国家提供利用亚洲资源、亚洲智慧提升亚洲创造力的契机。这是保障亚洲市场竞争力的基础，也是提升亚洲在世界话语权的根本。

（2）从安全层面来讲，"一带一路"沿线国家，尤其是中东、非洲的一些国家中，高失业率、高贫困率，让越来越多民众走上极端主义之路，已成为该地区社会动乱一大源头，并对全球其他贫困国家造成"溢出效应"。"一带一路"建设辐射面广，受益面众，能在增加收入、提供就业、改善民生等方面发挥巨大作用。这对亚洲乃至世界安全是个利好消息。

（3）"一带一路"建设还将通过互联互通、深度合作，实现中国与周边国家和地区互利共赢，并形成不可分割的"命运共同体"。这种安危与共、祸福相依的利益共同体，有利于中国与越南、菲律宾等国和平化解领土争端，不啻亚洲和平稳定的"助推器"。

综上所述，"一带一路"建设，就是要通过经济要素有序自由流动，实现资源高效配置，深化市场合作，进而提升总人口约 44 亿、经济总量 21 万亿元的世界最长经济走廊的繁荣发展。"一带一路"串联起的亚、欧、非经济圈，依靠其包容开放原则，凭借其巨大市场和庞大商机，定会吸引全球各国接踵而来。有理由相信，这将增强对全球经济波动的免疫力，并为全球经济发展提供新引擎。

然而，对于这一造福亚、非、欧乃至世界的战略，一些西方国家心存疑虑或心有不解。美国更是将其看成挑战其主导全球经济秩序的象征。正如我国学者所说，中国无意挑战美国主导的世界秩序。中国推出"一带一路"建设，只是出于现实和责任的需要，采取的一种利己利他的双赢发展模式。但不可否认，相较美国主导的"富人俱乐部"式的经济秩序，"一带一路"客观上反映了众多发展中国家的诉求，注定在全球产生一定影响力。这将一定程度改变世界经济秩序，也将有意无意促使美国调整思维，以"平等相待"的心态参与国际事务。

斗转星移，丝绸之路历经沧桑巨变，迎来新的发展机遇。建设"一带一路"，是以习近平同志为核心的党中央着眼坚持和发展中国特色社会主义、实现中华民族伟大复兴"中国梦"而提出的重大战略构想。不失时机地推动实施这一战略构想，必将为实现"中国梦"开拓新局面、创造新机遇，必将给世界梦注入更多的新动能、新活力。

第二讲 "一带一路"建设面临的机遇与挑战

一、"一带一路"建设面临的机遇

"一带一路"建设面临两大全球性机遇：一是以结构调整为推动力的全球性基础设施投资机遇。当前世界各国普遍面临既要保增长，又要调结构的双重挑战，因此把解决这两大难题的联结点放在增加定向投资、加快基础设施开发建设上，近年来纷纷推出庞大的基础设施投资开发规划。这为我国与沿路沿线国家合作提供了良好的机遇和平台。二是以解决 FTA（自由贸易协定）碎片化为推动力的自贸区整合机遇。企业实际利用 FTA 的比率普遍不高。提高 FTA 的利用率和整合碎片化的 FTA 体系，已成为国际社会的共识和迫切愿望。这种需求是我国推进"一带一路"建设的有力抓手。整合沿路沿线现存的各种 FTA，将有助于我国从战略高度出发，打造新型的国际贸易投资合作规则和体制。

"一带一路"作为中国新的国际战略框架，给中国经济带来了多重发展机遇。其战略愿景可分为远近两大层次：近期着眼于"基建互通、金融互通、产业对接、资源引入"，远期则致力于"商贸文化互通、区域经济一体化和共同繁荣"。基于以上分析框架梳理，"一带一路"建设将给国内产业发展带来五大主题机遇。

（一）"通路通航"主题机遇

"通路通航"主题包括交通运输业（港口、公路、铁路、物流），铁路建设与相关设备，航空服务、设备、整机生产等。在"一带一路"建设中，交通运输是优先发展领域，有助于加快提升我国与周边国家交通基础设施的互联互通水平，并形成区域交通运输一体化。

交通运输业（港口、公路、铁路、物流）将率先直接受益于亚欧交通运输大通道的建成，为带动区域经济发展创造条件，将加快推进公路、铁路、民航、海运等多种运输方式的互联互通，吞吐量将明显提升。连云港至鹿特丹港连通的新欧亚大陆桥，将强化其在国际陆路运输中的骨干作用。中国也将全力打造与我国第三大贸易合作伙伴——东盟地区的海、陆、空综合交通方式：海上——将中国和东南亚国家临海港口城市串联起来；内河——中国出资澜沧江—湄公河河道建设，打造黄金水道；

公路——南（宁）曼（谷）、昆（明）曼（谷）公路已经开通，东南亚正在形成"两横两纵"的公路通道；铁路——中国计划以昆明和南宁为起点，建设泛东南亚铁路联系东南亚陆路国家。

交通基础设施建设和运营"走出去"，也将带动铁路建设与相关设备，航空服务、设备及整机生产等产业增长。中国的港口有着丰富的基础设施建设和运营经验，铁路建设"走出去"给其他基础设施类公司"走出去"提供了良好样板。同时，"21世纪海上丝绸之路"中东南亚及南亚国家存在强烈的建设大港口的需求，这些领域的优质企业存在建设和运营"走出去"的良好前景。尤其是在铁路建设方面，突破国家界限的"欧亚铁路网计划"，也会刺激铁路建设的发展。

（二）"基础设施产业链"主题机遇

"基础设施产业链"主题包含建筑业（建筑及基础设施工程），装备制造业（设备及配套类装备制造），基建材料（钢铁、建材、有色等）。

从需求端来看，"一带一路"的沿线国家，无论是从国内需求还是未来区域经济合作的角度分析，这些国家对于基础设施建设的需求均极其旺盛。"一带一路"沿线国家由于财政紧张的原因，基建投资支出不足，普遍呈现基础设施落后的现状——人均 GDP、人均公路里程、人均铁路里程等指标均远低于我国，亚洲和非洲的沿线国家较中国分别有 10% 和 20% 的城镇化提升空间，而中国在自身城镇化过程中累积的大量经验和产品、服务能力可以对外输出。从国内来看，西北部各省区铁路、公路及高速公路密度在全国均排在后面，新疆、青海、甘肃在倒数 5 位之中，宁夏、陕西居于中后段水平，为实现"一带一路"各国间的基建对接，中国西北部的城市建设、交通运输网络等基建领域投资很有空间。

从供给端来看，伴随着固定资产投资增速的"下台阶"，我国建筑业及制造业产能过剩的问题日趋严重，"基建输出"能够大幅缓解我国建筑业、制造业的产品需求压力。在"一带一路"的战略大背景下，我国参与设立"金砖国家开发银行"与"亚洲基础设施投资银行"，很大程度上表明了我国加大对外开展基建投资业务的战略构想。

根据总体基建投入约占 GDP 的 5% 估算，"一带一路"沿线对基建的需求或达到每年 1.05 万亿美元。主观意愿和客观条件形成合力，未来我国建筑业和制造业企业"走出去"的步伐将大幅加快，海外市场广阔的产业扩张前景将逐渐打开。

在"一带一路"的战略政策支持下，对外工程承包施工企业"走出去"能形成较大的出口拉动，有效对冲国内需求端的下滑，从而带动整个"基础设施产业链"。

目前全球经济复苏缓慢，国内经济也面临艰难转型，全球贸易环境不佳，追求出口增长容易引起诸多摩擦和矛盾，而对外投资更容易被接受，用对外投资启动外需是比出口更好的选择。利用施工企业输出方式，带动国内设计、咨询、制造、材料、劳务、金融、保险、服务等多行业的输出，对冲国内需求端下滑。不同于外贸出口通常的低成本和低附加值，施工企业"走出去"方式能有效带动的是中国附加值较高的产品，如机电产品，符合国家产业升级的目标。

（三）"能源建设"主题机遇

"能源建设"主题包括中国油气进口的管道建设相关产业，如电站建设、电力设备等。

拓展稳定的油气资源进口途径是"一带一路"的重要战略目标。近几年我国对油气资源的需求在快速增加，但我国的油气资源进口主要通过马六甲海峡的海路运输，获取途径较为单一，能源安全较易受到威胁，拓展新的油气资源进口途径十分紧迫。

"能源建设"主题之下，构建中国陆上的能源大通道战略，将直接利好中国油气进口的管道建设相关产业。与新疆接壤的中亚国家油气资源极为丰富，是仅次于中东的第二个油气资源最为丰富的地区。目前我国从中亚及俄罗斯进口的石油量占比仍偏低，但天然气近几年却从中亚的进口量在不断攀升。随着天然气的普及，国内需求量的快速增长，通过新疆从中亚的进口量仍将持续增加。

未来，为满足新增进口量的输送需求，新疆将建设多条能源管道，构建中国陆上的能源大通道。配套的输油管道、天然气的输送管道、电网以及道路运输等，这些领域必然迎来进一步的利好。

从需求面来看，"一带一路"沿线发展中国家的电力消费水平极低，发展空间巨大。单从电力消费角度来看，"一带一路"沿线的非经合组织国家的未来电力消费水平将会有极大的增长空间，伴随着电力消费量的增加，必然会带动这些国家的电力投资，从而带来巨大的电气设备需求。

由于这些国家国内制造业比较薄弱，"一带一路"所涉及的主要国家电气设备严重依赖进口。上述国家的总体进口比例约为56.73%，按照此比例并且结合"一带一路"涉及地区的未来投资趋势计算可以得出，在2014—2020年间，"一带一路"沿线地区非经合组织国家大约有年均1 396.06亿美元或更多的电气设备进口需求，今后我国的电力企业有可能会分享这个巨大的海外市场。

我国电气设备的技术水平在诸多领域都已属于世界先进水平，具备了在国际市场上的竞争优势。目前我国的水电项目及设备在国际上是极具竞争力的，全球的水电工程中约有80%是中国企业建设的。在光伏市场方面，我国的太阳能电池产品的转换率在国际上处于先进水平，并且出口组件约占全球市场份额的 60%。

通过"一带一路"建设的逐渐展开，我国电气设备走出去的步伐将进一步加快，我国的电气设备在"一带一路"沿线地区的非经合组织国家市场上占有 40% 左右的市场份额应该是可期的。照此比例计算，我国电气设备企业 2014—2020 年在"一带一路"沿线国家的出口总额将达到 984.35 亿美元 / 年左右，这使我国的电气设备企业大幅受益。

（四）"通商文化"主题机遇

"通商文化"主题包括商贸与文化旅游产业。长期来看，道路连通、贸易连通中同样伴随着文化沟通，"丝绸之路"自古是文化交汇的体现，其交流合作的内容涵盖了文化、旅游、教育等人文活动。

培育具有丝绸之路特色的国际精品旅游线路和旅游产品，可以积极推进特色服务贸易，发展现代服务贸易。人员的流动还会加强沿线国家和地区的特殊旅游产品、文化产品、民俗风情、旅游线路及非物质文化遗产项目的发展，旅游企业可以开展旅游管理协作、旅游业务合作、旅游包机航线、旅游投资贸易、旅游服务采购。

从政策支持方面来看，文化旅游产业也将伴随着"一带一路"整体战略的推进而迎来新的增长空间。

（五）"信息产业"主题机遇

"信息产业"主题是指抓住各国经济的数字化趋势，加快我国信息产品和服务"走出去"。

"互联互通"是加强全方位基础设施建设，不仅是由公路、铁路、航空、港口等交通基础设施的建设组成，还包括互联网、通讯网、物联网等通信基础设施。"一带一路"国家之间的深度互通会对信息基建提出更高的要求，这对中国通信行业特别是像华为、中兴和信威等已经成功"走出去"的通信基础设施提供商，构成重大利好。

中国通信设备产业作为"走出去"战略的先行者，在全球五大电信系统设备厂商中已占据两席。中国电信系统设备厂商的全球竞争力，为落实"一带一路"建设规划中的通信基础设施建设提供了重要基础。

回想中国企业的第一轮"走出去"，华为、中兴和信威等公司受益于国务院扶持优势装备出口的优惠政策，相继获得国家开发银行数百亿元规模的买方信贷融资支持，从而在非洲、拉美、东欧等新兴国家市场拓展中占据优势；现在中国企业迎来了第二轮"走出去"的战略机遇，一方面，全球经济的数字化趋势意味着"一带一路"国家存在持续的信息基础设施建设增长空间；另一方面，亚洲基础设施投资银行、丝路基金等融资机构必会积极对海外信息基础设施进行融资。

中兴、华为等已实施"走出去"战略并取得良好海外布局的排头兵，以及ICT领域其他已经开始海外拓展的公司，都将迎来重大产业机遇。

（六）"自贸区建设"主题机遇

"自贸区建设"主题是指除产业迎来发展机遇外，自贸区战略也将和"一带一路"建设产生良性互动。

"一带一路"规划将以推动建设自贸园区或港区的形式推动经济走廊建设，目前中国正在推进一系列自贸区谈判，逐步构建辐射"一带一路"的高标准自贸区网络。"一带一路"与自贸区建设是"一体两面，相互配套"的关系，将共同构成我国新对外开放格局，前者侧重以基础设施为先导促进沿线经济体互联互通，后者则以降低贸易门槛、提升贸易便利化水平加快域内经济一体化为主要内容。"一带一路"建设与国内自贸区的连接互动关系如下。

1. 自贸区是"一带一路"新开放格局下先行先试的载体

推动沿线地区发展港口经济和自由贸易园（港）区，为建设"一带一路"提供先行先试的载体。"一带一路"的持续发展需要若干沿路港口经济区作为支撑。我国要用好自由贸易园（港）区这一区域合作平台，加快沿线地区自由贸易园（港）区建设，着力消除现有开放领域当中体制机制障碍和壁垒，扩大市场准入，推动重点领域对外开放。

首先要总结上海自贸区的宝贵经验，探索对外商投资实行准入前国民待遇和负面清单管理模式，推进在更宽领域、更高层次的对外开放。同时，加快在广东、广西、福建、海南、云南等沿海、沿边省份推进自由贸易园（港）区建设。

2. 自贸区构成"一带一路"框架下内外联动的抓手

纵览我国各省参与"一带一路"建设的规划方案，不难发现，建设各有侧重的自贸区是标准配置。"一带一路"主打开放型经济，自贸园区建设将成为"一带一路"内外联动的重要抓手，上海、天津、广东、福建"1+3"自贸区构建完成后，未来不排除会在中西部地区设立更多自贸区。

上海自贸区对接"一带一路"建设的切入点是以构建开放型经济新体制为价值目标，建立健全适应开放型经济发展、与国际经济规则相适应的经济运行机制。同时，促进与上海国际金融中心建设紧密结合的金融创新，包括扩大人民币的跨境使用、金融服务业更大程度的开放、金融市场的建设等。

以港口为枢纽，打通东北亚、东南亚，通过印度洋、南太平洋，连贯欧亚大陆。因此，加快建立广东、天津和福建自贸区，是加快实现"一带一路"建设的重大举措。广东自贸区的功能主要是加强粤港澳合作，带动珠三角地区发展，其起点相对较高，在高端服务方面有较多投资机会；天津自贸区的功能主要是面对东北亚市场，航运、金融租赁有较强优势；福建自贸区则主要发展台海贸易，在与我国台湾企业开展深入交流、合作方面有优势。

3. 自贸区建设和"一带一路"建设的互动构成深化改革的动力

随着"一带一路"建设的不断推进，中国的自贸区战略不仅要在国内建设以上海自贸区为代表的若干个自贸区，为中国进一步深化改革提供尝试、总结经验的机会，而且要与当前和未来重要的经贸合作伙伴在贸易、投资等领域建立自贸区，为经贸合作伙伴增强双边经贸活动能力、提升资源跨境配置效率提供更为重要的平台。

从新设自贸区的优势，我们不难看出，以开放倒逼简政放权改革的战略，更是新一轮高水平对外开放和更大范围改革的起点，这将进一步提升中国开放型经济发展水平。经由国内自贸园区和国际自由贸易区建设，"一带一路"建设将获得更加坚实的支撑。

二、"一带一路"建设面临的挑战

（一）沿线国家的制度体制差异大，政局动荡不稳

"一带一路"所涉国家大多是处于政治转型中的发展中国家，在制度体制上存在巨大差异，既有共产党领导的社会主义国家，也有实行西方式政党制度的资本主义国家，还有实行君主政体的阿拉伯国家等。特别是在东南亚、南亚、中亚和中东地区，许多国家国内政治形势复杂，政局变化频繁，政策变动性大，甚至内战冲突不断。一些国家的政治势力还可能出于自身政治目的误解或歪曲"一带一路"建设，借机煽动新的"中国威胁论""中国扩张论"，蓄意阻挠"一带一路"建设。

近年来，中国在利比亚、伊拉克、乌克兰、叙利亚等国家遭遇的投资困境和风险损失值得高度重视。

（二）经济发展水平不平衡，市场开放难度大

"一带一路"联通亚欧非三大陆，联结太平洋和印度洋，包含了老牌欧洲发达国家和新兴发展中经济体，不同国家的经济发展水平和市场发育程度极为不同。有些国家法律法规比较健全，市场发育程度较高，经济环境相对稳定，为企业投资创造

了便利条件；也有一些国家市场封闭，外国投资少，经济特别贫困。

"一带一路"从满足沿线国家的发展需求出发，降低了经济合作的门槛，一方面有利于沿线国家和企业的广泛参与；另一方面也可能造成参与国和企业主体在合作规则认知与收益分配方面的矛盾。此外，尽管中国在"一带一路"建设实施中扮演着主要角色，并利用自身在资金、技术、人员等方面的优势，以优惠政策大力支持沿线有关项目建设，但中国单方面毕竟实力资源有限，也面临着摊子大、后劲不足等风险。

（三）民族宗教矛盾复杂，非传统不安全因素增加

"一带一路"涵盖60多个国家、44亿人口，大多数国家民族众多，基督教、佛教、伊斯兰教、印度教等多元宗教信仰并存，一些宗教内部还存在不同教派，各民族宗教之间的历史纷争复杂，增加了沿线各国合作的难度。中东、中亚、东南亚等地区的国际恐怖主义、宗教极端主义、民族分裂主义势力和跨国组织犯罪活动猖獗，地区局势长期动荡不安。对"一带一路"建设及沿线工程建设构成严峻挑战。

（四）文化繁杂多样，存在因认知偏差误判中国战略企图的可能

由于地理、历史、宗教、民族的差异，"一带一路"沿线国家的文化文明丰富多元，既有中国、印度等东方传统国家，也有西方传统国家；既有俄罗斯、土耳其等欧亚国家，还有新加坡等东西文化交融的国家。

目前中国与东南亚、南亚等沿线地区部分国家围绕有关领土、领海主权争端的不稳定因素短期内无法消除，倘若再遭遇美、日等战略实施区域外因素的干扰，不仅可能激化既有矛盾，引发沿线国家更多的安全疑虑，甚至还会引爆局部的地缘冲突。

（五）领土争端问题

建设"21世纪海上丝绸之路"，首先遇到的问题是需要妥善解决南海争端，创建搁置争议、合作建设的环境和气氛，以合作代替争斗。一则，要与争端当事国进行对话协商，增加合作的共识；二则，要加强与东盟组织的协商，在落实好南海行为宣言的基础上，尽早完成南海行为准则的谈判，签署协议，推动落实。

（六）大国博弈对"一带一路"建设的影响

首先，美国全球战略向亚太倾斜，推行"亚太再平衡"战略，在安全事务中制衡中国影响。

其次，中国与中亚各国深化能源合作易引发俄罗斯的疑虑，担心其主导的欧亚一体化进程受阻。

最后，日本实施"丝绸之路外交"战略和搅局南海围堵中国。

（七）战略规划设计有待完善和细化，中国主导国际战略还需经验

虽然中国政府颁布了《推动共建丝绸之路经济带和 21 世纪海上丝绸之路的愿景与行动》文件，但"一带一路"建设的长远规划还有待完善和细化，特别是有关制度设计和政策安排的谈判协商还面临诸多不确定性，与相关国家的实质性对接与具体合作还没有全面展开。

第三讲 "一带一路"建设实施中应注意的问题

一、"一带一路"建设需要关注的几个问题

"一带一路"建设在推进的方向和方法上也要形成统一认识，要妥善处理好战略利益与商业利益的关系，尤其需要对以下几个问题达成共识。

（一）"一带一路"建设是战略不是项目

建设是深刻把握我国开放型经济面临的形势变化和机遇挑战，以全球化视野对中国新一轮对外开放所进行的战略构想，是推动我国区域经济合作向更大范围、更宽领域、更高水平拓展的战略布局，而非具体、微观的项目设计。因此，推动"一带一路"建设要从战略高度进行统筹谋划，避免聚焦于具体的项目规划。据悉，发改委已经初步完成"一带一路"建设的总体规划，由于过于具体，时间节点过于清晰，一方面，增加了推进的难度，易削弱市场主体参与的主动性和发展能力；另一方面，由于沿线国家经济体制、"一带一路"经济基础和经济战略不同，从中国的定位制订发展规划很难与这些国家的发展规划衔接，可能给外界以中国主导的感觉，使规划最终难以真正落实，影响战略倡议的落实效应。

（二）战略布局的时空范围广、跨度大

"一带一路"建设的内涵及外延丰富，涉及经济基础、上层建筑、国家安全等。"政策沟通、道路联通、贸易畅通、货币流通、民心相通"是"一带一路"建设的主体任务和目标，"五通"包含了国家政策、基础设施、贸易投资、金融体系及风俗文化等硬件软件、线上线下多方面内容。由于"一带一路"涉及国家众多，向东涉及亚太经济圈，向西紧连欧洲经济圈，人口占世界人口的 60%，要实现这一目标的时空范围广、跨度大、周期长，甚至将伴随中国新一轮开放型经济发展的全过程。因此，

要依据十八届三中全会确立的"加强顶层设计和摸着石头过河相结合，整体推进和重点突破相促进"，国家层面不应制定过于细致的实施方案，而是要确立原则、目标、方针、路径等，要留下足够的空间"让市场做主"。

（三）战略设计要立足于现有基础和能力

我国与"一带一路"沿线国家已具备良好的合作基础，与沿线国家区域经济合作步伐正在加快，与上合组织成员、东盟、南亚、印度、巴基斯坦等国家和地区的经贸关系日趋紧密。若能在现有基础之上，依据我们现有的能力，推动经贸先行，贸易和投资的上升自然需要货币的跟进，人流物流的发展也会产生对道路的需求，最终就可实现货币流通，推动实现本币兑换和结算，实现经贸自由化。也就是习总书记所说的以点带面，从线到片，逐步推进区域大合作。要以实质性利益调动相关国家参与的积极性，防止短期目标设定得过高、过大。

（四）战略推进要充分尊重沿线国家的意愿

"一带一路"建设是中国单方面的顶层设计和战略构想，需要沿线各国的参与与合作才能真正落实，但"一带一路"沿线各国社会制度、经济发展水平、文化差异较大，甚至宗教信仰也不尽相同，我国在推动建设进程时，需要对沿线国家有深入的研究和把握，要充分考虑不同国家的发展水平和承受力，避免出台由我国单方面主导，对各国统一的、脱离实际的政策措施。要采取灵活的、符合沿线各国意愿的举措，避免因为过度主导使沿线一些国家产生逆反心理，怀疑中国"一带一路"建设的真正动机，而降低参与热情。

（五）战略安排要发挥市场决定作用

发挥市场的决定作用符合经济发展的客观规律，也是推动各国经贸往来的共同法则。"一带一路"建设既要发挥政府的管理服务功能，更要发挥好市场的调节和资源配置作用，减少对市场主体的束缚，激活市场主体的内在动能和活力，形成"政府搭台，企业唱戏"的格局，使企业成为推动"一带一路"建设的主体和支撑力。政府部门、金融机构、中介组织要在信息传导、平台建设、资金支持、人力资源保障方面为企业提供更多支持。要促进沿线国家中小企业的合作，创新合作方式，以企业为纽带，将各国利益捆绑在一起，逐步实现市场一体化。境内沿线省市在国家制定的目标政策前提下，可以根据地方特色发挥自身的作用，但在与相关国家的合作中，也应坚持互利互惠的市场化原则，不能无限制地"让利"。

（六）战略实施要考虑地缘政治经济格局

推动"一带一路"建设的实质是实行"以我为主"的开放及外交战略，要充分考虑因此而带来的地缘政治经济格局变化，一方面，中国与亚欧发展中国家的政治经济合作会加强；另一方面，与大国的竞争也会更为激烈。中亚作为"丝绸之路经济带"的核心国，也是大国竞争的战略要冲，美国于1999年就通过了《丝绸之路战略法案》，并先后在中亚开辟了8个"转运中心"；中亚是欧盟主要贸易伙伴、投资及能源供应地；日本于1997年提出"丝绸之路外交"，并推动设立"中亚＋日本"外长会晤机制；中亚是俄罗斯长期的"后院"，俄罗斯对其政治倾向特别关注。虽然中国反复强调"不谋求地区事务主导权、不营造势力范围"，但也难免不产生中国与欧美日俄抗衡的嫌疑。因此，要充分预估可能的反作用力，避免问题出现时而措手不及。要"多做少说"，避免与美欧日俄等国在争夺中亚市场的直接对抗，使其对中国的防范与遏制加强，要学会使用博弈策略，既不张扬，也不畏缩，以利益驱动，吸引沿线国家主动参与及合作。

二、对"一带一路"建设实施路径的几点思考

（一）加快启动"一带一路"建设的具体工作

要本着先易后难，由近及远，因势利导，顺势而为的原则，在现有的发展基础上，能干的先干起来。首先，国家层面应尽快出台"一带一路"建设的指导意见，明确指导思想、原则、目标、任务和发展方向，停止相关部门出台具体的产业布局规划，制止地方政府与"一带一路"相关的盲目规划与过度投资。其次，要确定重点领域优先推动，对中亚地区，加强与其在能源、原材料、机械、农业等领域经贸合作；对中东欧地区，加强与其在机械装备、农业、能源、金融等方面的产业内贸易和双向投资；对南亚国家，要对其在基础设施方面加大投资。再次，选择参与热情高，与中国经贸合作基础好，对中国依赖性和互补性强的国家优先推动，并使先期加入的国家能获得较大的利益，使这些国家成为样板和示范，吸引其他国家主动参与。复次，为企业提供相关国家的投资合作指南，使企业自行选择适宜的贸易和投资地区。最后，要扩大文化贸易，输出中国文化，引进亚欧文明。

（二）推动跨国产业链建设

产业链优势是中国产业和外贸发展的竞争优势，也是中国改革开放多年的重要成果，随着劳动力成本等比较优势的减弱，沿海劳动密集型产业向东南亚等国家转移，我国的产业链优势面临着新的整合需要。借助"一带一路"建设，在边境和沿

线有条件的国家，选几个点，建立边境经贸合作区和境外经贸合作区，加强同周边国家的沟通与协商，将我国的产业链向外延伸，建立跨国产业链，有助于释放我国的经济发展量能，加大对"一带一路"国家的吸引力，"润物细无声"地推动"一带一路"建设，逐步扩展我国对"一带一路"的影响力。同时也有助于将部分产能外延，缓解产能过剩的压力，拓展产业和贸易发展空间，扩大沿边开放，巩固我国产业链竞争优势。具体而言，一是提升我国现有边境经济合作区的发展水平，赋予更为积极灵活的便利化措施，推动边境经济合作区发展成为集边境贸易、加工制造、境外资源合作开发与深度加工、生产服务以及区域性物流集散等多功能于一体的综合性产业区；二是进一步推动大湄公河经济圈、两廊一圈及泛北部湾经济圈等地的边境经济合作区建设，扩大与中亚五国、俄罗斯南部、蒙古西部的边境合作区建设；三是完善境外经济合作区的政策支持措施，扩大境外经济合作区建设，在"一带一路"国家中选择与我国关系比较好、政局稳定、资源优势比较突出的国家建立境外经济合作示范区。

（三）着手做好法律制度的安排

建立经济合作机制是我国发展与"一带一路"国家经贸关系的基础和保障，也是推动"一带一路"建设国家层面需要重点做的工作之一。展开与部分经贸合作关系基础好、有条件的国家商签相关的合作协定，包括双边投资保障协定、避免双重免税协定、政府间经贸合作协定以及部门产业的合作协定，如司法协助协定、交通运输协定等，并赋予这些协定以法律制度保障。对于条件比较成熟的国家，可以进一步商签双边自由贸易协定、次区域合作协定，并扩大示范效应。自由贸易协定的签署未必要按照传统模式，可秉着开放性、多元化的原则，采取先易后难、灵活多样的方式，如先签署框架协定、早期收获计划，只要是互利互惠、双方都能够接受、能够促进贸易投资便利化、削减贸易投资成本和壁垒的协定都可以签署，以后再逐渐增加补充协定，只要先起步就可以再逐渐深化和加强，从而编织更加紧密的共同利益网络，将各方利益融合提升到更高水平，最终形成"五通"的经济共同体。

（四）务实推动先行先试举措

要使"一带一路"建设从构想落到实处，不应等到所有的设计规划都完成之后再行动，应从能做的先行务实做起来，重点还是要推动产业和经贸合作，道路、货币、人文、交流相配合，最终实现物流、人流、资金流、信息流的自由流动与畅通。产业合作方面，可优先推动四个领域的合作，一是资源能源加工业要加强和中亚地区能源合作；二是加强农业合作，推动传统农业现代化，发展现代农业、农产品加工和农产品贸易；三是突出各地自身培育的特色产业；四是打文化牌，输出中国文化，引进亚欧文明。贸易投资便利化方面，可充分发挥亚欧博览会和欧亚论坛等平台作用，创造条件打造一批新的交流合作平台。选择境内沿线地区建立自由贸易（园）港区建设"海上驿站"和先行先试载体。条件成熟时，推动在相关领域协商的基础上建立统一的标准，如通关一体化标准、产业行业标准、物流运输标准等，以标准的统一来实现政策的沟通和市场的衔接。

（五）要突出新亚欧大陆桥的作用

"一带一路"建设的重要一环是要通过道路联通，带动沿途省份开放性经济发展、物流运输的便捷，推动贸易畅通和民心相通。东起中国连云港、西至荷兰鹿特丹的新亚欧大陆桥被称为"新丝绸之路"的陆路交通大动脉，中亚的哈萨克斯坦在我国连云港建立了物流中转分拨基地，已将连云港作为其出海口。从目前中国的地缘政治及现有的基础看，应充分发挥中国已建好的欧亚大陆桥的作用。但目前欧亚大陆桥与西伯利亚大陆桥相比，竞争力正在减弱。当务之急，需降低成本，提升竞争力，实现欧亚大陆桥通关便利化。同时，要加强基础设施建设，优先实现与周边邻国的互联互通，共享便利。最终根据我们的海洋实力再考虑打通从太平洋到波罗的海的运输大通道，形成连接东亚、西亚、南亚的交通运输网络。

总体来说，要使"一带一路"建设达到良好效果，重要的是要深刻领会中央的战略意图，以开放的精神和体制制度创新的举措加快发展，地方可根据本地区特点、历史基础，创造性地做些实践。对于布局性重大项目要慎重决策，要防止不切实际的规划、建设，挤压市场主体更多活力和空间。放手让市场发挥作用，自然会产生更多边际效应，催生更多动能和活力。对于亚欧国家，他们需要的是中国的市场，中国的开放红利，只要我们可以稳步推进"一带一路"建设就可以巩固和发展与亚欧国家的经贸关系，相信中国的对内对外开放将在"一带一路"建设中不断积累经验，最终将使更多的开放红利惠及民生。

"一带一路"是合作发展的理念和倡议，是依靠中国与有关国家既有的双多边机制，借助既有的、行之有效的区域合作平台，旨在借用古代"丝绸之路"的历史符号，高举和平发展的旗帜，主动地发展与沿线国家的经济合作伙伴关系，共同打造政治互信、经济融合、文化包容的利益共同体、命运共同体和责任共同体。"一带一路"倡议，对于世界最大的魅力，将不仅仅在于有多少投资和利润，更重要的是它能够给世界带来一股新的潮流，让平等合作、文化交流、经济繁荣，而非军事霸权，成为未来世界秩序的另一条主轴。

思考题

1. 什么是"一带一路"？

2. 简述"一带一路"建设的重要意义。

3. 简述"一带一路"建设的机遇与挑战。

专题三 引领民族复兴的战略布局——四个全面

引言：

党的十八大以来，习近平总书记就治国理政提出了一系列新思想、新观点和新论断，成为统一全党共识、凝聚中华民族奋进力量、夺取中国特色社会主义新胜利、实现中华民族伟大复兴"中国梦"的强大思想武器。习近平总书记"四个全面"战略思想的提出，在理论界及社会各界引起了广泛反响。"四个全面"战略思想意味着什么？怎么定位？有怎样的演进脉络？有哪些突出的特征？如何把握其精神和内涵？在习近平总书记治国理政思想中具有怎样的地位？这些都成为人们讨论的焦点。

第一讲 "四个全面"战略布局的形成过程

2015 年，是全面深化改革的关键之年，也是全面推进依法治国的开局之年。"四个全面"战略思想应运而生。2014 年 12 月，习近平总书记在江苏调研时，第一次明确提出"四个全面"的总体布局。强调要主动把握和积极适应经济发展新常态，协调推进全面建成小康社会、全面深化改革、全面推进依法治国、全面从严治党，推动改革开放和社会主义现代化建设迈上新台阶。2015 年 2 月，在省部级主要领导干部专题研讨班开班式上，关于"四个全面"，习近平总书记又作了明确的说明和界定。"四个全面"战略思想，是以习近平同志为核心的党中央坚持和发展中国特色社会主义的全新布局。

我们党"四个全面"的战略布局，是在党的十六大提出的全面建设小康社会奋斗目标基础上，在党的十八大以来新的伟大实践中，逐步提出并形成的。

一、全面建成小康社会提出和形成的历史过程

讲全面建成小康社会，首先要从"小康"的概念讲起。"小康"概念是 1979 年邓小平同志会见日本首相大平正芳时首先提出和使用的。这里邓小平同志是借用《诗经·小雅》中的一个概念，用来表述我国实现四个现代化所要达到的阶段性目标。他说，"我们要实现的四个现代化，是中国式的四个现代化，不是像你们那样的现代

化概念,而是'小康之家',即达到第三世界中比较富裕一点的国家的水平"。后来他经过思考和让有关部门测算,完善了以前的说法,提出达到中等发达国家的水平。

根据邓小平同志的思想,党的十二大提出我国经济发展分"两步走"的战略。党的十三大进一步予以完善,又提出了我国经济发展"三步走"的战略。第一步,实现国民生产总值比 1980 年翻一番,解决人民温饱;第二步,到本世纪末(指 20 世纪末),国民生产总值再增长一倍,人民生活达到小康水平;第三步,到下世纪中叶(也就是 21 世纪中叶),人均国民生产总值达到中等发达国家水平,人民生活比较富裕,基本上实现现代化。党的十五大是在 1997 年召开的,在对我国即将进入新世纪(21 世纪)进行展望的时候,在十三大"三步走"战略中的第二步到第三步之间,又增加了一个"两步走",形成了一个新的"三步走"战略,即第一步到 2010 年,国民生产总值比 2000 年翻一番;第二步到建党 100 周年时国民经济更加发展;第三步到中华人民共和国成立 100 周年时,基本实现现代化。到 21 世纪初,经过全党和全国人民共同努力,我国经济发展战略中的第一步、第二步目标顺利实现了,因此,2002 年召开的党的十六大在此基础上正式提出了全面建设小康社会的奋斗目标。十六大报告的标题是"全面建设小康社会,开创中国特色社会主义事业新局面",将全面建设小康社会写入报告的标题。大会确定的主题是:高举邓小平理论伟大旗帜,全面贯彻"三个代表"重要思想,继往开来,与时俱进,全面建设小康社会,加快推进社会主义现代化,为开创中国特色社会主义事业新局面而奋斗。全面建设小康社会也列入了大会主题。

十六大提出到建党 100 年,即到 2020 年国内生产总值比 2000 年力争翻两番。十六大报告提出的各项建设指标体系列了四个方面。到十七大时,十七大报告对其充实完善,增加了一个方面,形成五个方面。十七大报告的标题是"高举中国特色社会主义伟大旗帜,为夺取全面建设小康社会新胜利而奋斗",仍将全面建设小康社会写入报告标题,提出的要求是要为夺取新胜利而奋斗。大会确定的主题是:高举中国特色社会主义伟大旗帜,以邓小平理论和"三个代表"重要思想为指导,深入贯彻落实科学发展观,继续解放思想,坚持改革开放,推动科学发展,促进社会和谐，为夺取全面建设小康社会新胜利而奋斗。全面建设小康社会仍然列入大会主题。十八大将全面建设小康社会的奋斗目标改为全面建成小康社会，虽然只有一字之差，内涵却发生了深刻变化。十八大报告标题中的表述相应地也做了改动，十八大报告的标题是"坚定不移沿着中国特色社会主义道路前进，为全面建成小康社会而奋斗"。十八大确定的主题是：高举中国特色社会主义伟大旗帜，以邓小平理论、"三个代表"重要思想、科学发展观为指导，解放思想，改革开放，凝聚力量，攻坚克难，坚定不移沿着中国特色社会主义道路前进，为全面建成小康社会而奋斗。

当时十六大提出的是，到 2020 年国内生产总值力争比 2000 年翻两番，而十八大召开时已是 2012 年，国内生产总值已经翻了一番，十八大报告的提法就调整为比 2010 年翻一番。这个指标与十七大相比，表述有重大变化。从"人均国内生产总值"又恢复到"国内生产总值"的表述，但发展目标中增加了一项比较硬的指标，就是除国内生产总值比 2010 年翻一番外，"城乡居民人均收入"也要比 2010 年翻一番。具体内容包括五个方面：即经济持续健康发展，人民民主不断扩大，文化软实力显著增强，人民生活水平全面提高，资源节约型、环境友好型社会建设取得重大进展。如果细心观察，我们就会发现，这五个方面正是从中国特色社会主义事业总体布局的经济建设、政治建设、文化建设、社会建设、生态文明建设来分别进行论述的。

由此我们可以看出，全面建成小康社会是由党的十八大提出和做出决定的。有的人写文章说党的十七大就提出了全面建成小康社会，这从字面上看确实是这样，十七大报告有两处表述，一处是直接表述，一处是间接表述。一处直接表述是"我们已经朝着十六大确立的全面建设小康社会的目标迈出了坚实步伐，今后要继续努力奋斗，确保到二○二○年实现全面建成小康社会的奋斗目标"；一处间接表述是"今后五年是全面建设小康社会的关键时期。我们要坚定信心，埋头苦干，为全面建成惠及十几亿人口的更高水平的小康社会打下更加牢固的基础"。全面建成小康社会的字样和概念确实已经出现了，但从中我们可以看到，其内涵和实质与十八大所讲的是有所不同的。十八大报告之所以改掉一个字，从报告标题到大会主题，鲜明提出全面建成小康社会，其内涵和战略意义、现实意义是十分深远的。所以，我们的结论是，党的十八大提出和做出了全面建成小康社会的战略决策，全面建成小康社会直接来源于党的十八大。不仅如此，我们还认为，全面深化改革、全面依法治国、全面从严治党也直接或间接来源于党的十八大。虽然"四个全面"与中国特色社会主义理论体系中的邓小平理论、"三个代表"重要思想、科学发展观是一脉相承的关系，但是，它的直接源头是党的十八大精神。

二、全面深化改革提出和形成的历史过程

　　党的十八大在提出全面建成小康社会奋斗目标时，也提出了全面深化改革开放的奋斗目标。将这两个目标并列到一起提出，所列的标题就是"全面建成小康社会和全面深化改革开放的目标"。这种写法和做法是以前所没有过的。它一是说明发展要以改革为动力保障；二是说明改革也需要顶层设计，统筹谋划。十八大报告中对深化改革开放目标的谋划是与发展目标即总体布局的五个方面相对应的，这就形成了五个方面的改革，即经济体制改革、政治体制改革、文化体制改革、社会体制改革、生态文明体制改革。

　　十八届三中全会是对十八大精神的贯彻落实和进一步展开，全会确定的议题和主题就是全面深化改革。与十八大报告不同的是，十八届三中全会少了"开放"两字，按照邓小平同志关于改革开放的论述和思想来看，"开放也是改革"。所以，为了突出改革的主题，将"全面深化改革开放"简化为"全面深化改革"。十八届三中全会通过的《关于全面深化改革若干重大问题的决定》，确定了"5+1+1"的七个方面的改革，除十八大报告中讲到的相同的五个方面的改革外，增加了党的建设制度改革与国防和军队改革。具体内容涉及 15 个领域，330 多个项目。十八届三中全会确定的全面深化改革的总目标是：完善和发展中国特色社会主义制度，推进国家治理体系和治理能力现代化。由上所述，我们可以看到，全面深化改革是党的十八大提出来的，十八大精神是其直接的源头，十八届三中全会就是按照十八大关于全面深化改革的精神和要求，对改革做出的全面战略部署。

三、全面依法治国提出和形成的历史过程

　　改革开放以来，我们党一贯重视法治建设。1978 年 12 月，邓小平同志就提出了"有法可依、有法必依、执法必严、违法必究"的问题。后来我们将其确立和概括为法治建设的十六字方针。党的十五大提出，依法治国，建设社会主义法治国家；党的十六大提出，发展社会主义民主政治，最根本的是要把坚持党的领导、人民当家作主和依法治国有机统一起来；党的十七大提出，依法治国是社会主义民主政治的基本要求，强调要全面落实依法治国基本方略，加快建设社会主义法治国家；党的十八大明确强调，要"全面推进依法治国""法治是治国理政的基本方式"。十八大报告专门在第五部分"坚持走中国特色社会主义政治发展道路和推进政治体制改革"中列了一个问题，来论述全面推进依法治国。

　　十八届四中全会也是对十八大精神的贯彻落实和进一步展开，全会确定的议题和主题是全面推进依法治国。全会通过了《关于全面推进依法治国若干重大问题的决定》。全会提出的全面推进依法治国的任务是：在党的领导下，坚持中国特色社会

主义制度，贯彻中国特色社会主义法治理论，形成完备的法律规范体系、高效的法治实施体系、严密的法治监督体系、有力的法治保障体系，形成完善的党内法规体系（即人们在学习四中全会精神时所讲的法治建设的五大支柱），坚持依法治国、依法执政、依法行政共同推进，坚持法治国家、法治政府、法治社会一体建设，实现科学立法、严格执法、公正司法、全民守法，促进国家治理体系和治理能力现代化。全面推进依法治国的总目标是：建设中国特色社会主义法治体系，建设社会主义法治国家。

以党的十八大作为一个主轴，向前展开，我们可以清楚地看到，十八届三中全会和十八届四中全会是"姊妹篇"，或者说"全面深化改革"和"全面推进依法治国"是"姊妹篇"，是"鸟之两翼、车之双轮"。在"四个全面"中提的是"全面依法治国"，而在十八大报告、十八届四中全会决定以及习近平总书记在江苏调研发表讲话时，都使用的是"全面推进依法治国"。这两个概念和提法可以交叉、交替使用，如果单独讲推进这项工作时是可以继续使用"全面推进依法治国"的提法的，这给人以动态、运动、前进之感。在2017年的全国两会上，李克强总理所做的《政府工作报告》中就还在继续使用"全面推进依法治国"的提法。如果在表述党中央和习近平总书记关于"四个全面"战略布局时，就要省略"推进"二字，这样则更加精练、更加精准、更加精确。这个改动就如同我们将十八大报告中的"全面深化改革开放"简化为"全面深化改革"的做法和道理是一样的。而且，习近平总书记在江苏调研提出"四个全面"时，第四个"全面"用的是"全面从严治党"，但他在党的群众路线教育实践活动总结大会上的讲话，讲到这个问题时，开始也使用的是"全面推进从严治党"，道理和做法也是一样的。它本身就反映了"四个全面"提出和形成的历史过程。

四、全面从严治党提出和形成的历史过程

全面从严治党的概念，是习近平总书记在江苏调研时首先提出的。如果我们认真研读十八大报告也会发现，"全面从严治党"虽然没有像其他三个"全面"那样，直接来源于党的十八大，但是它间接来源于党的十八大。从十八大报告对新形势下党的建设的基本定位和要求看，就是要"全面从严治党"。一是十八大报告的党建部分，是进入新世纪以来党的几次全国代表大会报告中确定任务和要求最多的一次。党的十六大确定任务和要求列了5条，党的十七大确定任务和要求列了6条，而党的十八大则列了8条。专门列了一条"严守党的纪律"问题。二是党的十八大做出决定，要在全党分期、分批开展以为民务实清廉为主要内容的党的群众路线教育实践活动。全面从严治党的要求在教育实践活动中得以强化和体现，而且在教育实践

活动中探索和总结出了新的经验和做法，这个经验和做法一言以蔽之就是"全面从严治党"。因此，对全面从严治党的完整思想，习近平总书记在党的群众路线教育实践活动总结大会上的重要讲话中作了系统阐发。他在这次讲话中总结了全党开展教育实践活动的经验后，对新形势下坚持全面从严治党提出了八个方面的要求。这就是：第一，落实从严治党责任；第二，坚持思想建党和制度治党紧密结合；第三，严肃党内政治生活；第四，坚持从严管理干部；第五，持续深入改进作风；第六，严明党的纪律；第七，发挥人民监督作用；第八，深入把握从严治党规律。在这次讲话中习近平总书记一开始就提出了"全面推进从严治党"的概念和命题。在江苏调研时，他不仅提出了"全面从严治党"，而且系统整合、集成创新，提出了"四个全面"战略布局。将全面从严治党与前三个"全面"进行有机组合，这是一个神来之笔，对战略布局的形成起到了画龙点睛的作用，"四个全面"一下子有机组合成一个整体，活起来了，动起来了，成为新形势下党治国理政的方略和战略布局。

从"一个全面"到"两个全面"。在党的十八大之前，2002年召开的党的十六大在报告中提出了"一个全面"，即"全面建设惠及十几亿人口的更高水平的小康社会"。2007年召开的党的十七大在报告中重申了这"一个全面"的奋斗目标，并且把"全面建设小康社会"改为"全面建成小康社会"。在距离2020年全面建成小康社会还有8年之际召开的党的十八大，统一提出了全面建成小康社会和全面深化改革开放的目标，从而把党的十六大、十七大报告提出的"全面建设小康社会"这"一个全面"扩展为"两个全面"。此后，2013年召开的党的十八届三中全会通过的《关于全面深化改革若干重大问题的决定》把党的十八大报告提出的"全面深化改革开放"简化为"全面深化改革"。

从"两个全面"到"三个全面"。2014年，也就是在全面深化改革元年召开的党的十八届四中全会，审议通过了《关于全面推进依法治国若干重大问题的决定》。该文件提出"全面建成小康社会、实现中华民族伟大复兴的'中国梦'，全面深化改革、完善和发展中国特色社会主义制度，提高党的执政能力和执政水平，必须全面推进依法治国"，这样，就把"两个全面"进一步扩展为"三个全面"。

从"三个全面"到"四个全面"。在十八届四中全会闭幕后不久，2014 年 12 月 14 日，习近平总书记在江苏考察调研时提出："要全面贯彻党的十八大和十八届三中全会、十八届四中全会精神，落实中央经济工作会议精神，主动把握和积极适应经济发展新常态，协调推进全面建成小康社会、全面深化改革、全面推进依法治国、全面从严治党，推动改革开放和社会主义现代化建设迈上新台阶。"至此，把"三个全面"首次扩展为"四个全面"。需要指出的是，在党的十六大、十七大、十八大报告中，虽然都提出过"全面推进党的建设新的伟大工程"，但"全面从严治党"是习近平总书记在这次江苏考察调研中首次提出来的，并且是同全面建成小康社会、全面深化改革、全面依法治国组合在一起，作为"四个全面"首次提出来的。

五、"四个全面"的定位

最初，这"四个全面"是作为全面完成党的十八大提出的任务、要求以及当前党和国家事业发展中必须解决好的主要矛盾提出来的。2015 年 2 月初，习近平总书记在省部级主要领导干部学习贯彻十八届四中全会精神全面推进依法治国专题研讨班开班式上，首次把这"四个全面"定位于党中央的战略布局。

党的工作战略布局问题始终是我们党治国理政的一个重大理论和实践问题。党的工作布局正确，党和国家各项事业的发展就比较顺利。反之，就会出现这样那样的失误和挫折。改革开放以来，我们党对这个问题有过四次权威表述。

第一次是 1986 年 9 月，党的十二届六中全会首次提出："我国社会主义现代化建设的总体布局是：以经济建设为中心，坚定不移地进行经济体制改革，坚定不移地进行政治体制改革，坚定不移地加强精神文明建设，并且使这几个方面互相配合，互相促进。"

第二次是 2012 年 11 月，习近平同志就任党的总书记不久，就在党的十八届中央政治局第一次集体学习时提出：要"深刻领会建设中国特色社会主义的总依据、总布局、总任务"。党的十八大强调，建设中国特色社会主义，总依据是社会主义初级阶段，总布局是"五位一体"，总任务是"实现社会主义现代化和中华民族伟大复兴"。他指出："强调总布局，是因为中国特色社会主义是全面发展的社会主义。我们要牢牢抓好党执政兴国的第一要务，始终代表中国先进生产力的发展要求，坚持以经济建设为中心，在经济不断发展的基础上，协调推进政治建设、文化建设、社会建设、生态文明建设以及其他各方面建设。"他还说："我们要按照这个总布局，促进现代化建设各方面相协调，促进生产关系与生产力、上层建筑与经济基础相协调。"

第三次是 2015 年 2 月 2 日，习近平总书记在省部级主要领导干部学习贯彻党的十八届四中全会精神全面推进依法治国专题研讨班开班式上的讲话中指出："党的十八大以来，党中央从坚持和发展中国特色社会主义全局出发，提出并形成了全面建成小康社会、全面深化改革、全面依法治国、全面从严治党的战略布局。这个战略布局，既有战略目标，也有战略举措，每一个'全面'都具有重大战略意义。全面建成小康社会是我们的战略目标，全面深化改革、全面依法治国、全面从严治党是三大战略举措。"他还强调："要把全面依法治国放在'四个全面'的战略布局中来把握，深刻认识全面依法治国同其他三个'全面'的关系，努力做到'四个全面'相辅相成、相互促进、相得益彰。"

第四次是 2020 年 10 月 29 日，党的十九届五中全会在北京胜利闭幕，翻开五中全会公报，一个变化令人瞩目——协调推进全面建设社会主义现代化国家、全面深化改革、全面依法治国、全面从严治党的战略布局，公报提出的战略布局中，"全面建成小康社会"成为"全面建设社会主义现代化国家"。

第二讲　"四个全面"的重要科学内涵及重大战略意义

"四个全面"是一个大系统，每一个"全面"是一个小系统，彼此之间相互依存、关联递进。全面建成小康社会是奋斗目标，是中国特色社会主义的根本指向；全面深化改革是"关键一招"，为中国特色社会主义注入强大动力；全面推进依法治国是根本保障，为中国特色社会主义保驾护航；全面深化改革、全面推进依法治国如"鸟之两翼、车之双轮"，推动全面建成小康社会的目标如期实现；全面从严治党确保党始终成为中国特色社会主义事业的坚强领导核心，是新常态下波澜不惊、破浪前行的压舱石。

一、"四个全面"的重要科学内涵

（一）全面建成小康社会之"全面"

全面建成小康社会，作为我们党在刚刚进入新世纪、新阶段的十六大就提出的一个管长远管全局的重大战略目标，其重要科学内涵有五个方面：一是指全面建成小康社会覆盖人群之全面，即"要在本世纪（21 世纪）头二十年，集中力量，全面建设惠及十几亿人口的更高水平的小康社会"；二是指全面建成小康社会覆盖领域之全面，也就是"六个更加"，即"使经济更加发展、民主更加健全、科教更加进步、文化更加繁荣、社会更加和谐、人民生活更加殷实"；三是指实现国民经济发展之全面，即推动实现我国国民经济全面发展，以利于缓解一系列重大矛盾；四是指我们党在新世纪之初要推动建设的三大文明协调发展之全面，即要推动实现社会主义物质文明、精神文明、政治文明协调发展；五是指人的发展之全面，就是要在社会生产力不断发展基础上，逐步实现人的全面发展，即更加关注并努力满足中国十几亿人口特别是普通人的多方面发展需要。

（二）全面深化改革之"全面"

全面深化改革，作为以习近平同志为核心的党中央为实现全面建成小康社会战略目标提出的三大战略举措之一，凝聚了我们全党全社会思想共识和行动智慧。特别是十八届三中全会通过的《关于全面深化改革若干重大问题的决定》（以下简称《决定》），提出了到 2020 年全面深化改革的时间表、路线图，描绘了全面深化改革的新蓝图、新愿景、新目标，是对全党全社会积极投身全面深化改革的一次总部署、总动员。

全面深化改革之全面，其重要科学内涵，首先指的是改革总目标之全面。在此之前，我们党也提出过一些着眼于具体领域的改革目标。比如，我们讲过，政治体制改革总的目标是巩固社会主义制度，发展社会主义社会的生产力，发扬社会主义民主，调动广大人民的积极性。党的十四大提出，我国经济体制改革的目标是建立社会主义市场经济体制。党的十八届三中全会提出了"完善和发展中国特色社会主义制度，推进国家治理体系和治理能力现代化"的全面深化改革的总目标，并在这个总目标统领下，明确了经济体制、政治体制、文化体制、社会体制、生态文明体制和党的建设制度深化改革的分目标。这是改革进程本身向前拓展提出的客观要求，同时也体现了我们党对改革目标认识的深化。同这个总目标紧密相连的是，全面深化改革还围绕完善国家现代治理体系即我们党领导下管理国家的制度体系，提出了一系列重大改革举措，强调坚决破除一切妨碍科学发展的思想观念和体制机制弊端，构建系统完备、科学规范、运行有效的制度体系，使各方面制度更加成熟更加定型。

全面深化改革之全面，其重要科学内涵，其次指的是覆盖领域之全面。2014 年2 月，习近平总书记在省部级主要领导干部学习贯彻十八届三中全会精神全面深化改革专题研讨班的讲话中指出："全面深化改革，全面者，就是要统筹推进各领域改革。"十八届三中全会《决定》提出的全面深化改革，覆盖了"5+1+1"的广泛领域，即覆盖构成中国特色社会主义总体布局的经济、政治、文化、社会、生态文明"五位一体"的改革，加上党的建设制度改革，以及国防和军队改革。在一个改革决定中覆盖如此广泛的领域，并且提出的全面深化改革任务有 336 项之多，这在改革开放历史新时期我们党的历次有关改革的全会决定中还是第一次。这是同坚持和发展中国特色社会主义、不断推进中国特色社会主义制度自我完善和发展，到 2020 年在各方面形成一整套更加成熟更加定型的中国特色社会主义制度的要求相对应的。正因为这样，习近平总书记在主持起草党的十八大报告过程中，明确要求在提出全面建成小康社会发展目标的同时，要提出制度建设的目标。事实上，正是通过党的十八大报告提出的中国特色社会主义"五位一体"制度建设的目标，以及依法治国基本方略全面落实、法治政府基本建成、司法公信力不断提高、人权得到切实尊重和保障，构建系统完备、科学规范、运行有效的制度体系，使全面建设中国特色社会主义各方面制度更加成熟更加定型的要求，为党的十八大以后以习近平同志为核心的党中央相继提出全面深化改革、全面推进依法治国奠定了基础。

（三）全面依法治国之"全面"

全面依法治国，作为以习近平同志为核心的党中央为实现全面建成小康社会战略目标提出的三大战略举措之二，其重要科学内涵，首先指的是全面依法治国的总目标之全面。这个总目标就是建设中国特色社会主义法治体系，建设社会主义法治国家。这既明确了全面依法治国的性质和方向，又突出了全面依法治国的工作重点和总抓手，是贯穿十八届四中全会《决定》全篇的一条主线，对全面依法治国具有纲举目张的意义。法治体系是国家治理体系的骨干工程，加快建设中国特色社会主义法治体系，就是要加快形成完备的法律法规体系、高效的法治实施体系、严密的法治监督体系、有力的法治保障体系，形成完善的党内法规体系。

全面依法治国之全面，其重要科学内涵，其次指的是全面依法治国的工作布局之全面。这就是坚持依法治国、依法执政、依法行政共同推进，坚持法治国家、法治政府、法治社会一体建设。依法治国是我国宪法确定的治理国家的基本方略，而依法执政则是我们党治国理政的基本方式，能不能做到依法治国，关键在于我们党能不能坚持依法执政，各级政府能不能坚持依法行政。强调要坚持在依法治国、依法执政、依法行政的共同推进上着力，就是要推进依法执政制度化、规范化、程序化；推进严格规范公正文明执法，坚持法定职责必须为、法无授权不可为。强调要坚持在法治国家、法治政府、法治社会一体建设上用劲，是因为这三者各有侧重、相辅相成，全面推进法治国家、法治政府建设需要全社会共同参与，需要全社会法治观念增强，所以，必须在全社会弘扬社会主义法治精神，树立法律权威，建设社会主义法治文化，培育社会成员办事依法、遇事找法、解决问题靠法的良好环境，自觉维护法治权威，自觉抵制违法行为。

全面依法治国之全面，其重要科学内涵，同时指的是要着力推进科学立法、严格执法、公正司法、全民守法之全面。科学立法是前提，严格执法是关键，公正司法是防线，全民守法是基础。推进科学立法，关键是完善立法体制，提高立法质量，深入推进科学立法、民主立法。推进严格执法，重点是解决执法不规范、不严格、不透明、不文明以及不作为、乱作为等突出问题。推进公正司法，重点是优化司法职权配置，健全司法权力分工负责、相互配合、相互制约的制度安排。推进全民守法，主要是把全民普法和守法作为全面依法治国的长期基础性工作，着力增强全民法治观念，使遵法守法成为全民的自觉行动。

全面依法治国之全面，其重要科学内涵，还体现在坚定不移推进法治领域改革，坚决破除束缚全面推进依法治国的体制机制障碍之全面。党的十八届四中全会研究部署的法治领域改革共提出了190项重要举措，涉及改革发展稳定、内政外交国防、治党治国治军各领域。这表明，全面依法治国是一个系统工程，是国家治理领域一场广泛而深刻的革命。

（四）全面从严治党之"全面"

全面从严治党，作为以习近平同志为核心的党中央为实现全面建成小康社会战略目标提出的三大战略举措之三，同样是值得我们高度重视的。我们党作为一个大党、老党，历来重视从严治党，一贯强调治国必先治党、治党务必从严。党的十八大以来，以习近平同志为核心的党中央在从严治党上进行了新的探索，提出了全面从严治党的纲领性口号，这既契合了全面建成小康社会、全面深化改革、全面依法治国对加强党的领导和党的建设的迫切要求，也体现了我们党在面临长期、复杂、严峻的执政考验、改革开放考验、市场经济考验、外部环境考验这"四大考验"，面临更加尖锐地摆在全党面前的精神懈怠危险、能力不足危险、脱离群众危险、消极腐败危险这"四大危险"的高度清醒和自觉。简而言之，坚持全面从严治党，就是要"为之于未有，治之于未乱"，使我们党永远立于不败之地。

从习近平总书记在党的群众路线教育实践活动总结大会上的讲话和此后一个月习近平总书记在十八届中纪委第五次全会上的讲话阐述的内容看，全面从严治党的科学内涵主要有四个方面：

一是内容无死角。就是要覆盖党的思想建设、组织建设、作风建设、反腐倡廉建设和制度建设各个领域。特别是习近平总书记提出要坚持思想建党和制度治党紧密结合，这是很有现实针对性的。现在，党的建设中一个比较明显的问题是轻视思想政治工作，往往以为定了制度、有了规章，就万事大吉了，有的甚至已经不会或不大习惯于做认真细致的思想政治工作了，还有的甚至认为组织找自己谈话是多此一举。习近平总书记强调，对广大党员干部既要靠教育，也要靠制度，二者一柔一刚，要同向发力、同时发力。

二是主体全覆盖。就是要强化党的建设包括党风廉政建设的主体责任，党委（党组）书记作为第一责任人，既要挂帅，又要出征，对重要工作亲自部署、重大问题亲自过问、重要环节亲自协调、重要案件亲自督办，以上率下，层层传导压力，逐级落实责任。在巩固省区市、中央和国家机关落实主体责任成果的基础上，把责任落实到地市一级。

三是劲头不松懈。做到作风建设永远在路上，纠正"四风"没有休止符，坚持查处腐败问题零容忍的态度不变、猛药去疴的决心不减、刮骨疗毒的勇气不懈、严厉惩处的尺度不松，让那些想搞腐败的人断了念头、搞了腐败的人付出代价。

四是把守纪律、讲规矩摆到更加重要的位置。保持党的团结统一，既要靠共同的理想信念、严密的组织体系、全党同志的高度自觉，又要靠严明的纪律和规矩。纪律不严，规矩不彰，从严治党就无从谈起。党章等党内规章制度，党的纪律，国家法律，是全党必须遵守的规矩；党在长期实践中形成的优良传统和工作惯例，也是十分重要的党内规矩。人不以规矩则废，党不以规矩则乱。习近平总书记指出，腐败问题与政治问题往往是结伴而生的。所以，当前对党的政治纪律和政治规矩，要十分明确地强调、十分坚定地执行。各级领导干部特别是高级干部不但要在守纪律、讲规矩上作表率，还要教育引导年轻干部，让他们从进入干部队伍起就知道守纪律、讲规矩的重要性和严肃性。

二、"四个全面"的重大战略意义

改革开放以来，我们党探索和回答什么是社会主义、怎样建设社会主义，建设什么样的党、怎样建设党，实现什么样的发展、怎样发展这三大基本问题，形成了邓小平理论、"三个代表"重要思想、科学发展观三大理论成果。习近平总书记提出的"四个全面"战略布局，探索和回答了"什么是民族复兴、怎样实现民族复兴"这样的基本问题，进一步推进了马克思主义中国化，是马克思主义中国化的最新理论成果。

习近平总书记在省部级主要领导干部学习贯彻十八届四中全会精神全面推进依法治国专题研讨班的讲话中指出，党的十八大以来，党中央从坚持和发展中国特色社会主义全局出发，提出并形成了全面建成小康社会、全面深化改革、全面依法治国、全面从严治党的战略布局。"四个全面"战略布局，是新一届党中央在治国方略上开拓提升出的新版本，反映了马克思主义中国化的新成就和新境界，是我们在新的历史起点上坚持和发展中国特色社会主义，实现"两个一百年"奋斗目标和中华民族伟大复兴"中国梦"的行动指南。

（一）"四个全面"战略布局有一个逐步形成和完善的过程

"四个全面"战略布局的形成大体经历了三个阶段。第一阶段是从"一个全面"到"两个全面"。2002年党的十六大提出了"一个全面"，即"全面建设惠及十几亿人口的更高水平的小康社会"，2007年党的十七大把"全面建设小康社会"改为"全面建成小康社会"，十八大提出了"两个全面"，即全面建成小康社会和全面深化改革开放，十八届三中全会把十八大报告提出的"全面深化改革开放"简化为"全面深化改革"。第二阶段是从"两个全面"到"三个全面"。2014年十八届四中全会通过了《关于全面推进依法治国若干重大问题的决定》。提出"必须全面推进依法治国"，从而把"两个全面"扩展为"三个全面"。第三阶段是从"三个全面"到"四个全面"。2014年12月，习近平总书记在江苏考察调研期间，强调"协调推进全面建成小康社会、全面深化改革、全面推进依法治国、全面从严治党，推动改革开放和社会主义现代化建设迈上新台阶"，首次将"四个全面"并提，把"三个全面"扩展为"四个全面"。值得注意的是，最初"四个全面"是作为全面完成党的十八大提出的任务和要求而提出来的。2015年2月初，习近平总书记在省部级主要领导干部学习贯彻十八届四中全会精神全面推进依法治国专题研讨班的讲话中，首次把这"四个全面"定位于党中央的战略布局和战略思想。"四个全面"战略布局的形成，也再次彰显了中国特色社会主义理论体系的活力、张力以及承载使命、与时俱进的品格。

（二）"四个全面"战略布局是一个科学的完整的理论体系

"四个全面"战略布局，以实现"两个一百年"奋斗目标和中华民族伟大复兴的"中国梦"为背景，以探索和回答"什么是民族复兴、怎样实现民族复兴"这样的基本问题为主线，形成了内涵丰富、逻辑严密、科学完整的理论体系。

"四个全面"中的每一个"全面"，都是一整套直面现实、承前启后、独具特色的系统思想，闪耀着辩证唯物主义和历史唯物主义的光辉。习近平总书记的系列讲话，科学回答了全面建成小康社会面临的诸多重大问题，全面小康核心在全面，"全面"体现在覆盖的人群是全面的，体现在涉及的领域是全面的，体现在关联的战线是全面的，其着眼点是发展中国特色社会主义事业"五位一体"总体布局；总书记的系列讲话，明确指出了要以更大的政治勇气和智慧推进改革，用全局观念和系统思维谋划改革，把改革的目标确定为"完善和发展中国特色社会主义制度、推进国家治理体系和治理能力现代化"，要正确推进改革、准确推进改革、有序推进改革、协调推进改革，要充分考虑各项改革举措之间的关联性、耦合性，努力做到眼前和长远相统筹、全局和局部相配套、渐进和突破相衔接；习近平总书记的系列讲话，反复强调了让全面依法治国成为治国理政思想的重要组成部分，从国家治理的角度，回答法治协调性的问题，从参与主体的角度，回答法治系统性的问题，特别是回答了党的领导与依法治国关系这一根本问题；习近平总书记的系列讲话，深刻诠释了全面从严治党的内涵和要求，全面从严治党"全面"是基础，是思想建党和制度治党的紧密结合，是建章立制和执行落实的有机统一，是自上而下和自下而上的双向互动，"从严"是关键，包括教育要严、标准要严、执纪要严、惩治要严、制度要严，"严"是贯穿始终的主线。

在"四个全面"中，全面建成小康社会是处于引领地位的战略目标，全面深化改革、全面依法治国、全面从严治党相辅相成，共同为这一战略目标提供基本动力、基本保障、基本支撑。可见，"四个全面"相辅相成、相互促进、相得益彰，是一个科学的完整的理论体系。

（三）"四个全面"战略布局是马克思主义中国化的最新理论成果

改革开放以来，在新的历史时期，我们党坚持马克思主义的思想路线，不断探索和回答什么是社会主义、怎样建设社会主义，建设什么样的党、怎样建设党，实现什么样的发展、怎样发展这三大基本问题，形成了邓小平理论、"三个代表"重要思想、科学发展观三大理论成果。

党的十八大以来，以习近平同志为核心的党中央以筚路蓝缕、以启山林的精神，坚持问题导向和科学思维，以当代中国共产党人的全局视野和战略眼光，坚定中国自信、立足中国实际、总结中国经验、针对中国难题，提出了"四个全面"战略布局，进一步探索和回答了"什么是民族复兴、怎样实现民族复兴"这样的基本问题，从而在整体上进一步深化和丰富了我们对共产党执政规律、社会主义建设规律、人类社会发展规律的认识，进一步推进了马克思主义中国化，坚持并丰富了党的基本理论、基本路线、基本纲领和基本经验，开辟了马克思主义中国化的新境界。

"四个全面"战略布局是马克思主义中国化的最新理论成果，它第一次把全面小康放在"中国梦"的大格局中审视，把全面小康目标升华成民族复兴的重要里程碑，将全面建成小康社会定位为"实现中华民族伟大复兴'中国梦'的关键一步"；第一次将全面深化改革的总目标确定为"完善和发展中国特色社会主义制度、推进国家治理体系和治理能力现代化"；第一次将全面依法治国论述为全面深化改革的"姊妹篇"，形成"鸟之两翼、车之双轮"；第一次为全面从严治党标定路径，要求"增强从严治党的系统性、预见性、创造性、实效性"，锻造我们事业更加坚强的领导核心。"四个全面"战略布局是我们党治国理政方略与时俱进的新创造、马克思主义与中国实践相结合的新飞跃，它使得我们党和国家各项工作的关键环节更加清晰、内在逻辑更加严密，使得以习近平同志为核心的新一届中央领导集体治国理政的总体框架更加完整、日臻成熟。这一马克思主义中国化的最新理论成果，将在我国今后更加壮阔的改革开放大业中逐渐展现其导航和引领作用。

（四）"四个全面"战略布局是实现中华民族伟大复兴的行动指南

习近平总书记提出的"四个全面"战略布局，既有目标又有举措；既有全局又有重点，每一个"全面"都具有重大战略意义。"四个全面"蕴含的丰富战略思想，既是建设中国特色社会主义、实现中华民族伟大复兴"中国梦"的战略布局，又是坚持和发展中国特色社会主义道路、理论、制度的战略抓手。我们只有从思想上深刻认识和理解这个战略布局，才能在实践中提高贯彻落实好这个战略布局的自觉性坚定性。要深刻认识"四个全面"的重大现实意义。

要认识到"四个全面"战略布局是从我国发展现实需要中得出来的，是从人民群众的热切期待中得出来的，是为推动解决我们面临的突出矛盾和问题提出来的。提出"四个全面"，针对的是当今中国的基本国情和时代特点，直面的是改革深水区攻坚期的特殊阶段，回应的是中国特色社会主义道路的新要求。这一战略布局，统一于民族复兴的伟大梦想，统一于中国特色社会主义伟大事业，是中国和中国人民阔步走向未来、实现中华民族伟大复兴"中国梦"的关键抉择。要深刻把握"四个全面"的内在逻辑关系。

在"四个全面"战略布局中，全面建成小康社会是处于引领地位的战略目标，全面深化改革、全面推进依法治国、全面从严治党，同样具有不可替代的地位和作用，只有以全面深化改革破解民族复兴进程中的深层次矛盾问题，以全面依法治国确保现代化建设有序进行，以全面从严治党巩固党的执政基础和群众基础，才能绘就全面小康社会的宏图，才能建成富强民主文明和谐的社会主义现代化国家。因此，对"四个全面"必须全面把握、全面坚持，不可偏离和偏废。要统筹协调"四个全面"的贯彻落实。深入研究和科学把握"四个全面"的关联性、耦合性，注重统筹谋划、协同配合，做到同频共振、形成合力。还要协调推进"四个全面"战略布局与坚持中国特色社会主义事业"五位一体"总体布局的关系，只有始终坚持这样的统筹协调推进，才能把"四个全面"贯彻得更加自觉、落实得更加到位。

第三讲 在实践中统筹协调好"四个全面"的贯彻落实

习近平总书记提出的"四个全面"这一党和国家工作的战略布局，不但要管到2020年全面小康社会建成之日，即第一个一百年奋斗目标实现之日，而且对实现第二个一百年奋斗目标也将是长期管用的。因此，我们只有从思想上深刻认识和理解这个战略布局，才能在实践中提高贯彻落实好这个战略布局的自觉性和坚定性。

（一）用马克思主义的唯物辩证法深刻认识"四个全面"的内在逻辑关系

党的十三大报告提出的党在社会主义初级阶段"一个中心，两个基本点"的基本路线是一个相互贯通、相互依存、不可分割的统一整体。其中，"一个中心"，即始终坚持以经济建设为中心，是明确现阶段我国社会主要矛盾的"一元论"；"两个基本点"，即始终坚持四项基本原则、坚持改革开放，是为解决上述主要矛盾在方法论和策略原则上必须坚持的"两点论"。"两个基本点"是统一于和服务于"一个中心"的。在实践中，对"一个中心，两个基本点"，必须全面把握、全面坚持，做到既须臾不可偏离，又丝毫不可偏废。"四个全面"的战略布局也是如此。其中，全面建成小康社会是我们党在新世纪、新阶段一以贯之的战略目标，而全面深化改革、全面依法治国、全面从严治党则是实现这个战略目标的三大战略举措；全面建成小康社会可以说是对应于党的基本路线中的"一个中心"的，而全面深化改革、全面依法治国、全面从严治党则可以说是对应于党的基本路线中的"两个基本点"的。因此，对这"四个全面"同样必须全面把握、全面坚持，同样必须做到既须臾不可偏离，又丝毫不可偏废。

（二）用统筹协调的方法贯彻落实好"四个全面"的战略布局

习近平总书记在党的十八届三中全会上的重要讲话中深刻指出，全面深化改革是一个复杂的系统工程，随着改革不断深入，各个领域、各个环节改革的关联性、互动性明显增强，每一项改革都会对其他改革产生重要影响，每一项改革又都需要其他改革协同配合。我们要统筹谋划深化改革各个方面、各个层次、各个要素，深入研究各领域改革关联性和各项改革举措耦合性，使各项改革举措在政策取向上相互配合、在实施过程中相互促进、在改革成效上相得益彰，发生化学反应，产生共振效果，形成改革合力。贯彻落实好"四个全面"的战略布局也是如此，也要深入研究和科学把握其关联性、耦合性，也要注重统筹谋划、协同配合，也要做到同频共振、形成合力。正因为这样，习近平总书记在十八届四中全会上的重要讲话中强调，全面建成小康社会、全面深化改革、全面依法治国有其紧密的内在逻辑。全面建成小康社会、全面深化改革，都离不开全面依法治国，同时又要让全面深化改革、全面依法治国如"鸟之两翼、车之两轮"，共同推动全面建成小康社会的事业滚滚向前。而全面从严治党，则可以使我们党始终做到"打铁必须自身硬"，始终在全面建成小康社会、全面深化改革、全面依法治国中发挥好领导核心作用。显然，只有始终坚持这样的统筹协调推进，才能把"四个全面"贯彻得更加自觉、落实得更加到位。

（三）把协调推进"四个全面"战略布局的贯彻落实同全面推进伟大事业和伟大工程的两个"五位一体"总布局结合起来

全面建成小康社会、全面深化改革、全面依法治国都要靠坚持党的领导、加强和改进党的建设来实现。在改革开放和社会主义现代化建设历史新时期，我们党在实践中既形成了中国特色社会主义事业"五位一体"的总体布局，就是中国特色社会主义经济建设、政治建设、文化建设、社会建设、生态文明建设；又形成了党的建设新的伟大工程"五位一体"的总体布局，就是党的思想建设、组织建设、作风建设、反腐倡廉建设、制度建设。这两个"五位一体"是相互贯通、相互依存、不可分割的。中国特色社会主义事业"五位一体"总体布局中的生态文明建设，体现着对生态环境的净化能力和净化水平，而党的建设新的伟大工程"五位一体"总体布局中的反腐倡廉建设，则体现了中国共产党对自身肌体的自我净化能力和净化水平。习近平总书记强调的"四个全面"战略布局，其中最后一个"全面"即全面从严治党，同前三个"全面"所体现的正是伟大事业同伟大工程的辩证统一关系，同时也体现了党的自我净化、自我完善、自我革新、自我提高能力对全面建成小康社会、全面深化改革、全面依法治国的政治保证、思想保证、组织保证、作风保证。

中共中央政治局就辩证唯物主义基本原理和方法论进行集体学习时，习近平总书记提出的坚持和运用辩证唯物主义世界观和方法论、努力提高解决我国改革发展基本问题本领的要求，正是同我们党带领人民协调推进全面建成小康社会、全面深化改革、全面依法治国、全面从严治党相联系、相契合、相适应的。

第四讲　"四个全面"战略布局新特征和新突破

一、"四个全面"战略布局新特征

（一）强烈的问题意识

新的起点也面临着新的挑战，正所谓水涨船高。改革开放之初，人们的迫切愿望是填饱肚子；温饱问题基本解决以后，就有了学习文化等精神方面的要求；人们的素质提高以后，必然产生出当家作主、参政议政的热情，并追求全面发展……人民群众对美好生活始终充满新期待。恩格斯曾经预言，在社会主义条件下，通过社会生产，不仅可能保证一切社会成员有富足的和一天比一天充裕的物质生活，而且还可能保证他们的体力和智力获得充分的、自由的发展和运用。但是，目标和现实始终存在差距，理想和条件经常发生矛盾。社会问题由此不断产生。现实地说，我国发展中不平衡、不协调、不可持续的问题依然突出，科技创新能力不强，产业机构不合理，发展方式依然粗放，城乡区域发展差距和居民收入分配差距依然较大，社会矛盾明显增多，教育、就业、社会保障、医疗、住房、生态环境、食品药品安全、安全生产、社会治安、执法司法等关系群众切身利益的问题较多，部分群众生活困难，形式主义、改良主义、享乐主义和奢靡之风问题突出，一些领域消极腐败现象易发多发，反腐败斗争形势依然严峻等问题。这些问题客观存在，有目共睹，发展中的问题也只能靠发展来解决。

党的十八大勾画了在新的历史条件下全面建成小康社会、加快推进社会主义现代化、夺取中国特色社会主义新胜利的宏伟蓝图。习近平总书记在十八届中央政治局第一次集体学习时的讲话中指出，这是我们党团结和带领全国各族人民沿着中国特色社会主义道路继续前进、为全面建成小康社会而奋斗的政治宣言和行动纲领，为我们这一届中央领导集体的工作指明了方向。

党的十八届三中全会通过了《关于全面深化改革若干重大问题的决定》。习近平总书记在"关于《关于全面深化改革若干重大问题的决定》的说明"中指出，面对新形势新任务，我们必须通过全面深化改革、着力解决我国发展面临的一系列突出矛盾和问题，不断推进中国特色社会主义制度的自我完善和自我发展。

党的十八届四中全会通过了《决定》。这是我们党第一次专门研究法治建设的中央全会。习近平总书记在"关于《关于全面推进依法治国若干重大问题的决定》的说明"中指出，党的十八大提出了全面建成小康社会的奋斗目标，党的十八届三中全会对全面深化改革做出了顶层设计，实现这个奋斗目标，需要从法治上提供可靠保障。

党的十八大以来，以习近平同志为核心的新一届中央领导集体多次强调从严治党，对党的建设提出了新的要求，对全面从严治党做出了部署。习近平总书记在党的群众路线教育实践活动总结大会的讲话中指出，历史使命越光荣，奋斗目标越宏伟，执政环境越复杂，我们就越要增强忧患意识，越要从严治党，使我们党永远立于不败之地。

这一系列重大决策紧密联系我国改革开放和现代化建设新实际，蕴含着"强烈的问题意识"，体现出"以重大问题为导向，抓住关键问题进一步研究思考，着力推动解决我国发展面临的一系列突出矛盾和问题"的治国理政新思路，形成了"四个全面"的战略布局。

（二）鲜明的目标导向

在"四个全面"的战略布局中，全面建成小康社会发挥着鲜明的目标导向作用，它规定着解决各种矛盾问题、推进社会发展进步的根本途径。

人们有目的地创造历史，这个目的是推动社会进步。近代以来，由于对"社会进步"的不同理解而产生了不同的"主义"。现代社会中不论哪个政党都有自己的"主义"作为发展导向和解决"问题"的指导思想，又在解决"问题"过程中强化对"主义"的信念。中国共产党一经成立就高举社会主义的旗帜，带领人民开辟了新民主主义革命和社会主义革命道路，建立了社会主义社会。因为他们认识到，马克思、恩格斯创立的科学社会主义才真正揭示了人类社会发展的客观规律。但要经过长期探索并付出高昂的代价以后，才深刻认识到建设社会主义要经历一个漫长的历史过程，欲速则不达。今天的中国正处于并将长期处于社会主义初级阶段，从传统农业社会转变为工业社会并进而向信息社会变迁的任务尚未完成。推动社会主义的完善和发展，首先要经历一个实现工业化现代化、赶上和超过资本主义发达国家的过程。根据现代化发展的一般规律和我国的实际，我们党认为从新中国诞生算起这个过程至少需要一百年的时间。有鉴于此，我们党制定了分"三步走"、基本实现现代化的发展战略。现在前两步目标业已完成，第三步也开局良好。到 2020 年全面建成小康社会则是到 21 世纪中叶实现现代化的关键一步。这样的目标，将使党制定路线方针政策，配置资源力量，统筹协调发展有明确方向，将使党更加自觉自信地领导人民创造历史，将在全中国人民中形成共同理想和价值追求，凝聚起推动社会发展进步的精神力量；也只有实现了这个目标，才会为后 30 年实现现代化打下坚实的基础，使中国特色社会主义的优越性充分具体地体现出来；也只有实现现代化，才会为社会主义自身的发展和完善创造前提条件。

全面建成小康社会的目标导向决定了实现道路的社会主义性质。中国的现代化是社会主义的现代化。历史和现实都告诉我们，只有社会主义才能救中国，只有中国特色社会主义才能发展中国，这是历史的结论、人民的选择。如果不搞社会主义，而走资本主义道路，中国的混乱状态就不能结束，贫困落后的状态就不能改变，也实现不了百分之九十几的人生活富裕。而坚持科学社会主义基本原则，就可以使全国人民普遍过上小康生活。一句话，不坚持社会主义，中国的小康社会就形成不了。全面建成小康社会的新要求——经济持续健康发展，人民民主不断扩大，文化软实力显著增强，人民生活水平全面提高，资源节约型、环境友好型社会建设取得重大进展，既是全国人民根本利益的集中体现，也是社会主义的根本要求。社会主义性质还体现在，市场在资源配置中起决定性作用的同时，还要更好发挥政府作用，即保持宏观经济稳定，加强和优化公共服务，保障公平竞争，加强市场监管，维护市场秩序，推动可持续发展，促进共同富裕，弥补市场失灵。但是，科学社会主义基本原则必须与中国实际相结合。从社会主义初级阶段的实际出发，全面建成小康社会必须坚定不移地走中国人民自己选择的中国特色社会主义道路。

（三）全面的战略举措

"问题"与"主义"的交互作用，催生出全面建成小康社会的三大战略举措——全面深化改革，全面依法治国，全面从严治党。

社会主义的根本任务是解放和发展社会生产力。正是改革开放的实践为中国生产力的解放和发展开辟了道路，但是目前仍然存在着制约生产力发展的各种障碍。解决这些问题，关键在于深化改革。因此，党的十八届三中全会提出，要不失时机深化重要领域改革，坚决破除一切妨碍科学发展的思想观念和体制机制弊端，构建系统完备、科学规范、运行有效的制度体系，使各方面制度更加成熟更加定型。改革，不仅涉及经济体制，也涉及政治体制、文化体制、社会体制和生态文明体制——这就是"全面"的含义。全面深化改革的目的，就在于解放思想、解放和发展社会生产力、解放和增强社会活力，坚决破除各方面体制机制弊端，以此加快发展社会主义市场经济、民主政治、先进文化、和谐社会、生态文明，让一切劳动、知识、技术、管理、资本的活力竞相迸发，让一切创造社会财富的源泉充分涌流，让发展成果更多、更公平惠及全体人民。因此，全面深化改革与中国特色社会主义"五位一体"的总布局有机统一，是全面建成小康社会、实现现代化、推进中国特色社会主义完善和发展的必由之路。

全面深化改革和全面依法治国相辅相成。全面依法治国就是在中国共产党领导下，坚持中国特色社会主义制度，贯彻中国特色社会主义法治理论，形成完备的法律规范体系、高效的法治实施体系、严密的法治监督体系、有力的法治保障体系，形成完善的党内法规体系，坚持依法治国、依法执政、依法行政共同推进，坚持法治国家、法治政府、法治社会一体建设，实现科学立法、严格执法、公正司法、全民守法，促进国家治理体系和治理能力现代化。这就是说，要用制度的现代化为"物"的现代化提供保障。

在全面建成小康社会的进程中，党发挥着总揽全局、协调各方的领导核心作用，也是全面深化改革、全面依法治国的领导力量。但是党的建设领域也存在着许多问题，解决问题的出路在于从严治党。只有从严治党，我们党才能始终成为中国特色社会主义事业的坚强领导核心。

二、习式改革战略的六大突破

（一）第一大突破

突破了过去从易到难、由点到面的"局部性改革模式"，开始了全方位、配套性的"整体性改革模式"。

改革开放初期，改革事务千头万绪，开放问题错综复杂，之前也没有多少现存经验，因此，不敢也无法进行全方位的、整体性的改革开放，因为，风险实在太大，只能从一些利益涉及面不大、大家容易接受的浅层次的改革上做起，从某些地域、某个领域、某些行业、某些单位、某些事项上先进行试点、突破，再行推广。最初中国的改革是从农村改革开始的，在农村改革积累经验后再进行城市改革，城市改革有一定经验后再开放，而开放先从南方的一些小城市开始，然后，到沿海、沿江、沿边的大中城市，最后到北京、上海等超大城市。农村改革也是从局部如经营方式改革开始的，最初并没有触碰农村的组织结构，后来逐步实行村民自治。城市改革也是从局部开始的，先是搞企业生产经营承包制，然后，是所有制改造，搞混合所有制等。这样的改革有其优点：比较稳妥，要有问题也是局部性的，纠错比较容易；但这样的改革也有其缺点：新旧规则同时并存，实行双轨制度的漏洞比较大，权力寻租空间比较大，容易滋生腐败，也容易导致人群和地域间的贫富差距拉大。有专家称，当前中国收入分配差距有所缩小，但收入分配改革仍需提速。目前，中国贫富差距过大确实是影响改革开放进一步发展的主要障碍。

2012年以习近平同志为核心的新一届中央领导集体上台后，果断地开始了"整体性改革模式"。与"局部性改革模式"相比，"整体性改革模式"突出全方位改革和配套性改革两个方面。全方位改革意味着，既要发展，也要反腐；既要进行地方改革，也要进行中央改革；既要进行经济、社会、文化改革，也要进行政治、行政、司法改革；既要进行社会体制改革，也要进行政治体制改革；既要进行国内事务的改革，也要积极参与国际和全球事务。配套性改革意味着，从改革开放的整体需要和总体目标出发设计改革开放的法律、制度、政策和措施，注重法律、制度、政策和措施之间的有机性、关联性、配套性，不再让某项法律、制度、政策和措施单兵突进，而是讲究相互配合、相互协调、相互补缺，避免互相矛盾、互相冲突、互相损耗。例如，之所以提出"自由贸易区政策和制度"并迅速推进，不再是推进某个地方发展的局部需要，也不再只是涉及解决改革或开放某个方面问题的需要，而是从整体上快速提升中国改革开放水平，快速提升中国综合国力的总体需要，即是因为考虑到中国全面深化改革的需要，内部让市场在资源配置中起决定性作用，外部重建世界新秩序需要快速发挥中国日益增长的综合国力（资本、人才、技术、信息等）优势，在世界力量中发挥应有的作用。相信有"自由贸易区政策和制度"与"一带一路"等其他措施相配套，中国不会再丧失当前发展良机。

（二）第二大突破

突破了过去经验性、实验性、零散性的"感性改革模式"，开始了顶层性、设计性、普惠性的"理性改革模式"。

在缺乏现存经验和模式的情况下，过去30多年的改革开放基本上走的是从下到上、事中和事后"摸着石头过河"的路子，基层和地方先试验、先摸索，省市自治区和中央总结经验，汲取教训，改正错误和失误，加以完善，然后推广。这种改革模式比较容易发挥百姓、基层和地方的首创精神，有不妥的地方随时可以纠正，影响小、易掉头，比较稳妥。可是，随着改革开放的拓展和深化，这种改革模式的不足之处也逐渐暴露，改革比较零散、缓慢；时间成本和实验成本比较高；容易使人只看到改革的一鳞半爪，而无法领会改革的全局和整体；感性色彩浓厚，理性思考不足，法治特点不明显；改革红利的得益者、受益面和普惠性不够，容易产生比较性心理失衡和社会对立对抗；改革的预见性、准备性不足，走一步算一步，改革缺乏总体性、长远性、可持续性。改革开放初期这么做是必要的，是没有办法的办法。2012年以习近平同志为总书记的新一届中央领导集体上台后，看到了这种改革的不足，此后的改革十分注意总体性、长远性、可持续性。十八届三中全会通过的《关于全面深化改革若干重大问题的决定》中涵盖300多项改革举措，十八届四中全会通过的《关于全面推进依法治国若干重大问题的决定》虽然专门讲法治，但仍然涵盖了180多项改革举措。中央把改革涉及的各个方面、各个领域、各个问题都进行了长时间的理性思考、顶层设计和原则规定，部门、地方、基层和单位只要按这些顶层设计和原则规定加以具体贯彻和灵活落实就可以了，这就大大减少了改革的时间成本和实验成本；这样的改革红利几乎所有地区、所有人群均可受益，受益面广、普惠性强；这就使改革从浅层次的、盲目的、感性的、零散性的改革走向了深层次的、前瞻性的、法治性的、普惠性的理性改革。这样的改革对于克服日益严重的社会贫富分化和社会对立对抗问题，顺利推进改革开放进程有着关键性作用。

（三）第三大突破

突破了过去主要着眼于新增社会资源分配改革的"增量改革模式"，开始了对原有和新增社会资源分配同步改革的"增量与存量改革相结合的改革模式"。

中华人民共和国从成立到改革开放前的 30 年，打破了旧中国家族性、阶级性特权问题，可是，由于实行统制经济和计划经济的经济形式、民主集中制的政治形式、高度意识形态化的文化形式，决定了中华人民共和国成立初期，没有办法从根本上打破"新特权"。所以，改革开放后的 30 多年时间里，改革的重点在于对新增加的社会资源或国民财富的新分配规则，即"增量改革"，对于改革开放前已经有的大多数特权或分配格局触动的并不多，即没有进行大规模的存量社会资源或国民财富的"存量改革"。例如，干部队伍，特别是高级干部在食品供应、医疗保健、住房分配、出行安保、旅差报销、度假安排、公车乃至专车使用、工作餐补贴、家属子女上学和就业安排等方面一直拥有不少特权。这样，老百姓就有很多怨言，加剧了社会矛盾和官民对立，不利于中共执政地位的巩固和社会主义现代化建设的推进。2012 年十八大之后，以习近平同志为总书记的新一届中央领导集体开始对大多数特权进行清理和改革，特别是对住房分配、出行安保、旅差报销、度假安排、公车乃至专车使用等进行了大规模改革，如清退地方和军队多占、超标住房，重新制定干部度假的规章制度，每年中央领导去北戴河等地开会度假的时间缩短并规定家属子女、家里用人一律不再随行，国有企事业单位一些内部特权如分房和补贴等大大减少。至于对普通干部的"八项规定"更是众所周知、影响深远。中央对国家财产、集体财产的清理、评估、管理、监督正加速进行等，这都是对存量和增量国民财富的同步改革。虽然动了有些特权阶层和集团的已有"蛋糕"，遭到了他们的竭力抵制和反抗，但一方面，中央铁腕推进反腐败的决心更强，对存量国民财富重新分配的力度会不断加大；另一方面，更加注重对新增国民财富的公开、公正、公平分配，如对国有企业上缴国家财政比例的大幅提升，对畸形文化市场的大力整顿，普惠性的基本公共服务的大力推广。这样的改革当然受到国内外有识之士和普通老百姓的强烈拥护。

（四）第四大突破

突破了过去点滴摸索、验证纠错、逐步推进的"渐进改革模式"，开始了短期验证、全面总结、快速推进的"渐进改革与快速改革相结合的改革模式"。

中国 30 多年的改革基本上实行"渐进改革模式",即一项改革措施或开放政策从试验到推广要经过很长时间的摸索、验证、纠错、完善过程,因此,改革和开放在时间、地域、领域、行业等方面都有一个逐步推进的过程,任何一项改革或开放政策先在某个单位或地方试点几年甚至 10 多年,然后,总结经验,加以完善,最后逐步推广。1978 年、1979 年农村改革(家庭联产责任制等)先在安徽、四川等地实验,1982 年 1 月,中共中央批转《全国农村工作会议纪要》肯定农村实行的各种责任制都是社会主义集体经济的生产责任制;1991 年 11 月中共十三届八中全会通过了《中共中央关于进一步加强农业和农村工作的决定》。这一决定提出把以家庭联产承包为主的责任制、统分结合的双层经营体制作为我国乡村集体经济组织的一项基本制度长期稳定下来,并不断充实完善。可见,光家庭联产责任制这一项改革从 1978 年提出到推广就有 5 年,全面完善要到 1991 年,花了 12 年。从 1979 年试办四个经济特区,到 1988 年设立海南经济特区,花了 10 年。中国的经济技术开发区从 1984 年设立 10 个,到 1991 年 14 个,到 1995 年 533 个,花了 11 年。从 1979 年沿海地区开放,到 20 世纪 90 年代前期沿江、沿河、沿边开放,到 2001 年全方位开放,花了 22 年。2012 年以习近平同志为总书记的新一届中央领导集体上台后,一些重要的改革不再渐进,在短时间试验后如果觉得可行,马上全面总结,并快速推进或推广。又如,自由贸易区 2013 年上海刚被批准设立,2017 年 3 月 31 日,国务院批复成立 7 个自贸区。至此,中国形成"1+3+7"共计 11 个自贸区的格局。2012 年以来中国的各项改革开放政策和措施虽然还有试点、推广的步骤,但间隔的时间已经很短,不再渐进,正如习近平总书记说的,看准了就要赶快做。原因是,一方面,改革开放以来,我们已经积累了很多经验和教训,现在不需要再一点点摸索了;另一方面,现在中国的综合国力已大大提升,加快改革开放步伐的风险不大,即使有一定的风险,我们的抗险能力比过去已经强多了。所以,适时地加快改革开放的步伐是顺应世界潮流、顺应民心的好举措。

(五)第五大突破

突破了过去社会改革先于并快于国家和政府改革的"被动式、跟进性改革模式",开始了国家和政府改革与社会改革同步推进的"主动式、共时性改革模式"。

20 世纪 70 年代后期,"文化大革命"使中国的国民经济处于崩溃的边缘,可是,由于长期的"左"倾思潮,大多数中国人依然相信"闭关锁国"的政策是正确的,所以,改革开放初期要挽救党、挽救中国、挽救人民,只有"让一部分人先富起来",给大多数人以积极示范和致富榜样,先富裕百姓、稳定社会才有可能让大多数人拥护"改革开放"。于是,党和政府首先放松国家和政府对社会企事业单位、家庭、个人等自主生产、自由流动、自主择业和创业、自由言论等"社会自由"的管控，政府部分退出了经济、文化、社会事务等纯粹"私人事务领域"，让社会和公民"活"起来。但毕竟是改革开放初期，长期的计划经济和政治控制已经成为部分党政机关及其工作人员的习惯性思维和行为取向，国家和政府对社会事务还有较多的管控，国家和政府职能没有实质性转变，国家和政府改革落后于社会改革，也实属无奈。所以，那个时候实行"先富"改革政策，只是部分开放"私人领域"并没有错，可是，改革开放后，这一改革政策、实践做法也带来了政府职能过宽、过大，党政干预太多、太深，"贫富差距"过大，腐败日益蔓延，社会自组织难以快速成长、壮大，社会自治能力低下，国家和社会运行效率和效能"双低"的严重后果。

2012年以习近平同志为总书记的新一届中央领导集体上台后采取了多种措施，第一方面，以前所未有的力度调整国民收入分配政策和制度，促进城乡一体化，努力增加社会保障，提升最低工资水平，提高教育文化、医疗卫生、体育设施、交通能源、市政设施、生产和生活信息提供等基本公共服务水平，更加注重共同富裕和公平正义，让更多的老百姓分享中国社会改革开放的成果。同时，大力培育和扶持营利性、私人性领域的社会组织和半公半私领域的社会组织，提升社会的自治空间和能力。第二方面，以壮士断腕、自我革命的气魄，大力转变政府职能，大幅放权、让利。按照国务院要求，各部门不得在"权力清单"外实施审批。地方政府取消和下放的行政审批权达数千项，提升国家和政府自身的运作效能和治理社会的效能。第三方面，新一届中央领导集体还十分重视国家与社会的合作治理，激活社会活力和自治能力，提出到2020年基本实现国家和社会合作治理体系和能力的现代化。第四方面，习式改革战略已经突破了"法制改革模式"，开始了"法治改革模式"。改革开放主要靠党政领导的气魄和智慧，制定和实施了大量的法律法规和规章制度，"社会主义法制体系"基本建立起来，但是由于历史和现实的某些原因，一些法制在部分党政领导和干部面前就成了摆设或主要约束普通群众的工具，有法不依、执法不严、违法不纠的情况依然存在，这就是"法制改革模式"。以习近平同志为总书记的新一届中央领导集体上台后开始了"法治改革模式"。法律、制度和纪律，不但约束普通群众，而且还更多地约束执政党、国家和政府及其领导人，从中央到地方纷纷开出"权力清单"，试图"把权力关进笼子里"。

（六）第六大突破

突破了旧有的传统外交战略，开始了自信有为、主动担当的"大国气派开放模式"。

自1840年鸦片战争以来，中华民族一直生活在压抑、屈辱、愤怒、不服的境况中。可以毫不夸张地说，自鸦片战争以来，中华民族的心灵深处一直有一个洗刷民族耻辱，复兴中华民族的"中国梦"。中华人民共和国成立后，中华民族赢得了独立和尊严，有了扬眉吐气、一洗国耻的感觉，但长期的政治运动和计划经济把国民经济和人民生活逼到了崩溃的边缘。虽然，中华民族有了独立和尊严，但实际上是有限的独立和尊严，即因综合国力有限，中国在世界上的实际经济、政治、军事、文化地位和影响力有限，中华民族还没有真正屹立于世界民族之林。改革开放初期，中国物资短缺、产品和技术落后、外汇很少、人才奇缺、信息闭塞、视野狭小，要实现现代化，需要外部大量的资金、技术、人才、产品、信息等输入，在中国的综合国力还很有限，对外部依赖性很强，民族复兴尚待时日的情况下，低调处理中国与别国，特别是与美国、德国、法国、英国、日本、俄罗斯等大国的关系，在诸如中国驻南斯拉夫大使馆被炸、中美南海撞机、联合国改革、中国加入 WTO、中国申办 2000 年奥运会等问题上，中国不单不当头、少举旗或不举旗，而且，还特别懂让步、会妥协、能吃亏。2012 年以习近平同志为总书记的新一届中央领导集体上台后，审时度势，在外交上开始了"大国气派开放模式"。这种新的对外关系战略与模式是在深刻洞察世界发展总体走向——和平与发展趋势不变，而国际关系整体格局和力量对比加速变化的前提下，以一个大国的自信和气魄为基础，采取大国对大国（新型大国关系战略和政策）、大国对小国（对周边国家的亲、诚、惠、容的战略和政策）、一对一（对非敌非友的大国的适度紧张战略和政策或曰温水战略和政策，对友好国家的准同盟战略和政策）、一对多（帮助非洲国家"筑巢引凤"的战略与政策，帮助拉美国家走出危机困境的"大棋局战略和政策"）、多对多（互利共赢、平等合作的战略和政策）的不同国际关系战略和策略，形成一种独特、新颖的国际关系模式，让中国逐步成为世界新秩序的建构者和过程者之一，即在国际关系中实现有限度的争取有所作为，主动承担国际义务，积极参与构建国际新秩序。在环境保护方面中国迫使美国、欧盟、日本等国接受中国的"共同但有区别"的环保原则及中美排放量指标；在东海、南海迫使美国等国承认或默认中国划定的防空识别区的有关规范和岛争的现实；在世界各地资源（资本、技术、产品、人才）和机遇（举办奥运会、亚太经合组织会议、二十国集团会议等）的竞争中学会既坚决斗争又互相妥协来达到自己的目的，参与构建"金砖国家组织"及其开发银行、亚洲基础设施银行，规划联通世界的"一带一路"等。这说明随着中国综合国力的上升，中国的国际地位和作用也在快速提升，中国的民族自豪感和国家自信心不断增强，中国的对外关系模式已经趋向成熟和稳定。

总之，习式改革战略是一种对内更加整体发展、理性发展、公平发展、透明发展、民主发展的发展模式，对外更为自信发展、主动发展、共同发展的发展模式。

以习近平同志为总书记的新一届中央领导集体之所以能突破旧的思维和行为模

式,实行新的改革开放模式,主要是因为,经过 30 多年的改革开放,国内外形势发生了重大变化,中国的财富积累和综合国力发生了重大变化,中国的世界和区域地位和作用发生了重大变化,中国改革开放的经验累积和教训汲取有了重大变化,中国人民及其领导人、领导层的价值观念、认知水平、思想高度和深度有了重大变化。目前习式改革战略虽然已经有不少社会主义建设理论方面的创新,但主要还是一种社会主义建设实践形态的创新。随着中国改革开放进程的推进,相信以习近平同志为总书记的新一届中央领导集体会不断创新习式改革战略的形式和内容,从而使其外延和内涵更加拓展、更加丰富,创造出人类文明进程中新的伟大的中国奇迹。

三、"四个全面"战略布局新表述

党的十九届五中全会通过的《中共中央关于制定国民经济和社会发展第十四个五年规划和二〇三五年远景目标的建议》(以下简称为《建议》),是以习近平同志为核心的党中央带领亿万中华儿女胜利实现第一个百年奋斗目标之后,乘势而上开启全面建设社会主义现代化国家新征程、向着第二个百年奋斗目标继续奋勇前行的政治宣言和行动纲领。其中《建议》第二部分"'十四五'时期经济社会发展指导方针和主要目标",明确提出要"协调推进全面建设社会主义现代化国家、全面深化改革、全面依法治国、全面从严治党的战略布局"。这是对"四个全面"战略布局所作出的新表述,也就是把原先"四个全面"战略布局的"全面建成小康社会",调整为"全面建设社会主义现代化国家"。

2020 年是全面建成小康社会和"十三五"规划的收官之年。第一个百年奋斗目标的完成,标志着我们将进入一个新发展阶段。正如习近平总书记所指出的那样,"新发展阶段,就是全面建设社会主义现代化国家向第二个百年奋斗目标进军的阶段。这在我国发展进程中具有里程碑意义"。2021 年,是在我国全面建成小康社会之后的"十四五"的开局之年,将开启我国全面建设社会主义现代化国家新征程,吹响向第二个百年目标努力奋斗的进军号。也正是在这个意义上说,《建议》将"四个全面"战略布局的第一个"全面",由"全面建成小康社会"调整为"全面建设社会主义现代化国家",是"一切从实际出发"和"一切以时间地点和条件为转移"辩证统一思想的深刻体现,不仅是非常必要的,而且是十分及时的。

党的十九届五中全会对"四个全面"战略布局的第一个"全面"作出了新的表述,其余三个"全面"则沿用了原先的表述。虽然有关三个重要举措的文字表述没有变,但在开启全面建设社会主义现代化国家新征程中,这三个重要举措的内涵是有新的要求的。初步概要地说,包括以下几个方面。

1. 全面深化改革的新要求

习近平总书记指出:"胜利完成'十三五'规划主要目标任务、决胜脱贫攻坚、全面建成小康社会,乘势而上开启全面建设社会主义现代化国家新征程,必须发挥好改革的突破和先导作用,依靠改革应对变局、开拓新局。""改革不停顿,开放不止步,在更高起点上推进改革开放。"在新发展阶段的重要时刻,习近平总书记不断发出全面深化改革的进军令。

在新的起点上谋划和推进改革,必须发挥制度建设的基础性作用,这就是"要以坚持和完善中国特色社会主义制度、推进国家治理体系和治理能力现代化为主轴,增强以改革推进国家制度和国家治理体系建设的自觉性,突出制度建设这条主线,继续全面深化改革"。习近平总书记就抓好制度建设、把改革推向深入指明了前进的方向。新征程上继续全面深化改革,更需强调系统性、整体性、协同性,更需要以各方面更加成熟、更加定型的制度,推动更深层次的改革。改革只有进行时,没有完成时,改革永远在路上。

2. 全面依法治国的新要求

2035 年,我国将基本实现社会主义现代化,法治国家、法治政府、法治社会也将基本建成。与这一目标相适应,依法治国在党和国家工作全局中的地位更加突出,人民群众对法治的需求也越来越高。

在开启全面建设社会主义现代化国家新征程中,继续推进"全面依法治国",首先是要认真学习贯彻落实习近平法治思想,要在理论上搞清楚、实践中贯彻落实好新时代为什么实行全面依法治国、怎样实行全面依法治国等一系列重大问题。习近平法治思想内涵丰富、论述深刻、逻辑严密、系统完备,其核心要义概括为"十一个坚持"。这"十一个坚持",既是重大工作部署,又是重大战略思想。

法治社会是构筑法治国家的基础,法治社会建设是实现国家治理体系和治理能力现代化的重要组成部分。在开启全面建设社会主义现代化国家新征程中,尤其是在"十四五"时期,要认真贯彻落实中共中央印发的《法治社会建设实施纲要(2020—2050 年)》。建设信仰法治、公平正义、保障权利、守法诚信、充满活力、和谐有序的社会主义法治社会,是增强人民群众获得感、幸福感、安全感的重要举措。贯彻落实好《法治社会建设实施纲要(2020—2025 年)》,就是为全面建设社会主义现代化国家、实现中华民族伟大复兴的中国梦筑牢了坚实的法治基础。

3. 全面从严治党的新要求

《建议》指出:"实现'十四五'规划和二〇三五年远景目标,必须坚持党的全面领导,充分调动一切积极因素,广泛团结一切可以团结的力量,形成推动发展的强大合力。"历史和现实一再表明:办好中国的事情,关键在党,关键在党要管党、从严治党。

　　开启全面建设社会主义现代化国家新征程中，进一步全面从严治党，必须始终坚持"全面"是基础、"严"是关键、"治"是要害。在新发展阶段贯彻党把方向、谋大局、定政策、促改革的要求，就是要推动全党深入学习贯彻习近平新时代中国特色社会主义思想，增强"四个意识"、坚定"四个自信"、做到"两个维护"。要落实全面从严治党主体责任、监督责任，提高党的建设质量。要把"严"的主基调长期坚持下去，不断增强党自我净化、自我完善、自我革新、自我提高能力。要锲而不舍落实中央八项规定精神，持续纠治形式主义、官僚主义，切实为基层减负。完善党和国家监督体系，加强政治监督，强化对公权力运行的制约和监督。坚持无禁区、全覆盖、零容忍，一体推进不敢腐、不能腐、不想腐，营造风清气正的良好政治生态。在不断推进全面从严治党的历史进程中，不断提高党的建设质量，努力把中国特色社会主义伟大事业更加坚强有力地推向前进。

思考题

1. 如何理解"四个全面"的科学内涵？
2. 习近平总书记的"四个全面"有哪些新的特征和新的突破？

专题四　树立五大发展理念，决胜全面小康

引言：

　　党的十八届五中全会从全局性、根本性、方向性和长远性着眼，确立了"十三五"时期我国经济社会发展新理念，即创新发展、协调发展、绿色发展、开放发展和共享发展的五大理念。这五大发展理念是"十三五"乃至更长时期我国发展思路、发展方向、发展着力点的集中体现，集中反映了我们党对经济社会发展规律认识的不断深化，彰显了我国在经济新常态下开拓发展方式新革命、提升发展水平新境界的决心与信心。

第一讲　五大发展理念的内容和联系

一、五大发展理念的提出背景

　　中共中央关于"十二五"规划的"建议"稿，着重提出了"五个坚持"，即坚持经济结构调整，坚持科技进步和创新，坚持保障和改善民生，坚持建设资源节约型、环境友好型社会，坚持改革开放。而今，由习近平主导的中共中央"十三五"规划建议稿，"五个坚持"变身"五大发展"，即创新发展、协调发展、绿色发展、开放发展、共享发展。

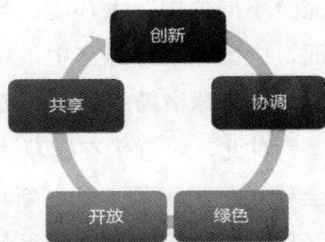

　　"十二五"规划建议的"五个坚持"，重在确定"努力方向和工作重点"，这次"五大发展"，则如习近平作"建议"稿说明时所言，提出并阐述"五个坚持"发展理念，是关系中国发展全局的一场深刻变革。而这些发展理念，"是发展行动的先导，是发展思路、发展方向、发展着力点的集中体现"。

　　然而，中共因何要在"十三五"规划起草之际，提出这五大发展理念？因何要把创新升上发展理念之首？因何提开放而未提改革？何为共享？又如何协调？五大发展理念单独均易理解，对其组合而成的释疑解惑，则要把握中国制定"十三五"规划的三大背景。

　　第一大背景，叫"天花板困境"，意思是说，中国持续30年的高速发展，实际上也是粗放式的发展，不仅如过去所言进入了"瓶颈"地带，实际上已经触摸到了天花板。之前有人曾建言，要以"全面改革"来破局，以"新改革红利"来推进，实际上改革也撞到了"天花板"。这才发现，要靠"创新"。

　　中共领导层要在"十三五"期间，为中国找寻新的出路，目前找到的出路，就是创新。更进一步讲，是创新驱动。也可以说，过去的改革，是"不破不立"，现在的创新，是"无中生有"。而这回的创新，不只是原来说的科技创新，或李克强总理所提的"万众创新"，而是包括技术、机制、模式、发展方式的全方位创新。当然，最重要也最难的是制度创新，要创出的是"新发展动能"。

　　第二大背景，叫"陷阱危局"。这个陷阱就是经济学所讲的"中等收入陷阱"。中共十八届五中全会建议稿的起草过程，较为风平浪静，唯一有争议的，正是有没有"陷阱危局"，如有此危局，又如何绕行甚至跨越而过。

　　由中共中央财经领导小组牵头起草的这份建议稿，一大特点就是直面"陷阱危局"，看到中国经济增长有被原有增长机制锁定、人均国民收入难以由中等收入升上中高等收入，以及有可能进入经济增长徘徊期的危险，所谓居安思危，在未来五年做好"跨越陷阱"的安排。而五大发展理念，几乎个个与"跨越"动作关联，特别是创新和开放。

　　第三大背景，就是制订"十三五"五年规划，不仅有特别的国内小气候，还有完全不同的国际大环境。当前全球格局正发生急速变化，而且出现深度调整。一方面，中国在全球经济中地位和影响力提升，中国对全球发展格局有重大影响；另一方面，全球格局的变化，又更全面地制约中国的发展。

　　对此，习近平在起草"十三五"规划的建议稿时，特别要求"坚持立足国内和全球视野相统筹，既以新理念新思路新举措主动适应和积极引领经济发展新常态，又从全球经济联系中进行谋划"。在这层意义上，谋划中国发展的五大发展理念，每项都对应着全球格局的变化，难怪有人说"十三五"规划是"首个国际化的五年规划"。

值得一提的是，"十三五"规划的制定，是习近平就任最高领导人之后，首次主持制定国家的五年发展大计。规划对国家来说是发展蓝图，对政治领袖来说是治理理念。中共中央"十三五"规划建议稿提出的五大发展理念，以创新为先，就是习近平建构其治国理念的核心，由此必将生发出"一系列治国理政新理念新思想新战略"。

二、五大发展理念的内容和联系

（一）五大发展理念的内容

2015年10月29日，中共十八届五中全会公报首次提出"创新、协调、绿色、开放、共享"五大发展理念。

1. 关于创新的理念

必须把创新摆在国家发展全局的核心位置，不断推进理论创新、制度创新、科技创新、文化创新等各方面创新，让创新贯穿党和国家一切工作，让创新在全社会蔚然成风。

2. 关于协调的理念

重点促进城乡区域协调发展，促进经济社会协调发展，促进新型工业化、信息化、城镇化、农业现代化同步发展，在增强国家硬实力的同时注重提升国家软实力，不断增强发展整体性。

3. 关于绿色的理念

促进人与自然和谐共生，构建科学合理的城市化格局、农业发展格局、生态安全格局、自然岸线格局，推动建立绿色低碳循环发展产业体系。

4. 关于开放的理念

必须丰富对外开放内涵，提高对外开放水平，协同推进战略互信、经贸合作、人文交流，努力形成深度融合的互利合作格局。

5. 关于共享的理念

按照人人参与、人人尽力、人人享有的要求，坚守底线、突出重点、完善制度、引导预期，注重机会公平，保障基本民生，实现全体人民共同迈入全面小康社会。

（二）五大发展理念的联系

发展是当今时代的主题之一，是中国共产党执政兴国的第一要务。"聚精会神搞建设、一心一意谋发展，着力把握发展规律、创新发展理念、破解发展难题"是党的十八大提出的重要任务。围绕"创新发展理念"，党的十八届五中全会明确提出了

"创新、协调、绿色、开放、共享"的五大发展理念，反映了我们党对社会主义建设规律的新认识。认真贯彻落实五大发展理念，必须准确把握它们的辩证关系。

1. 创新发展是动力

创新是一个民族进步的灵魂，是一个国家兴旺发达的不竭动力，也是一个政党永葆生机的源泉。创新要着力解决的是发展动力问题。当前，从国际形势看，国家综合国力竞争本质上是创新能力的竞争。从国内经济社会发展看，改革开放以来，经济持续快速发展，我国经济总量已跃居世界第二，人均 GDP 接近 8 000 美元，但产业层次低、发展不平衡等矛盾愈加凸显，处于跨越"中等收入陷阱"的紧要关头。当前我国经济发展进入新常态，基本特点是速度变化、结构优化和动力转换，其中动力转换最为关键，决定着速度变化和结构优化的进程和质量。未来五年是全面建成小康社会的决胜阶段，能否成功转变发展方式，能否成功推进产业升级，能否成功跨越"中等收入陷阱"，关键要看能否依靠创新打造发展新引擎，创造一个新的更长的增长周期。为此，党的十八届五中全会强调，必须把创新摆在国家发展全局的核心位置，不断推进理论创新、制度创新、科技创新、文化创新等各方面创新，让创新贯穿党和国家一切工作，让创新在全社会蔚然成风。全会还描绘了未来五年实施创新发展的路线图，即培育发展新动力、拓展发展新空间、深入实施创新驱动发展战略、大力推进农业现代化、构建产业新体系、构建发展新体制、创新和完善宏观调控方式。

2. 协调发展是方法

协调发展是科学发展的重要举措，着重解决的是发展不平衡问题。改革开放以来，中国的协调发展取得显著成绩，但经济社会发展中存在的不平衡、不协调、不可持续问题依然存在，缩小城乡、区域发展差距和促进经济社会协调发展任务仍十分艰巨。下好"十三五"时期发展的全国一盘棋，协调发展是制胜要诀。在发展内容上，要协调好经济、政治、文化、社会、生态各个领域的共同发展，促进物质文明、精神文明、政治文明、生态文明和社会文明的协调发展，推动经济建设和国防建设融合发展。在发展空间上，要注重发展的整体性，完善区域政策，协调好东部与西部、城市与乡村、发达地区与欠发达地区的发展，促进各地区协调发展、协同发展、共同发展；同时，还要协调好国内与国外的发展，在世界范围内形成各经济体良性互动、协调发展的格局。在发展的时间维度上，要协调好现在和未来的发展，坚持走生产发展、生活富裕、生态良好的文明发展道路，实现速度和结构质量效益相统一、经济发展与人口资源环境相协调，实现经济社会永续发展。

3. 绿色发展是方向

走向生态文明新时代，建设"美丽中国"，是实现中华民族伟大复兴"中国梦"

的重要内容。绿色发展着力要解决的是人与自然和谐问题，目的是建设资源节约和环境友好的"美丽中国"。绿色发展决定发展的方向，是加快推进生态文明建设的进一步深化，也是未来发展的新路径。实现绿色发展，要正确处理好经济发展同生态环境保护的关系，牢固树立保护生态环境就是保护生产力、改善生态环境就是发展生产力的理念，更加自觉地推动绿色发展、循环发展、低碳发展。要构筑尊崇自然、绿色发展的生态体系，解决好工业文明带来的矛盾，以人与自然和谐相处为目标，实现世界的可持续发展和人的全面发展。把生态文明建设融入经济建设、政治建设、文化建设、社会建设各方面和全过程，形成节约资源、保护环境的空间格局、产业结构、生产方式、生活方式，为子孙后代留下天蓝、地绿、水清的生产生活环境。用严格的法律制度保护生态环境，加快建立有效约束开发行为和促进绿色发展、循环发展、低碳发展的生态文明法律制度，强化生产者环境保护的法律责任，大幅度提高违法成本。建立健全自然资源产权法律制度，完善国土空间开发保护方面的法律制度，制定完善生态补偿和土壤、水、大气污染防治及海洋生态环境保护等法律法规，促进生态文明建设。就生态文明建设的国际合作来说，就是要同世界各国深入开展生态文明领域的交流合作，推动成果分享，携手共建生态良好的地球美好家园；就"十三五"期间实现绿色发展的主要任务来说，要促进人与自然和谐共生、加快建设主体功能区、推动低碳循环发展、全面节约和高效利用资源、加大环境治理力度、筑牢生态安全屏障。

4. 开放发展是战略

中国的发展离不开世界，这是改革开放的重要经验。开放发展着重要解决的是发展的内外联动问题。进入新世纪以来，经济全球化日益深入，各经济体相互依赖、相互联系的程度日益加深，人类成为命运共同体，中国发展处于大有作为的重要战略机遇期。同时，世界经济格局发生新变化，国际金融危机影响深远，系统性和结构性风险仍然比较突出，我国面临未来发展的挑战仍十分严峻。当今中国的发展特别是新常态下的中国经济发展，必须着眼于全球视野来解决各种发展难题，为全球发展作出更大贡献。因此，"十三五"期间，要丰富对外开放内涵，提高对外开放水平，协同推进战略互信、经贸合作、人文交流，努力形成深度融合的互利合作格局，开创对外开放新局面。要完善对外开放战略布局，形成对外开放新体制，推进"一带一路"建设，深化内地和港澳、大陆和台湾地区合作发展，积极参与全球经济治理，积极承担国际责任和义务。

5. 共享发展是归宿

共享着重要解决的是社会公平正义问题。公平正义是中国特色社会主义的内在要求。实现社会公平正义是中国共产党人的一贯主张，是发展中国特色社会主义的重大任务。社会主义事业是最广大人民的事业，发展的最终目的是为了人民，保证人人享有发展机遇、享有发展成果。因此，共享是中国特色社会主义的本质要求，也是实现公平正义的重要举措。实现共享发展，要在全体人民共同奋斗、经济社会发展的基础上，加紧建设对保障社会公平正义具有重大作用的制度，逐步建立以权利公平、机会公平、规则公平为主要内容的社会公平保障体系，努力营造公平的社会环境，保证人民平等参与、平等发展权利。就当前来说，坚持共享发展、着力增进人民福祉，就是要增加公共服务供给、实施脱贫攻坚工程、提高教育质量、促进就业创业、缩小收入差距、建立更加公平更可持续的社会保障制度、推进健康中国建设、促进人口均衡发展。共享不仅是国内的，还是国际的。就国际范围内促进共享发展而言，就是要坚持团结互信、平等互利、包容互鉴、合作共赢，促进不同种族、不同信仰、不同文化背景的国家共享和平、共同发展。

站在新的历史起点上，面对日益严峻的现实挑战和实现中华民族伟大复兴的历史任务，必须从关系中华民族前途命运的高度科学认识五大发展理念的重大意义，坚持创新发展、协调发展、绿色发展、开放发展、共享发展。

第二讲　五大发展理念的阐述

一、坚持创新发展，提高发展质量

创新不是喊出来的，而是干出来的。"十三五"时期推动创新发展，就要让创新贯穿党和国家一切工作，让创新在全社会蔚然成风。从推动大众创业、万众创新，到实施网络强国战略；从提出并组织国际大科学计划和大科学工程，到加快转变农业发展方式；从加快建设制造强国，到深化行政管理体制改革，五中全会提出的创新发展举措，涉及经济社会发展的方方面面。贯彻落实好五中全会精神，我们才能不断推进理论创新、制度创新、科技创新、文化创新等各方面创新，让发展的质量更好、效益更高、结构更优。

拓展阅读

创新型人才的基本特征

1. 具有可贵的创新精神

当前，我国正处于发展的重要战略机遇期，大力培育创新型人才，为建设创新型国家、国家创新体系和全面建设小康社会，提供坚强的人才保证和智力保障，显得尤为迫切和重要。

从一定意义上说，创新型人才正以前所未有的时代需求承载着推进国家自主创新，在激烈的国际竞争中占据主动，实现中华民族伟大复兴的历史使命。因此说，创新型人才必须是有理想、有抱负的人，具备良好的献身精神和进取意识、强烈的事业心和历史责任感等可贵的创新品质。具备了这样一种品质，才能够有为求真知、求新知而敢闯、敢试、敢冒风险的大无畏勇气，才能构成创新型人才的强大精神动力。

2.具有坚韧的创新意志

创新是一个探索未知领域和对已知领域进行破旧立新的过程，充满各种阻力和风险，可能遇到重重的困难、挫折甚至失败。人类科学技术发展到今天，要获得每一点进步相当困难。因此，创新型人才每前进一步都需要非凡的胆识和坚忍不拔的毅力，为了既定的目标必须始终不懈地进行奋斗，锲而不舍，遭到阻挠和诽谤不气馁，遇到挫折和挫败不退却，牺牲个人利益也在所不惜，不达目的誓不罢休，不自暴自弃，不轻言放弃。只有具备了这样的创新意志，才能不断战胜创新活动中的种种困难，最终实现理想的创新效果。

3.具有敏锐的创新观察

历史上的科学发现和技术突破，无一不是创新的结果。从这个意义上讲，创新就是发现，而且是突破化的发现。要实现突破化的发现，就要求创新型人才必须具有敏锐的观察能力、深刻的洞察能力、见微知著的直觉能力和一触即发的灵感和顿悟，不断地将观察到的事物与已掌握的知识联系起来，发现事物之间的必然联系，及时地发现别人没有发现的东西。创新型人才的观察力同时还应当是准确的，能够入木三分，发现事物的真谛，具有善于在寻常中求不寻常的创新观察能力。壶水滚沸使瓦特发明了蒸汽机，苹果落地使牛顿创立了"万有引力"说，带细齿的野草划破了鲁班的手指使他发明了锯，无不证明了敏锐的创新观察能力在创新中的重要作用。

4.具有超前的创新思维

创新思维是创新的基本前提，创新型人才具备思维方式的前瞻性、独创性、灵活性等良好思维品质，才能保证在对事物进行分析、综合和判断时做到独辟蹊径。

5.具有丰富的创新知识

创新型人才须具有广博而精深的文化内涵，既要有深厚而扎实的基础知识，了解相邻学科及必要的横向学科知识，又要精通自己的专业并能掌握所从事学科专业的最新科学成就和发展趋势，这是从事创新研究的必要条件。创新型人才拥有的信息量越大，文化素养越高，思路便越开阔。

6.具有科学的创新实践

创新的过程是遵循科学，依据事物的客观规律进行探索的过程，任何一种创新都不能有半点马虎和空想，因此，创新型人才必须具有严谨而求实的工作作风，严格遵循事物的客观规律，从实际出发，以科学的态度进行创新实践。冬暖式蔬菜大棚的发明人、社会主义新农村建设的代表、山东省寿光市三元未村党支部书记王乐义同志，在创建冬暖式蔬菜大棚之初，为了求证大棚的最佳地理朝向，用罗盘连续两年观测当地的光照情况，最后提出了本地区的大棚最佳朝向为正南偏西 5 度的理论，来自北京的专家都赞叹说，"地理学上的专题被一个土专家钻研透了"。在带领群众发展蔬菜生产的过程中，也正是基于他这种严谨科学的创新实践，才使他得以不断改进种植模式，并相继研发了立体种植、无土栽培等 20 多项蔬菜种植新技术，从而由一个土生土长的普通农民，站到了农业科技的最前沿。

拓展阅读

2015年中国互联网科技巨头合作创新的五大经典案例

2015 年的中国互联网科技行业是风云变幻的一年。从"互联网 +"以及"创新创业"在国家政策层面的提出开始，中国的互联网科技行业迅速进入快车道。一年时间内在团购和 O2O、人工智能、物联网、互联网金融、硬件制造、资本运作等多个领域都有了突飞猛进的发展。

2015 年 8 月习近平访美，28 位中美互联网大佬齐聚西雅图互联网论坛，中国互联网企业第一次在美国集体亮相，15 家中国巨头彰显了国际范与中国式创新。2015 年在乌镇召开的世界互联网大会上，"数字中国"建设概念被进一步提出。在中国经济面临下行危机的 2015 年，两次盛会接连以互联网经济为主题，互联网科技在国民经济中的地位由此可见。

在这样宏大的背景下，中国互联网科技巨头合纵连横，在 2015 年展开了诸多并购、合作与创新，以下盘点了 2015 年中国互联网科技巨头合作创新的五大案例，以此揭示中国互联网经济的新格局。

新美大：纵情向前的"中国互联网 +"

2015 年 1 月 9 日，美团与大众点评共同成立的新公司完成首次融资 33 亿美元，融资后新公司估值超过 180 亿美元。此次融资不但创下中国互联网行业私募融资单笔金额最高纪录，同时也成为全球范围内最大的 O2O 领域融资。一对冤家结束多年抗战纵情向前，事件之突然令世人瞠目结舌。美团挺过了尸横遍野、血流成河的千团大战，王兴素来桀骜不驯，不愿向巨头妥协。大众点评则是稳健地走过了十二年创业历程，掌舵者张涛行事稳健，在和美团的长期博弈中虽说一直绵柔但却始终有力。在 2015 年 10 月 8 日，美团和大众点评毫无征兆地正式宣布合并，令业内惊讶。更令人震惊的是，美团和大众点评合并后的整合速度如快刀斩乱麻，仅仅一个月时间之后，美团和大众点评就正式公布了新公司的组织架构，王兴、张涛各司其职、各谋其政。如果仅仅执掌一个四面受敌的美团，王兴的巨头梦几乎一定会夭折。如果仅仅只是掌握一个保守的大众点评，张涛可能也将永远屈居一隅。但今天拥有"新美大"帝国，王兴离自己的最初的梦想又进了一步，张涛多年的夙愿也显得更加清晰。"新美大"如双头鹰一般，成为如今的 BAT 主导的互联网格局中的棋眼。美团、大众点评合并后被称作是

"新美大"，英文名为"China Internet Plus Group"，译成中文则是"中国互联网＋"，虽说口气很大，但这也从侧面证明，当今的互联网行业的进步其实是和传统产业、传统企业结合的一个过程，双方之间必须要相互促进，实现所谓全产业的"互联网＋"。新美大的合作创新或许正是中国经济通过O2O的方式走向连接、提升效率的一次伟大尝试。

百度和荣耀：人工智能与硬件终端的结合

百度和荣耀在人工智能与硬件终端领域的合作是前沿技术在大众消费品上的一次普及。荣耀2015年在荣耀7手机上首次推出的智能语音交互系统，深度整合了百度的人工智能和机器人助理"度秘"。长按荣耀7上独创的智灵键，便可快速、高效地直达百度提供的各项互联网资源与O2O服务。而在业内人士看来，荣耀7智灵键联合百度度秘，可以让消费者彻底解放双手，一键快速开启丰富的互联网生活。也将构建起全球领先移动互联网人工智能服务体系，连接360行，实现服务品类全覆盖，通过硬件与软件技术的深度整合，最终完成线上和线下两个生态的高度融合。其实荣耀的这一做法恰恰契合了如今世界互联网巨头在软硬件上的大趋势。无论是苹果还是微软，都在将人工智能、语音助理与自家硬件产品进行紧密的结合。苹果的Siri在iOS 9之后，越来越注重语言直达服务这一层面的探索；而微软则是继续深耕自家的Cortana，让其在Windows Phone中发挥独特的语音助理作用。相比苹果和微软而言，荣耀的做法更加适合中国消费者和中国市场的现状，依靠百度这样的流量入口和技术先驱，荣耀可以尽情利用百度全面的服务，更加专注于硬件和交互。这样的合作形式成为软件厂商和硬件厂商之间合作的典范。让更专注的人做更专注的事，未来荣耀的硬件产品针对生活全场景来展开，提供手机、路由、电视、手环、手表等多元产品，而其他软件厂商参与其中寻求载体，双方可以一起为用户提供全场景的极致产品体验。这种开放的模式与苹果、微软、谷歌等寻求封闭闭环的做法相比更为大度，也是中国互联网这一竞争激烈的环境中最为经济和实用的做法。相信未来这样的合作形式将在软硬件产品之间有着更多的尝试。

乐视和法拉第：一场资本运作的造车之旅

罗辑思维创始人罗振宇在2015年跨年演讲"时间的朋友"上说，"乐视到底是什么？看着像骗子。也不知是乐视为干事忙着圈钱不够干事了又回来圈，还是乐视为圈钱假装干事事不足圈钱了又找个事？"就是这样一个看着像骗子的公司，通过一系列高超的资本运作手段成为2015年中国A股市场上的一只"妖股"。的确，乐视是新物种，不能用传统的是非来看待。乐视的一半是产业，一半是资本。乐视与法拉第合作造车的消息虽是2016年1月6日才刚刚发布，但在2015年却早已提上日程。虽说乐视和法拉第的车在此次CES2016上仅仅展示了自动驾驶、无人驾驶、手势控制等前沿的汽车科技，与实际运用还有一段距离，但乐视互联网造车的理念从传统造车延伸到互联网生态系统，这正是互联网思维在传统产业的一次革命性的运用。和百度牵手荣耀一样，这是互联网企业与硬件企业的紧密合作。但与百度牵手荣耀又大不相同，因为乐视在与法拉第的合作中更多是使用资本进行驱动，少了几分类似荣耀的踏踏实实的精神。很难说乐视的造车之旅能否成功，但可以肯定的是，新物种就这样到来了，我们要学会接受它的存在。乐视这样一个新物种正在以其独特的资本策略驱动实体产业，这种看似"虚浮"的做法已经成为当今中国互联网经济的一个典型代表。"乐视们"的的确确在改变当今中国的经济环境，虽说很难看懂，但正如马云所说的——你刚开始看不见，看见了看不懂，看懂了来不及了。

华为和英特尔：硬碰硬催生物联网时代的到来

华为和英特尔之间的合作是技术流对技术流的一场"硬碰硬"的创新。2015 年，华为首次公开了自己在物联网领域的"1+2+1"战略，其中第一个"1"是指一个平台，华为要建立一个物联网的平台，集中收集、管理、处理数据后向合作伙伴、行业开放，基于该平台行业伙伴可以开发应用。"2"则代表网络接入，包括有线接入和无线接入。而最后一个"1"则是华为要推出物联网操作系统 LiteOS。有标准还不够，更需要硬件厂商进行落地。英特尔则成为华为的合作伙伴，为协助华为完善"云管端"的物联网连接功能，英特尔全面释放计算威力不断扩充物联网产品系列，让更多样的解决方案变得触手可及。英特尔技术通过华为 FusionShpere 技术提供高性价比的云服务，同时通过其卓越的性能为客户提供更多样的解决方案。随着 5G Wi-Fi 技术的逐渐成熟，华为和英特尔两家企业在物联网未来的布局中还将有着更为紧密的合作。

蚂蚁金服和兴业银行：互联网金融的升维改造

互联网金融兴起后，业内频频出现"颠覆论""替代说"等声音，其实这也是中国互联网行业一贯以来的一个误区——互联网沙文主义。互联网沙文主义迷信互联网可以取代一切，互联网可以颠覆一切。在当前的经济环境中，很难脱离线上谈线下，也很难脱离线下谈线上。尤其是在 2015 年，传统的线下价值正在不断被市场重新审视并放大。即使是马云也不得不承认，互联网公司的机会未来 30 年一定在线下，因为互联网经济不是虚拟经济，而是虚实结合。传统企业或者线下企业的希望一定是在线上，双方在未来 30 年必须融合。"互联网 +"这一概念指的也正是传统产业、传统企业结合的一个过程，双方之间必须要相互促进，实现所谓全产业的"互联网 +"。互联网金融行业也是如此，蚂蚁金服这样的互联网金融企业与兴业银行这样的传统金融企业有着诸多合作的空间。中国的市场足够大，蚂蚁金服很难吃下整个市场，而银行在线下获客、风险控制、产品设计等方面有积淀多年的经验。当蚂蚁金服和传统银行结合时，双方之间的优势互补和资源共享将催生更加多元化的需求，双方各自的竞争力也会进一步增强。其实这种合作创新的过程正是传统银行业的升维改造过程，正如业内人士所说的，互联网金融企业和银行应该抛弃各自的门户之见，双方优势互补，寻求融合，这样才能使互联网金融真正成为生活的一部分。

五大互联网科技企业的经典合作案例覆盖了团购 O2O、人工智能、硬件制造、资本运作、物联网以及互联网金融等诸多领域，这些巨头的动向揭示了未来 10 年中国经济的崭新驱动力量。

二、坚持协调发展，平衡发展结构

新常态下的中国经济走向，需要一种抛弃了以单一数字衡量发展标准的更广阔的视角。在以供给侧结构性改革为突出特点的经济转型进程中，经济的运行已经开始以系统性发展的局面向我们展现。在此背景下提出的"五大发展理念"，不仅是全面深化改革的中国给出的发展新思想，也必然会贯穿于中国特色社会主义实践的每一步经济转型中。两会时期，"五大发展理念"当然也会贯穿其中。下面，让我们来看看"协调发展"是如何影响中国经济发展的。

全面建成小康社会，强调的不仅是"小康"，而且更重要的、也更难做到的是"全面"。"小康"讲的是发展水平，"全面"讲的是发展平衡性、协调性、可持续性。如果到 2020 年我们在总量和速度上完成了任务，但发展不平衡、不协调、不可持续问题更加严重，短板更加突出，就算不上真正实现了目标。

协调是持续健康发展的内在要求。我国发展不协调，是一个长期存在的问题，突出表现在区域、城乡、经济和社会、物质文明和精神文明、经济建设和国防建设等关系上。如果说在经济发展水平落后的情况下，一段时间的主要任务是要跑得快，但跑过一定路程后，就要注意调整关系，注重发展的整体效能，否则"木桶"效应就会愈加显现，一系列社会矛盾会不断加深。谋划"十三五"时期经济社会发展，必须在优化结构、补齐短板上取得突破性进展，着力提高发展的协调性和平衡性。

（一）总理工作报告中的说法

1.总结一年工作时说道

着眼开拓发展空间，促进区域协调发展和新型城镇化。继续推动东、中、西、东北地区"四大板块"协调发展，重点推进"一带一路"建设、京津冀协同发展、长江经济带发展"三大战略"，在基础设施、产业布局、生态环保等方面实施一批重大工程。制定实施促进西藏藏区、新疆发展的政策措施。推进户籍制度改革，出台居住证制度，加强城镇基础设施建设，新型城镇化取得新成效。

2. 指明今后五年经济社会发展的主要目标任务时说道

推进新型城镇化和农业现代化，促进城乡区域协调发展。缩小城乡区域差距，既是调整经济结构的重点，也是释放发展潜力的关键。要深入推进以人为核心的新型城镇化，实现 1 亿左右农业转移人口和其他常住人口在城镇落户，完成约 1 亿人居住的棚户区和城中村改造，引导约 1 亿人在中西部地区就近城镇化。实施一批水利、农机、现代种业等工程，推动农业适度规模经营和区域化布局、标准化生产、社会化服务。以区域发展总体战略为基础，以"三大战略"为引领，形成沿海沿江沿线经济带为主的纵向横向经济轴带，培育一批辐射带动力强的城市群和增长极。加强重大基础设施建设，高铁营业里程达到 3 万公里、覆盖 80% 以上的大城市，新建改建高速公路通车里程约 3 万公里，实现城乡宽带网络全覆盖。

（二）最全面："十三五"规划建议稿

增强发展协调性，必须坚持区域协同、城乡一体、物质文明精神文明并重、经济建设国防建设融合，在协调发展中拓宽发展空间，在加强薄弱领域中增强发展后劲。

1. 推动区域协调发展

塑造要素有序自由流动、主体功能约束有效、基本公共服务均等、资源环境可承载的区域协调发展新格局。

2. 推动城乡协调发展

坚持工业反哺农业、城市支持农村，健全城乡发展一体化体制机制，推进城乡要素平等交换、合理配置和基本公共服务均等化。

3. 推动物质文明和精神文明协调发展

坚持"两手抓、两手都要硬"，坚持社会主义先进文化前进方向，坚持以人民为中心的工作导向，坚持把社会效益放在首位、社会效益和经济效益相统一，坚定文化自信，增强文化自觉，加快文化改革发展，加强社会主义精神文明建设，建设社会主义文化强国。

4. 推动经济建设和国防建设融合发展

坚持发展和安全兼顾、富国和强军统一，实施军民融合发展战略，形成全要素、多领域、高效益的军民深度融合发展格局。

（三）两会时期的百家言

1.将协调发展贯穿于发展的各方面、全过程

协调发展吸取世界发展经验教训，是避免落入"中等收入陷阱"的有效之举。"二战"结束不久，许多国家和地区进入中等收入发展阶段，协调好的国家和地区跨过了"中等收入陷阱"，协调不好的国家则落入了"中等收入陷阱"，难以进入高收入发展阶段。拉美一些国家已在"中等收入陷阱"里受困挣扎长达数十年。它们除了经济发展停滞不前，还饱受就业困难、贫富分化、社会动荡、腐败多发、贫民窟乱象、公共服务短缺等的困扰。因此，发展均衡与否、协调与否，成为衡量世界各国能否可持续发展的一把尺子、一道杠杠。习近平同志指出："对中国而言，'中等收入陷阱'过是肯定要过去的。"树立协调发展理念，坚持协调发展，是我国跨越"中等收入陷阱"的一大法宝。有了它，就能补短板、强整体、破制约，增强发展的平衡性、包容性、可持续性，促进各区域各领域各方面协同配合、均衡一体发展，为实现"两个一百年"奋斗目标和中华民族伟大复兴的"中国梦"铺路架桥。

2.培育增长极

国际经验表明，核心地区对周边地区的发展具有辐射带动功能，如北美城市群、德国鲁尔城市群、英国伦敦城市群等。目前，我国已有京津冀、长三角、珠三角、长江中游、成渝、中原、哈长等城市群，初步形成了多个带动区域协同发展的增长极。下一步的关键，就是要在加强城市群内部基础设施网络化和生态环境联防联治的基础上，推进城市群一体化发展，强化城市群内部功能整合，提升城市群的整体国际竞争力，更好地辐射带动周边地区发展。

3.对于促进区域协调发展来说，建立区际利益平衡机制已刻不容缓

从现实基础出发，要着力在两个方面进行探索。一是建立健全稀缺资源、重要农产品的价格形成和补偿机制，有效平衡输出地和输入地的利益关系。价格决定应以市场为基础，综合考虑国际国内水平、地区发展需要和社会承受能力。补偿机制可以是纵向财政专项转移的方式，也可以是横向对接的区域补贴方式，还可以把两者结合起来。二是探索市场化的生态补偿机制，促进毗邻地区和重点流域上下游地区建立环境保护与经济发展相协调的制度体系。在此基础上，还可以推动建立跨地区投资、产业转移等重大事项的利益分享机制，促进区域间在基础设施建设、产业升级等方面的良性互动。通过上述努力，实现区域协调发展。

4.地区间要在创新体系的协同方面实质性发挥"互联网＋"的溢出效应

探索出激发终端用户首创精神的特色区域创新模式，并由此而建构出地区政府

间以"创新连接"为渠道的产业协调发展的新方式。此外，基于"互联网＋"的"智慧城市"的发展浪潮也会促进地区间的"智慧链接"。城市资源管理、运行和服务水平和城市的居住品质，以及政务、交通、通信、水和能源等核心系统之间的综合集成都将得益于"互联网＋"。个体的意见和诉求也正在突破地理空间的限制，在不同地区间快速交互。因此，有效引导"互联网＋"来带动地区间智慧城市的硬件与软件的关联互动，对提升区域间协调发展的质量具有重要意义。

5. 关键要发挥好政府与市场两个积极性

当前我国发展存在许多短板，补齐这些短板必须发挥好政府和市场两个积极性。比如，社会建设、精神文明建设、国防建设等多具有公共产品性质，难以通过市场机制进行调节，必须更好发挥政府作用，增加公共产品供给，特别是要发挥好规划和政策的引导作用，明确补齐短板的着力点。还有一些短板，如城乡区域发展不平衡等，则要在发挥政府作用的同时，充分发挥市场机制作用，激发社会力量参与的热情。从长远看，一个地区能否发展，并不在于资源的多少或地理位置的优劣，甚至也不在于有没有政策支持，而在于市场机制是否完善，人们的思想认识是否到位。这也正是树立包括协调在内的新的发展理念的意义所在。

6. 促进生产要素跨区域自由流动至为关键

人口的跨区域转移是实现区域协调发展的最重要前提。根据自然条件和主体功能区规划，一些人口过量承载的中西部省份必然会有一定比例的居民永久性地流动到东部发达地区。目前发达地区在接收外来人口方面还没有做好充分准备，甚至存在着外来人员最终将返回家乡的预期。如果这种预期成为事实，不仅区域协调发展会落空，而且势必会造成很大的全国性经济社会问题。在市场经济条件下，实现区域协调发展主要依赖于市场机制，这是基础性的决定因素。但是政府仍然具有不可替代的独特作用，必须发挥好相关的法律、规划、政策等调控工具作用。

三、坚持绿色发展，改善生态环境

从东海之滨到浙西山麓，从杭嘉湖平原到瓯江两岸，青山葱郁，碧水迢迢。这是 5 500 万浙江人民共同生活的美好家园。浙江人民像保护眼睛那样保护绿水青山，像对待生命那样对待绿水青山。绿水青山，是人民幸福生活的底色，是世代永续发展的源泉。浙江人民用自己的勤劳和智慧，赋予这片绿水青山以新的生机和活力。"绿水青山就是金山银山"，十年前，时任浙江省委书记的习近平同志在安吉考察时首次提出这一科学论断。十年来，浙江历届省委坚持走"绿水青山就是金山银山"的发展之路不动摇，一张蓝图绘到底，一任接着一任干，护美绿水青山，做大金山银山。十年来，全省干部群众按照尊重自然、顺应自然、保护自然的理念，把生态文明建设融入经济建设、政治建设、文化建设、社会建设的各方面和全过程，将"绿水青山就是金山银山"化为浙江大地生动的现实。"绿水青山就是金山银山"，引领浙江走向社会主义生态文明新时代。"绿水青山就是金山银山"——这句话如今不但被镌刻在南太湖畔的一块石碑上，也一直被5 500万浙江干部群众铭记于心、躬践于行。

2015年3月24日，习近平总书记主持召开中央政治局会议，通过了《关于加快推进生态文明建设的意见》，正式把牢固树立"绿水青山就是金山银山"的理念写进中央文件。这一科学论断正在"美丽中国"落地生根，开花结果。我国经济目前进入"新常态""新常态"下的经济增长将更加注重经济发展的质量和效益，在此期间传统高能耗、高污染等产业的结构调整和转型升级将加速，与绿色发展的理念相吻合，所以"新常态"为我国经济绿色转型、大力发展绿色经济提供了难得的机遇。2008年联合国环境规划署发起了在全球开展"绿色经济"和"绿色新政"的倡议，并于2011年发表"迈向绿色经济——实现可持续发展和消除贫困的各种途径"的报告，进一步明确了绿色经济的概念，聚焦宏观经济政策和部门政策在向绿色经济过渡中的推动作用，提出要把绿色经济融入2015年的可持续发展战略，进行常规化发展。"绿色经济"进入人们的视野并迅速地在全球范围内掀起了经济绿色转型的浪潮。联合国环境规划署的报告属于政策研究性质，对于"里约+20峰会"通过有关绿色经济的议题起到了相当关键的作用。但要在包括政府、企业、社会组织和教育部门的全社会普及绿色经济的知识，引导相关的绿色发展规划、绿色研发和绿色教育，需要一本全面系统介绍绿色经济的概念、理论、政策和实践的教科书。在联合国环境规划署的支持下，联合国环境规划署同济大学环境与可持续发展学院共同组织海内外专家学者共同编写了绿色经济教科书《绿色经济：联合国视野中的理论、方法与案例》。该书呼应了2011年联合国环境规划署出版的《迈向绿色经济：实现可持续发展和消除贫困的各种途径》，将助力中国政府、政策制定者和公众走向绿色转型和包容性增长之路，推进生态文明建设，将当前环境所面临的挑战转化为可持续发展的新机遇。根据联合国环境规划署的定义，绿色经济是能改善人类福祉和社会公平，同时又可以显著降低环境风险和生态稀缺的经济。这本教科书是第一本有联合国机构参与的绿色经济教科书，也是第一次提出绿色经济理论的完整框架，系统解释了包容性绿色经济概念及其与中国生态文明的联系，涵盖了绿色经济理论、行业和政策等内容，并对与中国密切相关的问题进行了特别关注。全书分为背景理论篇、主要领域篇和政策方法篇，专门根据中国情况编写。联合国环境规划署出版《绿色经济：联合国视野中的理论、方法与案例》，并同中国环境与发展国际合作委员会联合主办高级别咨询会议，邀请国际专家从绿色经济角度为中国的"十三五"规划提供意见，希望中国将绿色经济的思想融入"十三五"规划，为经济发展"新常态"作出贡献，成为实现中华民族"两个一百年"的主流内容。

四、坚持开放发展，实现合作共赢

党的十八届五中全会在总结历史经验的基础上，提出"开放发展"的理念，标志着我们党对开放和发展之间内在联系的认识进一步升华。开放要有新举措，开放发展要有新部署。

改革开放以来，中国发展日新月异，成就举世瞩目，一个成功经验就是：对外融入世界经济大潮，在经济全球化和社会信息化的过程中拓宽生产力发展空间；对内坚持国内改革，破除一切阻碍生产力发展的障碍和藩篱，将这两者结合起来的就是开放，是否适应开放所激发起活力的生产力就是改革的标准。

改革开放之初，中国引进西方的先进技术、资金和管理经验，结合自身的资源和劳动力，极大地促进国内经济的发展繁荣，提高了全体人民的福祉。对外开放对中国的国内改革和发展而言无疑具有积极意义。经过40多年的发展，中国经济正实现从"引进来"到与"走出去"并重的重大转变，经济结构也由内向型经济渐次转变为更加依赖世界市场和国际资本的外向型经济。今天的中国作为全球第一大出口国和第二大进口国、世界第一大吸引外资国和第三大对外投资国，已形成市场、资源能源、投资"三头"对外深度融合的新局面，中国的前途命运已与对外开放密不可分。实现合作共赢，是新形势、新常态下中国持续发展的有效出路。中国的发展离不开一个开放的世界，世界的繁荣离不开一个开放的中国。

当前中国的开放不再是面向西方发达国家的单向开放，而是面向全世界的双向开放，不仅要引进来、留得住，还有走出去、扎下根。"一带一路"倡议的提出，就是在新时期、新形势下中国全新开放理念的体现。

通过"一带一路"建设，一方面，在国内打造陆海并举、东西共进、内外联动、面向全球的全新开放格局，在开放中建设开放型经济，在开放中构建开放型经济体制，实现开放发展；另一方面，推进同有关国家和地区多领域互利共赢的务实合作，推进国际产能和装备制造合作，以开放实现沿带沿路国家的共同发展和可持续发展。"一带一路"倡议，标志着中国推进开放性区域合作架构的努力。中国的发展得益于地区和世界的开放，中国也将为打造一个更加开放、包容、均衡、普惠的地区合作平台贡献自己的力量。中国不会将自己的规则强加给沿带沿路国家。共建、共赢、共享永远是"一带一路"倡议的内在精神，它体现了中国改革开放以来对开放理念的升华。

党的十八届五中全会提出开放发展理念，并从七个方面对开放发展进行了战略部署：开创对外开放新格局；完善对外开放战略布局；形成对外开放新体制；推进"一带一路"建设；深化内地和港澳、大陆和台湾地区合作发展；积极参与全球经济治理；积极承担国际责任和义务。可以说，"一带一路"建设已成为中国新时期开放战略的一个重要标志，它承载着新时期中国打造全新对外开放格局的重任，也集中体现着开放发展理念在中国及其周边地区的具体实践。

持续发展的重要动力源自开放型经济体制的构建。"一带一路"建设将构筑起中国新一轮对外开放的全新格局，中西部地区第一次在中国的对外开放布局中处于和东部沿海地区并列的位置，也由此迎来构建开放型经济体系的历史性机遇。中西部地区的资源禀赋、人力资源、后发优势将在这一轮的对外开放进程为本地区打造新区位优势奠定扎实的基础。

生产要素流动的转变是开放格局升级的重要标志。在中国对外开放 40 多年的大部分历程中，开放格局的一个重要表现就是西方资本、技术、管理经验和管理人才等生产要素引入，呈现出要素单向度流动的态势。"一带一路"建设注重基础设施、制度规章、人员交流"三位一体"，并行推动政策沟通、设施联通、贸易畅通、资金融通、民心相通，沿带沿路国家的生产要素由此拥有了一个互通有无的平台。随着生产要素沿着"一带一路"的扩散，中国对外开放格局的升级也将因为单向度开放格局的彻底改变而加快步伐。

开放对象的转变为提高开放型经济水平带来机遇。随着生产要素的走出去，中国对外开放的对象正经历着由发达国家向发展中国家，由全球合作平台向区域合作平台的转变。"一带一路"建设联通了亚太经济圈和欧洲经济圈两大经济板块，所经之地多为发展中国家和地区，它们正面临着中国早期开放时相似的问题，这就构成中国生产要素走向沿带沿路发展中国家，实现合作共赢、共同发展的现实基础。"一带一路"建设重在打造更大范围、更高水平、更深层次的区域合作，这个包容、开放的区域合作平台就成为中国对外开放的重要对象。随着这个区域合作框架的推进和完善，中国开放型经济不仅拥有了"走出去"的平台，而且提升开放型经济合作的制度性话语权因之而有了具体抓手。

两年多来"一带一路"由倡议走向建设，得到越来越多国家积极响应，这表明开放不仅是中国的战略选择，也是世界经济发展的必然趋势。开放才能发展，开放才能造就发展的持续动力，这是中国改革开放以来成功经验的总结。随着"一带一路"建设的推进，开放发展不仅将大大有助于实现中国新常态下民族复兴的壮举，也将为沿带沿路国家带来中国对国家发展的理解和由此汇聚的发展智慧。

今天"一带一路"的经贸合作是顺应世界多极化、经济全球化、文化多样化、社会信息化的潮流而展开的。我们希望在经贸合作的过程中，找到文明交流互鉴的新解读：新的贸易规则和新的国际秩序。文明交流互鉴体现为创新未来的互利与共赢。"一带一路"是历史遗产之路，是文化交流之路，是经贸合作之路，更是创新未来之路。今天中国政府对"一带一路"的解读，已经对古代丝绸之路的概念作了大的拓展和延伸。面向未来，面向世界是今天"一带一路"的时空坐标。在这个背景和格局下，新的"一带一路"就成为真正意义上的创新未来之路。物质生活的满足，精神生活的富足，老百姓的幸福感，是所有文明的共同目标。基础设施、商贸合作、金融平台，这些都是文明互鉴的内涵所在。互利共赢的核心既是经济建设，又是社会建构。所谓创新未来之路，就是互知互信，互联互通，互鉴互补，互利互荣；就是老百姓的心向往之，流连忘返，安居乐业。

毛泽东同志在《念奴娇·昆仑》一词中写道："而今我谓昆仑，不要这高，不要这多雪。安得倚天抽宝剑，把汝裁为三截？一截遗欧，一截赠美，一截还东国。太平世界，环球同此凉热。"这段话是对今天"一带一路"愿景的形象解读。

中国是个大国，历史悠久，幅员辽阔，近几十年来经济持续快速增长。中国人民愿意丝路沿线国家搭上中国发展的快车，与世界人民一道创造出一个"环球同此凉热"的太平世界。我们的目标是在民心相通、并存互补基础上建设新的社会治理结构，营造新的更加繁荣与和谐的世界文明秩序。这就是文明互鉴、民心相通与"一带一路"的关系之所在。

五、坚持共享发展，增进人民福祉

中国特色社会主义是亿万人民自己的事业，坚持发展为了人民、发展依靠人民、发展成果由人民共享，全面小康才能真正造福于全体人民。让人民群众共享改革发展成果，这是社会主义的本质要求，是社会主义制度优越性的集中体现，也是我们党坚持全心全意为人民服务根本宗旨的必然选择。党的十八届五中全会提出共享发展的理念，注重的是解决社会公平正义问题，也揭示了当代中国发展进步的根本出发点和落脚点。人人参与，人人尽力，人人享有。迈向全面小康的过程，也是实现社会公平正义的过程。一方面，保证人人享有发展机遇、享有发展成果，全体人民推动发展的积极性、主动性、创造性才能充分调动起来；另一方面，我国经济发展的"蛋糕"不断做大，但分配不公的问题比较突出，收入差距、城乡区域公共服务水平差距较大，共享发展的实际情况和制度设计都有不完善的地方。为此，十八届五中全会做出增加公共服务供给、实施脱贫攻坚工程、提高教育质量、促进就业创业、缩小收入差距、建立更加公平更可持续的社会保障制度、推进健康中国建设、促进人口均衡发展八个方面的部署，这既是关于共享发展的有效制度安排，也是我们推动共享发展的重要着力点。

"天地之大，黎元为先。"坚持共享发展，首先要突出人民的主体地位。全面小康，是惠及全体人民的小康，是要使全体人民朝着共同富裕方向稳步前进，绝不能出现"富者累巨万，而贫者食糟糠"的现象。要采取超常举措实施脱贫攻坚工程，把农村贫困人口脱贫作为全面建成小康社会的基本标志。习近平总书记在二〇二一年新年贺词中指出，2020 年，全面建成小康社会取得伟大历史性成就，决战脱贫攻坚取得决定性胜利。我们向深度贫困堡垒发起总攻，啃下了最难啃的"硬骨头"。历经 8 年，现行标准下近 1 亿农村贫困人口全部脱贫，832 个贫困县全部摘帽。

制度建设具有根本性。坚持共享发展，关键是做出更有效的制度安排，加紧建设对保障社会公平正义具有重大作用的制度，逐步建立以权利公平、机会公平、规则公平为主要内容的社会公平保障体系，努力营造公平的社会环境，保证人民平等参与、平等发展权利。要让发展成果更多更公平地惠及全体人民，归根到底要通过制度来落实，有了公平正义的制度，共享发展才有坚实的根基。

"治天下也，必先公，公则天下平矣。"只有让发展成果公平共享，全面小康才能凝心聚力；只有让人民幸福安康，中国才能在现代化道路上稳健前行。通过共享发展让发展更有温度、让幸福更有质感，我们就一定能够不断增强发展动力，不断增进人民团结，让 14 亿中国人朝着共同富裕目标稳步前进。

按照人人参与、人人尽力、人人享有的要求，坚守底线、突出重点、完善制度、引导预期、注重机会公平、保障基本民生，实现全体人民共同迈入全面小康社会。

（一）增加公共服务供给

坚持普惠性、保基本、均等化、可持续方向，从解决人民最关心最直接最现实的利益问题入手，增强政府职责，提高公共服务共建能力和共享水平。加强义务教育、就业服务、社会保障、基本医疗和公共卫生、公共文化、环境保护等基本公共服务，努力实现全覆盖。加大对革命老区、民族地区、边疆地区、贫困地区的转移支付。加强对特定人群特殊困难的帮扶。创新公共服务提供方式，能由政府购买服务提供的，政府不再直接承办；能由政府和社会资本合作提供的，广泛吸引社会资本参与。加快社会事业改革。

（二）实施脱贫攻坚工程

农村贫困人口脱贫是全面建成小康社会最艰巨的任务。必须充分发挥政治优势和制度优势，坚决打赢脱贫攻坚战。实施精准扶贫、精准脱贫，因人因地施策，提高扶贫实效。分类扶持贫困家庭，对有劳动能力的支持发展特色产业和转移就业，对"一方水土养不起一方人"的实施扶贫搬迁，对生态特别重要和脆弱的实行生态保护扶贫，对丧失劳动能力的实施兜底性保障政策，对因病致贫的提供医疗救助保障。实行低保政策和扶贫政策衔接，对贫困人口应保尽保。扩大贫困地区基础设施覆盖面，因地制宜解决通路、通水、通电、通网络等问题。对在贫困地区开发水电、矿产资源占用集体土地的，试行给原住居民集体股权方式进行补偿，探索对贫困人口实行资产收益扶持制度。提高贫困地区基础教育质量和医疗服务水平，推进贫困地区基本公共服务均等化。建立健全农村留守儿童和妇女、老人关爱服务体系。实行脱贫工作责任制。进一步完善中央统筹、省（自治区、直辖市）负总责、市（地）县抓落实的工作机制。强化脱贫工作责任考核，对贫困县重点考核脱贫成效。加大中央和省级财政扶贫投入，发挥政策性金融和商业性金融的互补作用，整合各类扶贫资源，开辟扶贫新的资金渠道。健全东西部协作和党政机关、部队、人民团体、国有企业定点扶贫机制，激励各类企业、社会组织、个人自愿采取包干方式参与扶贫。把革命老区、民族地区、边疆地区、集中连片贫困地区作为脱贫攻坚重点。

（三）提高教育质量

全面贯彻党的教育方针，落实立德树人根本任务，加强社会主义核心价值观教育，培养德智体美劳全面发展的社会主义建设者和接班人。深化教育改革，把增强学生社会责任感、创新精神、实践能力作为重点任务贯彻到国民教育全过程。推动义务教育均衡发展，全面提高教育教学质量。普及高中阶段教育，逐步分类推进中等职业教育免除学杂费，率先从建档立卡的家庭经济困难学生实施普通高中免除学杂费。发展学前教育，鼓励普惠性幼儿园发展。完善资助方式，实现家庭经济困难学生资助全覆盖。促进教育公平。加快城乡义务教育公办学校标准化建设，加强教师队伍特别是乡村教师队伍建设，推进城乡教师交流。办好特殊教育。提高高校教学水平和创新能力，使若干高校和一批学科达到或接近世界一流水平。建设现代职业教育体系，推进产教融合、校企合作。优化学科专业布局和人才培养机制，鼓励具备条件的普通本科高校向应用型转变。落实并深化考试招生制度改革和教育教学改革。建立个人学习账号和学分累计制度，畅通继续教育、终身学习通道。推进教育信息化，发展远程教育，扩大优质教育资源覆盖面。完善教育督导，加强社会监督。支持和规范民办教育发展，鼓励社会力量和民间资本提供多样化教育服务。

（四）促进就业创业

坚持就业优先战略，实施更加积极的就业政策，创造更多就业岗位，着力解决结构性就业矛盾。完善创业扶持政策，鼓励以创业带就业，建立面向人人的创业服务平台。统筹人力资源市场，打破城乡、地区、行业分割和身份、性别歧视，维护劳动者平等就业权利。加强对灵活就业、新就业形态的支持，促进劳动者自主就业。落实高校毕业生就业促进和创业引领计划，带动青年就业创业。加强就业援助，帮助就业困难者就业。推行终身职业技能培训制度。实施新生代农民工职业技能提升计划。开展贫困家庭子女、未升学初高中毕业生、农民工、失业人员和转岗职工、退役军人免费接受职业培训行动。推行工学结合、校企合作的技术工人培养模式，推行企业新型学徒制。提高技术工人待遇，完善职称评定制度，推广专业技术职称、技能等级等同大城市落户挂钩做法。提高劳动力素质、劳动参与率、劳动生产率，增强劳动力市场灵活性，促进劳动力在地区、行业、企业之间自由流动。建立和谐劳动关系，维护职工和企业合法权益。完善就业服务体系，提高就业服务能力。完善就业失业统计指标体系。

（五）缩小收入差距

坚持居民收入增长和经济增长同步、劳动报酬提高和劳动生产率提高同步，持续增加城乡居民收入。调整国民收入分配格局，规范初次分配，加大再分配调节力度。健全科学的工资水平决定机制、正常增长机制、支付保障机制，推行企业工资集体协商制度。完善最低工资增长机制，完善市场评价要素贡献并按贡献分配的机制，完善适应机关事业单位特点的工资制度。实行有利于缩小收入差距的政策，明显增加低收入劳动者收入，扩大中等收入者比重。加快建立综合和分类相结合的个人所得税制。多渠道增加居民财产性收入。规范收入分配秩序，保护合法收入，规范隐性收入，遏制以权力、行政垄断等非市场因素获取收入，取缔非法收入。支持慈善事业发展，广泛动员社会力量开展社会救济和社会互助、志愿服务活动。完善鼓励回馈社会、扶贫济困的税收政策。

（六）建立更加公平更可持续的社会保障制度

实施全民参保计划，基本实现法定人员全覆盖。坚持精算平衡，完善筹资机制，分清政府、企业、个人等的责任。适当降低社会保险费率；完善社会保险体系。完善职工养老保险个人账户制度,健全多缴多得激励机制。实现职工基础养老金全国统筹,建立基本养老金合理调整机制。拓宽社会保险基金投资渠道,加强风险管理,提高投资回报率。逐步提高国有资本收益上缴公共财政比例,划转部分国有资本充实社保基金。出台渐进式延迟退休年龄政策。发展职业年金、企业年金、商业养老保险。健全医疗保险稳定可持续筹资和报销比例调整机制,研究实行职工退休人员医保缴费参保政策。全面实施城乡居民大病保险制度。改进个人账户,开展门诊费用统筹。实现跨省异地安置退休人员住院医疗费用直接结算。整合城乡居民医保政策和经办管理。鼓励发展补充医疗保险和商业健康保险。鼓励商业保险机构参与医保经办。将生育保险和基本医疗保险合并实施。统筹救助体系,强化政策衔接,推进制度整合,确保困难群众基本生活。

(七)推进健康中国建设

深化医药卫生体制改革,实行医疗、医保、医药联动,推进医药分开,实行分级诊疗,建立覆盖城乡的基本医疗卫生制度和现代医院管理制度。全面推进公立医院综合改革,坚持公益属性,破除逐利机制,建立符合医疗行业特点的人事薪酬制度。优化医疗卫生机构布局,健全上下联动、衔接互补的医疗服务体系,完善基层医疗服务模式,发展远程医疗。促进医疗资源向基层、农村流动,推进全科医生、家庭医生、急需领域医疗服务能力提高、电子健康档案等工作。鼓励社会力量兴办健康服务业,推进非营利性民营医院和公立医院同等待遇。加强医疗质量监管,完善纠纷调解机制,构建和谐医患关系。坚持中西医并重,促进中医药、民族医药发展。完善基本药物制度,健全药品供应保障机制,理顺药品价格,增加艾滋病防治等特殊药物免费供给。提高药品质量,确保用药安全。加强传染病、慢性病、地方病等重大疾病综合防治和职业病危害防治,通过多种方式降低大病、慢性病医疗费用。倡导健康生活方式,加强心理健康服务。实施食品安全战略,形成严密高效、社会共治的食品安全治理体系,让人民群众吃得放心。

(八)促进人口均衡发展

坚持计划生育的基本国策,完善人口发展战略。全面实施一对夫妇可生育三个孩子政策。提高生殖健康、妇幼保健、托幼等公共服务水平。帮扶存在特殊困难的计划生育家庭。注重家庭发展。积极开展应对人口老龄化行动,弘扬敬老、养老、助老社会风尚,建设以居家为基础、社区为依托、机构为补充的多层次养老服务体系,推动医疗卫生和养老服务相结合,探索建立长期护理保险制度。全面放开养老服务市场,通过购买服务、股权合作等方式支持各类市场主体增加养老服务和产品供给。坚持男女平等基本国策,保障妇女和未成年人权益。支持残疾人事业发展,健全扶残助残服务体系。

第三讲 五大发展理念的当代价值及意义

一、五大发展理念的当代价值

党的十八届五中全会在全面总结我国改革开放和社会主义现代化建设的成功经验、深入分析当今世界经济政治发展态势的基础上，为了科学编制和实施"十三五"规划，提出了"创新、协调、绿色、开放、共享"的发展理念。这五大发展理念在人类发展观的历史进程中具有重大的理论价值，对于当今中国乃至世界的改革创新、发展进步具有现实的指导意义。

（一）马克思主义发展观的最新成果

发展观是马克思主义的基本观点之一。唯物辩证法认为，自然界、人类社会和人的思维都是不断运动、变化和发展的，发展具有普遍性和客观性，其实质就是事物的前进、上升或进化，是新事物代替旧事物。这要求无产阶级及其政党必须树立正确的发展观，并善于把握事物变化、发展的规律，以制定科学的路线方针政策，推翻阶级压迫和剥削制度，建设社会主义，实现共产主义。为此，马克思、恩格斯对人类社会的发展，特别是资本主义社会向社会主义社会的发展进行了深入的研究，提出了系统的人类社会发展学说，主要内容包括：人类社会的发展是自然历史过程，生产力的发展是人类社会发展的最终决定力量，生产力和生产关系、经济基础和上层建筑的矛盾运动是社会发展的根本动力，人类社会发展的目标是实现每个人自由而全面的发展，等等。列宁继承马克思主义发展观，强调无产阶级夺取国家政权后，要大力提高社会生产力，丰富人民生活；大胆利用资本主义发展社会主义；加强社会主义民主法制、教育文化建设等。

在长期的中国革命建设和改革的历史进程中，以毛泽东、邓小平、江泽民和胡锦涛为代表的中国共产党人，坚持把马克思主义基本原理同中国具体实际相结合，提出了社会主义建设要根据本国国情走自己的路、正确处理人民内部矛盾和问题、最大限度地调动一切积极因素把我国建设成为一个伟大的社会主义国家、社会主义社会的根本任务是发展生产力、正确处理改革发展稳定的关系、分"三步走"实现社会主义现代化、发展是党执政兴国第一要务、坚持用发展的办法解决前进中的问题等中国特色社会主义发展观。其中，科学发展观提出第一要义是发展、核心是以人为本、基本要求是全面协调可持续等，深刻回答了实现什么样的发展、怎样发展的基本问题，成为马克思主义发展观的阶段性成果。

党的十八大以来，以习近平同志为核心的党中央高举马克思列宁主义、毛泽东思想和中国特色社会主义理论体系的伟大旗帜，紧紧围绕坚持和发展中国特色社会主义的主题，"观大势，谋大事"，牢牢把握时代进步的脉搏，精心洞察中国和世界发展的大势，在全面而客观地分析中国和世界经济政治发展所面临机遇与挑战的基础上，尤其是科学研判和积极应对中国经济社会发展新常态的条件下，为进一步实现科学发展提出了"创新、协调、绿色、开放、共享"的五大发展理念，深化了对共产党执政规律、社会主义建设规律、人类社会发展规律的认识，成为马克思主义发展观的最新成果。

（二）全球发展理论的重大创新

发展观并非马克思主义者所专有。自古以来，绝大多数中外哲学家、思想家、科学家等探究世界本源、自然奥秘、天人关系等都是立足于人的生存和发展，都可以归结为人的发展学说。马克思主义认为，生产实践尤其是物质生产是人类最基本的实践活动，是人类社会存在和发展的基础。这也自然成为各种发展理论研究的中心课题，在漫长的历史长河中涌现的学派可谓不计其数，论著更是浩如烟海。再进一步缩小外延看，仅第二次世界大战以来，世界范围内以研究发展中国家现代化为主要内容的各种发展理论同样层出不穷，诸如二元经济发展理论、结构转换理论、人力资本理论等，联合国先后在《新发展观》《21世纪议程》《人类发展报告》等文件中也提出"整体""综合""内生"发展理论、可持续发展理论等。20世纪中叶以来，国外发展理论虽然流派众多，但关于一个民族和国家经济社会发展的中心思想经历了从"发展＝经济增长"，到"发展＝经济增长＋社会变革""发展＝可持续发展"，再到"发展＝以人为中心的综合发展"的演进。

中国共产党自诞生始就把马克思列宁主义写在自己的旗帜上，确立为指导思想，从而成为毛泽东思想、中国特色社会主义理论体系得以形成和发展的理论基础。当然，中国共产党人向来都不是自我封闭的狭隘主义者、教条主义者，而是善于吸收和借鉴人类一切优秀文明成果推进马克思主义中国化。毛泽东在革命战争年代就曾提出要继承从孔夫子到孙中山的珍贵遗产。中华人民共和国成立后提出要学习西方国家管理企业的有益经验，也可以研究西方国家的政治制度。改革开放以来，在中国日益融入世界并为世界发展作出越来越多贡献的背景下，邓小平、江泽民、胡锦涛和习近平等以全球视野和眼光，大胆吸收世界各国发展理论促进中国发展，又把中国发展的成功经验和政策举措概括上升为理论，从而促进世界发展理论的创新。譬如，邓小平提出要坚持以经济建设为中心的发展、社会主义的根本任务是解放和发展生产力；江泽民提出人类社会的发展是先进生产力不断取代落后生产力的历史过程、走新型工业化道路、生存权发展权是发展中国家最基本最重要的人权；胡锦涛提出构建社会主义和谐社会，坚持经济、政治、文化、社会和生态文明建设"五位一体"总布局，等等；习近平倡导创新、协调、绿色、开放、共享发展，其中每一发展理念都蕴含时代内涵，都是针对新常态下中国经济社会发展面临问题与挑战做出的研判和应对，将五者融为一体更是集成创新。它既是马克思主义发展观的继承和发展，也是全球发展理论的重大创新。

（三）决胜全面建成小康社会的行动指南

理论来源于实践，又对实践具有指导作用，伟大的事业需要科学的理论做指导。同时，思想理论上的成熟和统一，是一个党、一个国家、一个民族政治上成熟的根本标志，是其团结统一、行动一致、具有强大凝聚力战斗力的基础和前提。一百年前，俄国十月革命的一声炮响为中国送来了马克思主义。在马克思主义，尤其是中国化的马克思主义——毛泽东思想和中国特色社会主义理论体系的指引下，党领导中国人民相继取得了新民主主义革命、社会主义革命的伟大胜利，以及社会主义建设和改革的巨大成就。

当前，全党全国各族人民正在为全面建成小康社会、努力实现中华民族伟大复兴"中国梦"而奋斗。根据党对实现中国特色社会主义现代化战略步骤的设计和党的十八大确立的到2020年全面建成小康社会的奋斗目标，我国国民经济和社会发展的"十三五"规划时期是全面建成小康社会的决胜阶段。党的十八届五中全会通过的关于制定"十三五"规划的《建议》，内容涵盖历史回顾、发展环境、指导思想、基本原则、主要目标、基本理念、根本任务、政策举措和根本保证等方方面面，但主题是发展，贯穿始终的一条红线和基本精神是：贯彻落实"创新、协调、绿色、开放、共享"五大发展理念，确保如期全面建成小康社会。因此，作为中国特色社会主义理论体系和马克思主义发展观最新理论成果的五大发展理念，是当下全党全国各族人民决胜全面建成小康社会的行动指南。

（四）打造人类命运共同体的思想智慧

当前和今后一段时期，国际形势的基本特点是世界多极化、经济全球化、文化多样化、社会信息化深入发展，和平与发展仍是时代主题，和平、发展、合作、共赢仍是时代潮流，世界经济将在深度调整中曲折复苏，新一轮科技革命和产业变革蓄势待发，全球治理体系深刻变革，发展中国家群体力量继续增强，国际力量对比逐步趋向平衡。但世界仍不安宁，恐怖主义、气候变化、网络攻击、环境污染、疾病流行、跨国犯罪等全球非传统安全问题层出不穷，对国际秩序和人类生存发展构成严重威胁。国际社会日益成为一个你中有我、我中有你的"命运共同体"，面对世界经济的复杂形势和全球性问题，任何国家都不可能独善其身。作为世界第二大经济体、最大发展中国家的中国，在深度融入世界的基础上，勇挑应对全球威胁的责任担当，以更加积极主动的姿态谋划人类发展的未来，推动全球治理体系的改革。

党的十八大以来，习近平在出访东南亚和非洲，在出席博鳌亚洲论坛、纪念万隆会议召开六十周年大会、巴黎气候变化大会等一系列双边和多边重要外交场合，尤其是 2015 年 9 月在出席第七十届联大时发表的《携手构建合作共赢新伙伴，同心打造人类命运共同体》重要讲话，娓娓阐释了树立"人类命运共同体"意识的必要性和紧迫性，系统提出了从政治、安全、经济、文化、环境等"五位一体"打造"人类命运共同体"的"路线图"。其中，经济上谋求开放创新、包容互惠的发展前景；文化上促进和而不同、兼收并蓄的文明交流；环境上构筑尊崇自然、绿色发展的生态体系等，同"创新、协调、绿色、开放、共享"五大发展理念高度契合，相得益彰。这些理念为谋划人类未来提供了全新视角，为稳定并改善国际秩序、推动世界和平发展呈现了可行方案，既是引领中国参与全球治理、贡献世界发展的思想先导，也为其他国家和人民谋求发展提供了可供借鉴的思想资源。

二、五大发展理念的意义

"创新、协调、绿色、开放、共享"的五大发展理念在马克思主义发展观和全球发展理论的思想史上具有重大的理论价值，对于全党全国各族人民科学编制和实施"十三五"规划、如期全面建成小康社会、实现中华民族伟大复兴"中国梦"具有实践指导作用，对于当今世界各国人民同心打造"人类命运共同体"也具有引导作用。

发展理念管全局、管根本、管方向、管长远，直接关乎发展成效乃至成败。"创新、协调、绿色、开放、共享"五大发展理念，是贯穿十八届五中全会精神的灵魂和主线，具有高度的战略性、纲领性、引领性的特点。五大发展理念之间既相互贯通，又相互促进；既各有侧重，又相互支撑，共同构成了一个开辟未来发展前景的顶层设计，是一个具有内在联系的集合体。五大发展理念集中反映了我们党对经济社会发展规律认识的深化，极大丰富了马克思主义发展观。集中体现了今后更长时期我国的发展思路、发展方向、发展着力点。深刻揭示了实现更高质量、更有效率、更加公平、更可持续发展的必由之路。为我们党带领全国人民夺取全面建成小康社会决战阶段的伟大胜利，不断开拓发展新境界，提供了强大思想武器。学习贯彻十八届五中全会精神，就要深刻认识五大发展理念的重大意义。

（一）蕴含着解放思想、与时俱进的思想品格

树立和践行五大发展理念，是关系我国发展全局的一场深刻变革，意味着对传统发展思路和发展方式的根本转变，也必然伴随着思想的解放、观念的更新。要从党的思想路线的高度看待问题，注重从思想方法和思维方式上解决问题，深刻认识

发展是一个不断变化的过程，发展环境、发展条件不会一成不变，发展理念自然也不会一成不变。面对新的发展实践，有些东西过去有效，现在未必有效；有些过去不合时宜，现在却势在必行；有些过去不可逾越，现在则需要突破。这就需要领导干部把解放思想作为总开关，树立与时代和实践发展相适应的思维方式，坚决破除那些片面追求 GDP、拼资源拼投入、重城市轻农村、先污染后治理、重效率轻公平等陈旧观念，以新的发展理念引领新的发展实践。树立和践行五大发展理念，不能停留在口头上，而要作为行为标尺，自觉对照检验我们的实际工作，符合的就鼓励和支持，不符合的就反对和摒弃，更好地在解放思想中跟上时代，在转变观念中赢得新的发展。

（二）贯穿着鲜明的问题导向

在实践中发现和解决问题，是我们认识世界、改造世界的重要方法。五大发展理念以问题为牵引，直指我国发展中的突出矛盾和问题。创新发展注重解决发展动力问题，协调发展注重解决发展不平衡问题，绿色发展注重解决人与自然和谐问题，开放发展注重解决发展内外联动问题，共享发展注重解决社会公平正义问题。可以说，五大发展理念既抓住了制约发展的症结，又开出了解决问题的良方。贯彻五大发展理念，也要增强问题意识、强化问题导向，瞄着问题去、追着问题走，在破解发展难题中实现发展的新进步。抓问题还要注意抓薄弱环节，解决问题应当紧紧扭住短板、全力做好补齐短板这篇大文章。无论是制订具体规划，还是出台政策措施、完善体制机制，都要着力补短板、解难题，在攻坚克难中增强经济社会发展的协同性平衡性。

（三）彰显着人民至上的价值取向

为什么人、由谁享有的问题，是发展要解决的根本问题，也是衡量一个政党、一个国家性质的试金石。我们是共产党领导的社会主义国家，理所当然要把实现好维护好发展好最广大人民根本利益，作为发展的根本出发点和落脚点。五大发展理念贯穿着鲜明的百姓导向、民生导向，反映着我们党立党为公、执政为民的根本宗旨。要始终坚持人民主体地位，坚持以人民为中心的发展思想，把实现人民幸福作为发展的目的和归宿。越是发展到更高层次、更高水平，越要坚持人人参与、人人尽力、人人享有，越要坚持全体人民共同富裕。要全面把握和推动落实共享发展的政策措施，凡是为民造福的事情就要千方百计做好；凡是损害群众利益的事情就坚决不做，使全面建成小康社会的过程成为增进人民福祉、促进公平正义的过程。要着眼于坚决打赢"十三五"脱贫攻坚战，下大力气解决收入差距过大、公共服务供给不足、社会保障滞后、教育和就业机会不均等突出问题，使发展更具公平性、普惠性，让人民群众有更多获得感、幸福感。

（四）体现着辩证思维和统筹兼顾的科学方法论

"创新、协调、绿色、开放、共享"的五大发展理念，相互贯通、相互促进，有着深刻的内在联系。这五大发展理念，主题主旨相通、目标指向一致，统一于"四个全面"战略布局和"五位一体"总体布局中，统一于坚持和发展中国特色社会主义的实践中，统一于实现"两个一百年"奋斗目标、实现中华民族伟大复兴"中国梦"的历史进程中。这五大发展理念，既各有侧重又相互支撑，共同构成了一个开辟未来发展前景的顶层设计，构成了一个系统化的逻辑体系。把握好五大发展理念，要树立全面系统的思维，掌握科学统筹的方法，一起用力贯彻落实，不能顾此失彼，也不能相互替代。

三、五大发展理念对人们生活的改变

2020年是全面建成小康社会和"十三五"规划收官之年。

五年来，以习近平同志为核心的党中央带领全国人民，深入贯彻创新、协调、绿色、开放、共享的发展理念，迎难而上、奋发有为，我国发展取得了历史性成就，综合国力、经济实力、科技实力、国际影响力等跃上新台阶。

五年来，以习近平同志为核心的党中央坚持把创新作为引领发展的第一动力。沿着中国特色自主创新道路，我国加快向以创新驱动发展为主转变，创新型国家建设不断取得丰硕成果。

五年来，"全国一盘棋"的经济社会发展新蓝图清晰呈现，各领域协调发展大潮涌动。全面布局、扎实推进，中国以点带线、由线及面，向着更加平衡、更加协调、更高质量的发展坚实迈进。

如今，生态文明写入宪法，"绿水青山就是金山银山"的理念成为全党全社会的共识和行动。五年来，在以习近平同志为核心的党中央坚强领导下，在习近平生态文明思想指引下，我国生态文明建设取得显著成效，生态环境质量明显改善。当前，新冠肺炎疫情正在全球蔓延，保护主义、单边主义抬头，逆全球化思潮进一步加剧，对全球生态环境保护造成不利影响。中国秉持人类命运共同体理念，坚决维护多边主义，建设性参与全球环境治理，为实现全球可持续发展贡献中国智慧和中国方案。

五年来，习近平以宏大的历史视野，强调要不断扩大市场开放、不断完善开放格局、不断优化营商环境、不断深化多双边合作，推动我国更好水平对外开放结出硕果。

2020年以来，面对新冠肺炎疫情和各项突发事件，以习近平同志为核心的党中央始终坚持"人民至上、生命至上"，以坚强决心、坚定意志、坚实国力应对各种风险挑战，彰显了"共享发展"的理念。

　　总而言之，"创新、协调、绿色、开放、共享"的五大发展理念，是我们党的重大理论创新成果，是对我们党关于发展理论的丰富和发展，是中国特色社会主义理论体系的重要组成部分，是我国经济社会发展必须长期坚持的重要理念。要深刻认识五大发展理念的重大意义，使之真正成为引领发展实践、开创美好未来的一面旗帜。

思考题

1. 举例说明如何理解绿色发展。
2. 如何坚持共享发展，增进人民福祉？
3. 简述五大发展理念的意义。
4. 简述五大发展理念的当代价值。

专题五　坚持立德树人，开创高校思政工作新局面

引言：

浇花浇根，育人育心。育人之本，在于立德铸魂。2016 年 12 月，习近平总书记出席全国高校思想政治工作会议并发表重要讲话，深刻回答了事关高等教育事业发展和高校思想政治工作的一系列重大问题。两年多来，随着 2018 年 9 月全国教育大会和 2019 年 3 月全国思政课教师座谈会的召开，全国教育战线以顶层设计为总揽、以队伍建设为龙头、以教育教学为根本、以学科建设为支撑，推动高校思想政治理论课（以下简称"思政课"）在改进中加强，坚持不懈传播马克思主义科学理论，全面推动习近平新时代中国特色社会主义思想进教材、进课堂、进学生头脑，切实提高学生学习思政课的获得感，确保打牢学生成长成才的思想基础，为培养德智体美劳全面发展的社会主义建设者和接班人作出了新贡献。

第一讲　思政教育奠定立德树人"真色"

党的十八大以来，各地各高校全面贯彻党的教育方针，紧紧围绕立德树人这一根本任务，坚定理想信念，增强"四个意识"，不断推动高校思想政治工作创新发展，不断巩固马克思主义在高校的指导地位，高校思想政治工作成效显著。高校师生思想主流积极向上，对党的领导衷心拥护，对以习近平同志为核心的党中央充分信赖，对"四个全面"战略布局高度认同，对中国特色社会主义的道路自信、理论自信、制度自信和文化自信更加坚定，对实现中华民族伟大复兴的中国梦充满信心。

千秋大业，人才为先。作为向国家和社会培养输送人才的"主阵地"，高校在人才培养和输送上扮演着至关重要的角色。高校培养、输送人才的质量，直接关系到我国建设事业成败兴衰。而高校所培养人才"质量"的标准是什么呢？毫无疑问，"德才兼备"是最重要的判断高校人才培养质量的标准，立德树人便是高校教育的"真色"，要奠定高校教育的"真色"离不开思政教育功能的有效发挥。

思政教育扮靓学子"人生底色"。尽管一些大学生已经步入成年阶段，但绝大多数大学生还只囿于校园，没有深入接触社会，处于"单纯的人生阶段"，此时若不能

很好地塑造世界观、人生观、价值观，将来走上社会就很容易沾染一些不良习气并形成消极腐朽的思想，这于他们的人生和事业而言都将是十分有害的。大学生在高校学习期间，接受充满正能量的思想政治教育，对于筑牢"三观"，扮靓"人生底色"都将发挥至关重要的作用。

思政教育护航学子的学业。学生的天职是学习。术业有专攻，学业有所长。自迈进高校大门那刻起，就意味着大学生要在规定时间内完成相应的学业。业精于勤荒于嬉，行成于思毁于随。要完成规定的学业，没有足够的定力和恒心不行，必须在学业上倾注精力、投入热情，才能将学业修成、修精。否则，就有可能成为"半拉子工程"。高校思政课为学生完成学业提供精神动力、智力支持，有助于让学生发奋学习、在规定时间内完成相应的学业。

思政教育为将来事业奠基。毋庸置疑，当大学生走出校园后，都将迎来属于自己的一番事业。而事业会影响人生的高度。如果在事业上一事无成，人生必定暗淡许多。要在事业上有一番成就，就要奠定事业基础。毫无疑问，高校思政教育就是为学子将来事业打基础的工程。

为让学子们成人成才，成为国家和社会的栋梁，我国广大高校将思政教育紧紧抓在手上，高校思政工作的领导权、宣传思想阵地建设、思政工作队伍建设等，均得到强化，有力助推了立德树人工程的开展。有这些作保障，可以坚信，广大高校必将培养出一批又一批又红又专、德才兼备的优秀建设者和接班人。

第二讲 全国高校思想政治工作会议摘要

2016 年 12 月 7 日至 8 日，全国高校思想政治工作会议在北京召开。中共中央总书记、国家主席、中央军委主席习近平出席会议并发表重要讲话。

一、坚持走自己的高等教育发展道路

重视教育就是重视未来，重视教育才能赢得未来。

习近平总书记在全国高校思想政治工作会议上发表的重要讲话，从全局和战略高度两方面，深刻回答了事关我国高等教育事业发展的一系列重大问题，深刻阐明了加强和改进高校思想政治工作的重大意义、目标定位、主要任务和基本要求，是指导新形势下高校思想政治工作的纲领性文件，对于办好中国特色社会主义大学、推进党和国家事业的发展，具有重大而深远的意义。

教育兴则人才兴，教育强则国家强。今天，我们要从人口大国迈向人才强国，实现中华民族伟大复兴，我们对高等教育的需要比以往任何时候都更加迫切，对科学知识和卓越人才的渴求比以往任何时候都更加强烈。党中央作出加快建设世界一流大学和一流学科的战略决策，就是要提高我国高等教育发展水平，增强国家核心竞争力。党中央决定召开这次重要会议，部署当前和今后一个时期高校思想政治工作，就是要坚持正确政治方向，坚持为人民服务、为中国共产党治国理政服务、为巩固和发展中国特色社会主义制度服务、为改革开放和社会主义现代化建设服务，走好我国自己的高等教育发展道路。

高校思想政治工作，既是我国高校的特色，又是办好我国高校的优势。党的十八大以来，以习近平同志为核心的党中央就加强和改进高校思想政治工作作出一系列部署，就是为了更好地推动高校思想政治工作健康发展。这些年，广大师生思想主流积极健康向上，高校思想政治工作功不可没。同时也要看到，高校思想政治工作遇到的挑战更加严峻、承担的任务也更加繁重，还存在一些亟待解决的问题。形势和任务要求我们，高校思想政治工作只能加强不能削弱，只能前进不能停滞，只能积极作为不能被动应对。

正如习近平总书记指出的，坚持走自己的高等教育发展道路，是由我国独特的历史、独特的文化、独特的国情决定的，必须坚持正确政治方向，把培养德智体美劳全面发展的社会主义事业建设者和接班人作为重大任务。高校思想政治工作关系的是高校培养什么人、如何培养人以及为谁培养人这个根本问题。实践证明，高校的思想政治工作抓住了、抓好了，就能沿着正确方向前进；放松了，丢弃了，就会迷失方向。

坚持走自己的高等教育发展道路，加强和改进新形势下高校思想政治工作，就是要坚持社会主义办学方向，以马克思主义为指导，全面贯彻党的教育方针，加强高校师资队伍建设，提高学生思想政治素质，让学生成为德才兼备、全面发展的人才；就是要推动高校思想政治工作改革创新，遵循思想政治工作规律，遵循教书育人规律，遵循学生成长规律，不断提高工作能力和水平。各级党委和政府、各高校、各有关部门要把思想和行动统一到习近平总书记重要讲话精神上来，加强和改善党对高校思想政治工作的领导，坚持把立德树人作为中心环节，把思想政治工作贯穿教育教学全过程，实现全程育人、全方位育人。

"育才造士，为国之本。"学习贯彻习近平总书记重要讲话精神，抓住全面提高人才培养能力这个核心点，抓好高校思想政治工作，走好自己的高等教育发展道路，扎实办好中国特色社会主义高校，我国的建设事业必将后继有人、蒸蒸日上。

二、始终坚持社会主义办学方向

"我国高等教育肩负着培养德智体美劳全面发展的社会主义事业建设者和接班人的重大任务，必须坚持正确政治方向"，习近平总书记在工作会议上突出强调了必须坚持正确的办学方向。深入领会贯彻习近平总书记重要讲话精神，最根本的是要把立德树人作为中心环节，把思想政治工作贯穿教育教学全过程，实现全程育人、全方位育人。

古人云："大学之道，在明明德，在亲民，在止于至善。"大学之为大，就是在授业解惑中引人以大道，启人以大智，使人努力成为栋梁之才。对于今天的高校来说，培养什么样的人、如何培养人以及为谁培养人，始终是一个根本问题。加强高校思想政治工作，最重要的就是在事关办学方向的问题上站稳立场。

立德树人，坚持社会主义办学方向是根本。习近平总书记强调，我们的高校是党领导下的高校，是中国特色社会主义高校。办好我们的高校，必须坚持以马克思主义为指导，全面贯彻党的教育方针，帮助学生掌握科学的世界观和方法论，用社会主义核心价值观教育学生，为学生的成长奠定良好的思想基础。加强人文关怀和心理疏导，培育理性平和的健康心态，培育优良校风和学风，学生成长就有了好气候、好生态，高校发展就会风清气正、和谐健康。

立德树人，学生是主体。思想政治工作从根本上说是做人的工作，必须眼中有"人"。聚焦学生，注重联系学生思想实际，引导学生正确认识世界和中国发展大势、正确认识中国特色和进行国际比较、正确认识时代责任和历史使命、正确认识远大抱负和脚踏实地，才能全面提高学生的思想政治素质，让学生成为德才兼备、全面发展的人才。

立德树人，教师是关键。传道者自己首先要明道、信道，教育者自己要先受教育。高校教师思想政治状况具有很强的示范性，只有成为先进思想文化的传播者、党执政的坚定支持者，才能更好担起学生健康成长指导者和引路人的责任。高校要按照习近平总书记的要求，进一步加强师德师风建设，坚持教书和育人相统一，坚持言传和身教相统一，坚持潜心问道和关注社会相统一，坚持学术自由和学术规范相统一，引导广大教师以德立身、以德立学、以德施教。

"天下将兴，其积必有源。"高等教育是社会精神的一座灯塔，高校师生是实现中国梦的主力军。学习贯彻习近平总书记重要讲话精神，不断加强高校思想政治工作，始终坚持正确育人方向，燃亮理想与信仰的火炬，我国高等教育事业必能凝聚更多正能量、激发更大创造力，为实现中华民族伟大复兴源源不断地输送人才。

三、沿用好办法 改进老办法 探索新办法

高校思想政治工作做得如何，直接影响青年学子的思想观念、价值取向、精神风貌，关乎一代青年的成长成才。做好高校思想政治工作，关键是要按照习近平总书记在全国高校思想政治工作会议上所强调的，因事而化、因时而进、因势而新，坚持改革创新，不断提高工作能力和水平。

现在高校学生大多是95后，他们朝气蓬勃、好学上进、视野宽广、开放自信，同时，他们的知识体系搭建尚未完成，价值观塑造尚未成形，情感心理尚未成熟，需要加以正确引导。思想政治工作如果因循守旧，缺乏亲和力与针对性，不能满足学生成长发展需求和期待，就很难取得实效。加强和改进新形势下高校思想政治工作，必须革弊布新，创新方式方法，不断增强针对性、时代感和吸引力。

推动高校思想政治工作改革创新涉及方方面面，重点要在以下四个方面用力：一要用好课堂教学这个主渠道，二要加快构建中国特色哲学社会科学学科体系和教材体系，三要更加注重以文化人、以文育人，四要运用新媒体新技术使工作活起来。

思想政治工作本质上是一个释疑解惑的过程，应该帮助学生认识人生应该在哪用力、对谁用情、如何用心、做什么样的人。推进思想政治工作改革创新，必须按照习近平总书记的要求，遵循思想政治工作规律，遵循教书育人规律，遵循学生成长规律，沿用好办法，改进老办法，探索新办法，使思想政治工作始终贴近青年，润物无声地给学生以人生启迪、智慧光芒、精神力量。

邓小平同志曾放眼未来："一个十亿人口的大国，教育搞上去了，人才资源的巨大优势是任何国家比不了的。"深入学习贯彻习近平总书记重要讲话精神，以改革创新引领高校思想政治工作，不断提高广大学生的思想水平、政治觉悟、道德品质、文化素养，就一定可以把思想政治工作优势转化为高校发展优势，为我国未来发展打下坚实的人才基础。

四、坚持把立德树人作为中心环节

高校的立身之本在于立德树人，特别是帮助青年学生树立正确的世界观、价值观，定位人生的航向。党中央作出加快建设世界一流大学和一流学科的战略决策，高等教育迎来了一次难得的发展机遇。事实证明，思想政治工作是办好中国特色社会主义大学的重要保障，只有立身端正、方向正确、坚定不移，高等教育才能在正确的轨道上健康发展。高校思想政治工作没有暂停键，必须成为常态化的系统工程，不断推进，不断深入。要坚持把立德树人作为中心环节，把思想政治工作贯穿教育教学全过程，实现全程育人、全方位育人，努力开创我国高等教育事业发展新局面。

当今时代，国际国内形势深刻变化，思想交织、思潮涌流，意识形态阵地的争夺日趋激烈。面对新的考验，有的地方和高校交出的答卷并不能令人满意。它们在纷繁多变的信息中迷失了方向，眼睛只盯着论文与课题，忽视立德与育人，只关注学术成果有没有效益，却忘了追问是否立场端正。这些问题的暴露说明，思想政治工作是价值观交锋中的定海神针，是做好其他工作的前提，在这个问题上不能有丝毫模糊和松懈，要始终将思想政治工作置于重要位置，让思想政治工作发挥提纲挈领的作用。

高校思想政治工作，与中国特色社会主义道路紧密相关。做好高校思想政治工作，必须坚持以马克思主义为指导，以社会主义核心价值观为引领，全面贯彻党的教育方针。开展高校思想政治工作，既要指向远大理想，也要瞄准现实，要教育引导学生正确认识世界和中国发展大势，增强道路自信、理论自信、制度自信和文化自信，坚定理想信念，将个人前途与党和人民的事业同频共振，勇做走在时代前列的奋进者、开拓者。

新形势下，高校思想政治工作要勇于创新创造，既要用好课堂教学的主渠道，也要融入校园生活的各方面。有不少地方已经在行动：吉林全省共有大学生马克思主义理论自学组织 5 000 多个，参加人数达 20 多万；北京大学把建设马克思主义文献研究中心列入学校年度规划；兰州大学学生制作了"核心价值观 24 字手绘画册"……这些新实践，让高校思想政治工作既有厚重感，也有时代感，更加入脑入心，更受学生欢迎。

教育强则国家强，做好高校思想政治工作，就是办好高校的固本之举；为青年人系好人生的第一粒扣子，就是为民族前行注入绵绵不绝的力量。

第三讲 全国教育大会会议摘要

全国教育大会于 2018 年 9 月 10 日上午在北京召开。中共中央总书记、国家主席、中央军委主席习近平出席会议并发表重要讲话。

一、牢牢把握教育改革发展的"九个坚持"

教育是民族振兴、社会进步的重要基石，是功在当代、利在千秋的德政工程。在全国教育大会上，习近平总书记发表重要讲话，站在新时代坚持和发展中国特色社会主义的战略高度，深刻回顾了党的十八大以来我国教育事业发展取得的显著成就，系统总结了推进我国教育改革发展的"九个坚持"，对当前和今后一个时期教育工作作出了重大部署，为加快推进教育现代化、建设教育强国、办好人民满意的教育提供了根本遵循。

坚持党对教育事业的全面领导，坚持把立德树人作为根本任务，坚持优先发展教育事业，坚持社会主义办学方向，坚持扎根中国大地办教育，坚持以人民为中心发展教育，坚持深化教育改革创新，坚持把服务中华民族伟大复兴作为教育的重要使命，坚持把教师队伍建设作为基础工作。这"九个坚持"，深刻回答了培养什么人、怎样培养人、为谁培养人这一根本问题，思想深刻、内涵丰富，是我们党对我国教育事业规律性认识的深化，是我们党在实践基础上的理论创新成果，是习近平新时代中国特色社会主义思想的重要组成部分，来之不易，必须始终坚持并不断丰富发展。

党的十八大以来，我国教育事业之所以取得显著成就，根本就在于以"九个坚持"指导教育改革发展的实践，使得教育事业中国特色更加鲜明，教育现代化推进加速，教育方面人民群众获得感明显增强，我国教育的国际影响力加快提升，我国人民的思想道德素质和科学文化素质全面提升。

新时代新形势，改革开放和社会主义现代化建设、促进人的全面发展和社会全面进步对教育和学习提出了新的更高的要求。要不断使教育同党和国家事业发展要求相适应、同人民群众期待相契合、同我国综合国力和国际地位相匹配，最根本的就要在以习近平同志为核心的党中央坚强领导下，牢牢把握教育改革发展的"九个坚持"，不断增强贯彻落实"九个坚持"的自觉性和坚定性。我们要抓住机遇、超前布局，以更高远的历史站位、更宽广的国际视野、更深邃的战略眼光，对加快推进教育现代化、建设教育强国作出总体部署和战略设计，坚持把优先发展教育事业作为推动党和国家各项事业发展的重要先手棋，才能筑牢建设教育强国这个中华民族伟大复兴的基础工程，培养一代又一代社会主义建设者和接班人。

教育兴则国家兴、教育强则国家强，教育对于提高人民综合素质、促进人的全面发展、增强中华民族创新创造活力、实现中华民族伟大复兴具有决定性意义。紧密团结在以习近平同志为核心的党中央周围，牢牢把握教育改革发展的"九个坚持"，真抓实干，开拓进取，就一定能在加快推进教育现代化、建设教育强国的伟大实践中，迎来中华民族伟大复兴的灿烂前景。

二、办好人民满意的教育

习近平总书记在大会上深入分析了教育工作面临的新形势新任务，科学回答了关系我国教育现代化的几个重大问题。习近平总书记的重要讲话思想深刻、内涵丰富，是指导新形势下做好教育工作的纲领性文献，是办好人民满意的教育的行动指南。

我国是中国共产党领导的社会主义国家，这就决定了我们的教育必须把培养社会主义建设者和接班人作为根本任务，培养一代又一代拥护中国共产党领导和我国社会主义制度、立志为中国特色社会主义奋斗终身的有用人才。教师是立教之本、兴教之源，必须把教师队伍建设作为基础工作，建设一支宏大的高素质的专业化教师队伍。改革是教育事业发展的根本动力，必须更加注重教育改革的系统性、整体性、协同性，以改革激活力、增动力。加强党对教育工作的全面领导，是办好教育的根本保证。

今天，党和国家事业发展对教育的需要、对科学知识和优秀人才的需要比以往任何时候都更为迫切。紧密团结在以习近平同志为核心的党中央周围，全面贯彻党的教育方针，坚持中国特色社会主义教育发展道路，我们就一定能办好人民满意的教育，不断培养德智体美劳全面发展的社会主义建设者和接班人，为实现中华民族伟大复兴奠定坚实基础、提供有力支撑。

三、教育是国之大计、党之大计

"教育是国之大计、党之大计。"在全国教育大会上，习近平总书记发表重要讲话，从党和国家事业发展全局出发，高度评价教育对于国家富强、民族振兴、社会进步、人民幸福的极端重要性，充分肯定教育所具有的基础性、先导性、全局性地位和作用，深入分析新时代新形势对教育提出的新的更高要求，对于做好当前和今后一个时期教育工作，动员全党全国全社会为加快推进教育现代化、建设教育强国、办好人民满意的教育而努力，具有重大现实意义和深远历史意义。

培养什么人，是教育的首要问题。近代以来我国历史告诉我们，只有社会主义才能救中国，只有中国特色社会主义才能发展中国，才能实现中华民族伟大复兴。坚持好、发展好中国特色社会主义，把我国建设成为社会主义现代化强国，是一项长期任务，需要一代又一代人接续奋斗。只有坚持立德树人，不断培养德智体美劳全面发展的社会主义建设者和接班人，才能让党和国家事业兴旺发达、后继有人，才能推进伟大事业、实现伟大梦想。

时代越是向前，知识和人才的重要性就越突出，教育的地位和作用就越凸显。当今世界的综合国力竞争，说到底是人才竞争。实现"两个一百年"奋斗目标、实现中华民族伟大复兴的中国梦，归根结底要靠人才、靠教育。要努力培养出更多更好能够满足党、国家、人民、时代需要的人才，为实现中华民族伟大复兴奠定坚实教育基础、提供有力人才支撑。

教育事关国家发展、事关民族未来。今天，没有哪一项事业像教育事业一样影响甚至决定着接班人问题，影响甚至决定着国家长治久安，影响甚至决定着民族复兴和国家崛起。认真学习贯彻习近平总书记在全国教育大会上的重要讲话精神，牢牢把握教育这个国之大计、党之大计，坚持优先发展教育事业、加快推进教育现代化、建设教育强国，不断培养一代又一代社会主义建设者和接班人，我们就一定能决胜全面建成小康社会、夺取新时代中国特色社会主义伟大胜利、实现中华民族伟大复兴的中国梦。

四、全力培养社会主义建设者和接班人

"培养德智体美劳全面发展的社会主义建设者和接班人"，在全国教育大会上，习近平总书记站在党和国家事业发展全局的战略高度，指明了教育工作的根本任务、教育现代化的方向目标，明确了培养社会主义建设者和接班人六个方面的重点任务，是坚持立德树人的重要认识论和方法论，为加快推进教育现代化、建设教育强国提供了根本遵循。

古今中外，每个国家都是按照自己的政治要求来培养人才的。推进教育现代化不能忘记初心，必须坚持教育为人民服务、为中国共产党治国理政服务、为巩固和发展中国特色社会主义制度服务、为改革开放和社会主义现代化建设服务，健全全员育人、全过程育人、全方位育人的体制机制，不断培养一代又一代社会主义建设者和接班人。不管什么时候，为党育人的初心不能忘，为国育才的立场不能改。

我们培养的社会主义建设者和接班人，应该具备以下基本素质和精神状态：我们培养的人，必须树立共产主义远大理想和中国特色社会主义共同理想；爱国主义是中华民族的民族心、民族魂，我们培养的人，必须具有爱国情怀，时刻不忘自己是中国人；育人的根本在于立德，我们培养的人，必须坚持立德为先、修身为本，具有大爱大德大情怀；非学无以广才，我们培养的人，不仅要有中国情怀，而且要有世界眼光和国际视野；任何时候奋斗精神都不能丢，我们培养的人，必须树立高远志向，具有勇于奋斗的精神状态、乐观向上的人生态度；社会主义建设者和接班人必须全面发展，我们培养的人，必须具备德智体美劳综合素质。

习近平总书记在讲话中强调培养社会主义建设者和接班人要在六个方面下功夫：坚定理想信念、厚植爱国主义情怀、加强品德修养、增长知识见识、培养奋斗精神、增强综合素质。必须深刻认识到，只有在坚定理想信念上下功夫，增强学生的"四

个自信"，才能让他们立志肩负起民族复兴的时代重任；只有在厚植爱国主义情怀上下功夫，教育引导学生坚持爱国和爱党爱社会主义相统一，才能让他们立志听党话、跟党走，立志扎根人民、奉献国家；只有在加强品德修养上下功夫，教育引导学生培育和践行社会主义核心价值观，才能让他们成为有大爱大德大情怀的人；只有在增长知识见识上下功夫，教育引导学生增长见识、丰富学识，才能让他们沿着求真理、悟道理、明事理的方向前进；只有在培养奋斗精神上下功夫，教育引导学生历练敢于担当、不懈奋斗的精神，才能让他们做到刚健有为、自强不息；只有在增强综合素质上下功夫，教育引导学生培养综合能力，才能让他们德智体美劳全面发展。

第四讲　学校思想政治理论课教师座谈会会议摘要

　　2019 年 3 月 18 日，习近平总书记在北京主持召开学校思想政治理论课教师座谈会并发表重要讲话。

一、把思政课办得越来越好

　　"办好思想政治理论课，最根本的是要全面贯彻党的教育方针，解决好培养什么人、怎样培养人、为谁培养人这个根本问题。"在学校思想政治理论课教师座谈会上，习近平总书记从党和国家事业发展的全局出发，深刻阐述了办好思政课的重大意义，深入分析了教师的关键作用，明确提出了推动思政课改革创新的重大要求，坚定了广大思政课教师把思政课办得越来越好的信心和决心，为推进思政课建设指明了前进方向、提供了重要遵循。

　　把思政课办得越来越好，我们完全有信心、有能力。正如习近平总书记指出的，我们对思想政治工作高度重视，始终坚持马克思主义指导地位，大力推进中国特色社会主义学科体系建设，为思政课建设提供了根本保证；我们对共产党执政规律、社会主义建设规律、人类社会发展规律的认识和把握不断深入，开辟了中国特色社会主义理论和实践发展新境界，中国特色社会主义取得举世瞩目的成就，中国特色社会主义道路自信、理论自信、制度自信、文化自信不断增强，为思政课建设提供了有力支撑；中华民族几千年来形成了博大精深的优秀传统文化，我们党带领人民在革命、建设、改革过程中锻造的革命文化和社会主义先进文化，为思政课建设提供了深厚力量；思政课建设长期以来形成的一系列规律性认识和成功经验，为思政课建设守正创新提供了重要基础。有了这些基础和条件，有了这支可信、可敬、可靠，乐为、敢为、有为的思政课教师队伍，我们完全有信心有能力把思政课办得越来越好。

把思政课办得越来越好，必须落实立德树人根本任务。不管什么时候，为党育人的初心不能忘，为国育才的立场不能改。我们党立志于中华民族千秋伟业，必须培养一代又一代拥护中国共产党领导和我国社会主义制度、立志为中国特色社会主义事业奋斗终身的有用人才。我们办中国特色社会主义教育，就是要理直气壮开好思政课，用习近平新时代中国特色社会主义思想铸魂育人，引导学生增强"四个自信"，厚植爱国主义情怀，把爱国情、强国志、报国行自觉融入坚持和发展中国特色社会主义事业、建设社会主义现代化强国、实现中华民族伟大复兴的奋斗之中。必须深刻认识到，只有坚持把立德树人作为根本任务，全面贯彻党的教育方针，着力解决好培养什么人、怎样培养人、为谁培养人这个根本问题，才能让党和国家事业兴旺发达、后继有人，才能推进伟大事业、实现伟大梦想。

青少年是祖国的未来、民族的希望。把下一代教育好、培养好，从学校抓起、从娃娃抓起，是教育的神圣使命。认真学习贯彻习近平总书记重要讲话精神，把思政课办得越来越好，我们就定能培养好担当民族复兴大任的时代新人，培养好德智体美劳全面发展的社会主义建设者和接班人。

中国特色社会主义事业的繁荣昌盛、国家的快速发展，为办好思政课提供了现实支撑。中华人民共和国成立70多年特别是改革开放以来，我们党对共产党执政规律、社会主义建设规律、人类社会发展规律的认识不断深化，开辟了中国特色社会主义理论和实践发展新境界，使我国从一个贫穷落后的农业国发展成为世界第二大经济体，我国经济实力、科技实力、国防实力、综合国力全面增强。今天的中国，基础设施建设成就显著，信息畅通，公路成网，铁路密布，高坝矗立；科技快速发展，一些领域已处在国际前列；人民生活明显改善，即将全面建成小康社会；等等。这一切有力地提振了中国人的精气神。同过去相比，今天的中国人更加自信，思政课教师也更加自信，青少年学生对我国社会主义制度优越性的认同感越来越强，这些都为办好思政课奠定了坚实基础。

就办好高校思政课来说，今天的大学生出生在改革开放新时期，对国家的发展进步有着切身体会。习近平同志指出，他们朝气蓬勃、好学上进、视野宽广、开放自信，是可爱、可信、可为的一代。对当代大学生，党和人民充分信任、寄予厚望。当代大学生关心党和国家事业发展，认同中国特色社会主义，愿意了解马克思主义，希望在思政课上得到世界观、人生观、价值观方面的指导。许多思政课教师都有这样的体会：只要思政课讲得好，学生是爱听的，而且很有参与意识和认同感。比如，过去在思政课上给学生讲授共产主义信仰，有的学生觉得政治性、理论性太强，一时难以完全理解。结合学生的思想困惑，思政课教师努力改进教学方式，循循善诱，引导学生得出正确的结论：共产主义理想并不神秘，它是社会进步观念的自然延伸；由于人类社会是不断向前发展的，共产主义一定能够实现。实践证明，当代大学生在思想上政治上是值得信赖的，办好思政课是具有良好的基础的。只要思政课教师找准教学方法，善于解疑释惑，思政课一定会越办越好。

近年来，广大思政课教师遵循思想政治工作规律、教书育人规律、学生成长规律，对教学方式方法作出许多改革创新，努力让思政课教学更贴近学生。高校思政课教学已涌现出许多新的方式方法，如专题式教学、互动式教学、探究式教学、体验式教学等。这种百花齐放的探索体现了思政课蒸蒸日上的新气象。可以预见，经过一个时期的探索和积累，思政课教学一定会形成一些更为有效的方式方法，不断提升教学质量。

思政课教学既需要形式创新，也更需要内容深化和学理支持。只有讲透思政课中的热点难点问题，才能彰显马克思主义理论的魅力，增强思政课的说服力。马克思主义理论学科的蓬勃发展、相关学术研究的深入推进，为改进思政课教学特别是攻克思政课教学难点提供了有力的学理支持。有了学科这一"母港"，思政课教师教学和科研的积极性、主动性、创造性显著提高。他们根据教学需要，围绕教学重点和难点开展有针对性的学术研究，同时在教学工作中综合运用教育学、心理学等多学科知识，坚持浇花浇根、育人育心，帮助学生正确认识人生应该在哪用力、对谁用情、如何用心、做什么样的人，有效提升了思政课的思想性、理论性和亲和力、针对性。

思政课之所以能展现出理论魅力，根本原因在于马克思主义理论具有强大魅力；思政课之所以具有强大说服力，根本原因在于马克思主义理论具有强大说服力。马克思、恩格斯是伟大的思想家，他们创立的马克思主义，犹如壮丽的太阳照亮了人类探索历史规律和寻求自身解放的道路。列宁、毛泽东等马克思主义者丰富和发展了马克思主义理论。中国特色社会主义理论体系进一步将马克思主义基本原理同当代中国实际和时代特征相结合，具有鲜明的实践特色、理论特色、民族特色、时代特色。特别是党的十八大以来，以习近平同志为核心的党中央结合理论和实践系统回答了新时代坚持和发展什么样的中国特色社会主义、怎样坚持和发展中国特色社会主义这一重大时代课题，形成了习近平新时代中国特色社会主义思想。习近平新时代中国特色社会主义思想是当代中国马克思主义、21世纪马克思主义。马克思主义是经过实践检验的科学真理，具有科学思想的伟力，始终占据着真理和道义的制高点，是我们办好思政课的强大信心所在和不竭动力源泉。高校思政课教学要承担起科学阐释马克思主义理论的任务，在把马克思主义基本原理与具体实践有效对接、有机结合中向学生展现科学理论的魅力，特别是要用习近平新时代中国特色社会主义思想铸魂育人。

二、建设好高素质专业化思政课教师队伍

办好思政课，离不开一支政治素质过硬、业务能力精湛、育人水平高超的高素质专业化思政课教师队伍。这就要求广大思政课教师以德立身、以德立学、以德施教，坚持教书和育人相统一，坚持言传和身教相统一，坚持潜心问道和关注社会相统一，坚持学术自由和学术规范相统一，自觉发挥积极性、主动性、创造性，用高尚的人格感染学生，用真理的力量感召学生，以深厚的理论功底赢得学生。习近平同志提出思政课教师要有六个方面素养：政治要强、情怀要深、思维要新、视野要广、自律要严、人格要正。只有建设一支可信、可敬、可靠，乐为、敢为、有为的思政课教师队伍，思政课才能越办越好。

新时代的思政课教师要始终坚定马克思主义信仰，学懂弄通做实习近平新时代中国特色社会主义思想。新时代是强起来的时代，是全体中华儿女勠力同心、奋力实现中华民族伟大复兴中国梦的时代，具有昂扬奋进的时代精神。办好新时代的思政课，就要展现新时代的精气神，让思政课从内容到形式都充分体现新时代的昂扬精神、豪迈气概和蓬勃生机。思政课教师要有自信、奋斗、担当的精神状态，在大是大非面前始终保持政治清醒，关注时代、关注社会，从党和人民的伟大实践中汲取养分、丰富思想，以宽广的知识视野、国际视野、历史视野把道理讲明白、讲清楚，做到课上课下一致、网上网下一致，自觉做为学为人的表率，真正成为学生喜爱的人。

思政课教师讲好思政课的信心和能力，是建立在深刻把握思政课教育教学规律的基础之上的，遵循规律才能事半功倍。长期以来，广大思政课教师在教学实践中积累了丰富经验，其中就蕴含着许多规律性认识。习近平同志提出思政课必须坚持"八个相统一"：坚持政治性和学理性相统一，坚持价值性和知识性相统一，坚持建设性和批判性相统一，坚持理论性和实践性相统一，坚持统一性和多样性相统一，坚持主导性和主体性相统一，坚持灌输性和启发性相统一，坚持显性教育和隐性教育相统一。"八个相统一"是对思政课建设长期以来形成的一系列规律性认识和成功经验的科学概括，是推动思政课改革创新的重要原则。思政课教师要深刻理解、坚决贯彻"八个相统一"，将其有效运用到教育教学实践中，推动思政课创新发展。

三、高校思想政治理论课教师的新使命

习近平总书记在学校思想政治理论课教师座谈会上的重要讲话，从党和国家事业发展全局出发，强调了党的领导对做好教育工作、思想政治工作的重要性，明确了高校思想政治理论课教师用习近平新时代中国特色社会主义思想铸魂育人、立德树人的新使命，确立了高校思想政治理论课的新要求，为新时代全面贯彻党的教育方针、办好思想政治理论课作出了重要部署、明确了工作任务。

1. 努力培养担当民族复兴大任的时代新人

培养什么人、怎样培养人、为谁培养人是中国特色社会主义教育要着力解决的根本问题、核心问题。新时代要努力培养担当民族复兴大任的时代新人，培养德智体美劳全面发展的社会主义建设者和接班人。办好思政课，用习近平新时代中国特色社会主义思想铸魂育人、立德树人，是实现这一育人目标的根本途径。

在铸魂育人、立德树人的教育体系中，思政课发挥着"压舱石"作用。思想教育的途径多种多样，都要通过思政课这个主渠道连起来；铸魂立德的工作千头万绪，都要通过思政课这个"针眼"穿起来。坚持以马克思主义为指导，贯彻落实习近平新时代中国特色社会主义思想，办好思政课，才能坚持社会主义办学方向，落实立德树人的根本任务；才能坚持教育为人民服务、为中国共产党治国理政服务、为巩固和发展中国特色社会主义制度服务、为进一步深化改革开放和推进社会主义现代化建设服务；才能培养出担当民族复兴大任的时代新人，培养出德智体美劳全面发展的社会主义建设者和接班人。

习近平总书记指出，"青少年是祖国的未来、民族的希望"，"青少年阶段是人生的'拔节孕穗期'，最需要精心引导和栽培"。思想是行动的先导。人的青少年时期，是学习能力最强、接受新事物最快、精力最旺盛的人生"窗口期"，是人一生中可塑性最强的时期。高校思政课教师怎么抓住青年学生成长的这一关键时期讲好思政课，怎么调动学生学习的内在积极性，怎么满足学生成长的内在需要，怎么引导学生树立正确的世界观、人生观、价值观，从而实现铸魂育人、立德树人的根本任务，就成为思政课教师的新目标、新使命。

2. 高校思政课是立德树人的关键课程

习近平总书记明确指出："思想政治理论课是落实立德树人根本任务的关键课程。"办中国特色社会主义教育，就是要理直气壮开好思政课，通过引导学生增强中国特色社会主义道路自信、理论自信、制度自信、文化自信，使学生自觉融入坚持和发展中国特色社会主义事业、建设社会主义现代化强国、实现中华民族伟大复兴

的奋斗之中。高校思政课是立德树人的关键课程，其作用不可替代，可以从三个方面认识：

其一，思政课是立德管方向的关键课程。全面贯彻党的教育方针，首先必须解决好培养什么人、为谁培养人这一方向性问题。新时代贯彻党的教育方针，就要坚持马克思主义指导地位，贯彻习近平新时代中国特色社会主义思想，坚持社会主义办学方向，落实立德树人的根本任务。怎样始终确保方向正确？关键一环就是思政课。思政课的核心是加强马克思主义理论教育，引导学生树立共产主义远大理想和中国特色社会主义共同理想，增强"四个自信"，厚植爱国主义情怀，加强品德修养，引导学生"明大德、守公德、严私德"，坚定理想信念。

其二，思政课是铸魂塑"三观"的关键课程。青少年阶段是一个人世界观、人生观、价值观"三观"的形塑期。习近平总书记2014年5月4日到北京大学考察时指出："青年的价值取向决定了未来整个社会的价值取向，而青年又处在价值观形成和确立的时期，抓好这一时期的价值观养成十分重要。这就像穿衣服扣扣子一样，如果第一粒扣子扣错了，剩余的扣子都会扣错。人生的扣子从一开始就要扣好。"怎么抓住这个关键时期立心铸魂、扣好人生第一粒扣子？思政课的作用不可替代。思政课是开展青少年世界观、人生观、价值观教育，铸牢学生社会主义核心价值观的关键课程。

其三，思政课是强健精神的关键课程。人才培养是育人和育才相统一的过程。育人为本，本立而道生。育人的目标是立德树人，核心是强健精神。毛泽东说，"人是要有一点精神的"。习近平总书记说，"青年兴则国家兴，青年强则国家强"。新时代中国青年要有爱国情、强国志、报国行，这既是思政课的主要内容和核心任务，也是思政课作为关键课程的目标。

3. 既做"四有"好老师又合"六要"新要求

办好思政课关键在教师。习近平总书记2014年9月9日来到北京师范大学考察，提出"有理想信念、有道德情操、有扎实学识、有仁爱之心"的"四有"好老师标准，号召全国广大教师要做人民满意的"四有"好老师。2016年9月9日习近平总书记到北京市八一学校考察时，要求广大教师做"四个引路人"，即做学生锤炼品格的引路人，做学生学习知识的引路人，做学生创新思维的引路人，做学生奉献祖国的引路人。习近平总书记的重要论述是对广大教师的普遍要求，是广大教师以德立身、以德立学、以德施教的基本功，是教师完成塑造灵魂、塑造生命、塑造新人时代重任的基本素质，更是每一名教育工作者都应对照努力的"穿衣镜"。思政课教师作为立德树人"关键课程"的"关键主体"，更是必须首先做到。习近平总书记勉励思政课教师队伍，指出"有了我们这支可信、可敬、可靠，乐为、敢为、有为的思政课教师队伍，我们完全有信心有能力把思政课办得越来越好"。

要把思政课越办越好，要完成"给学生心灵埋下真善美的种子，引导学生扣好人生第一粒扣子"的特殊使命和专业职责，思政课教师仅仅达到这些要求还是不够的。因此，习近平总书记在学校思想政治理论课教师座谈会上的重要讲话中提出了对思政课教师的"六要"新要求，即政治要强、情怀要深、思维要新、视野要广、自律要严、人格要正。这六个方面要求层次清晰、结构完整、内涵深刻，又相互关联、相互促进、相得益彰，构成了新时代思政课教师的专业标准和专业内涵，对提升思政课教师队伍的专业化水平，具有十分重要的指导意义。

4. 既做到"四个相统一"又坚持"八个相统一"

思政课教师铸魂育人、立德树人的责任如此重大，使命如此光荣，任务如此艰巨，没有过硬的本领和作风是不可能胜任的。因此，推进新时代思政课改革创新，首先必须加强师德师风建设。习近平总书记2016年12月在全国高校思想政治工作会议上提出"四个相统一"要求，即坚持教书和育人相统一，坚持言传和身教相统一，坚持潜心问道和关注社会相统一，坚持学术自由和学术规范相统一。"四个相统一"是广大教师完成人才培养使命必须遵循和坚守的行为规范与基本准则，也是完成铸魂育人、立德树人时代重任的基本素质和基本能力，作为教师一员的思政课教师理应做到，而且必须首先做到、带头做好。

其次必须推进思政课教学的改革创新。解决培养什么人、为谁培养人的问题，必须落实到怎样培养人的具体行动上，必须落实到思政课教师的教学改革创新上。对思政课的改革创新，习近平总书记提出要"增强思政课的思想性、理论性和亲和力、针对性"的新要求，并指明了实现这一要求的新路径，概括起来就是要坚持"八个相统一"。

"六要"讲的是做一个什么样的思政课教师，而"八个相统一"则讲的是怎样上好思政课、怎么做好一个思政课教师。"八个相统一"既是以习近平同志为核心的党中央对思政课、思政课教师的高度重视和殷切期望，也是对思政课和思政课教师提出的更高标准、更高要求；既是思政课教师改革创新的基本原则、基本遵循，也是实现路径、基本方法。"八个相统一"从马克思主义唯物辩证法的方法论出发，对思政课程各层次、各方面作出了原则性规定，是思政课教师教学改革创新的指南针，必将对思政课教师推进思政课教学改革创新、提高用习近平新时代中国特色社会主义思想铸魂育人的能力、水平和实效性，产生强大引导力。

要把"八个相统一"贯彻到思政课的教学改革中，落实到每一堂思政课上，就要求思政课教师提高政治站位，增强"四个意识"、坚定"四个自信"、做到"两个维护"。吃透"八个相统一"的精神实质，一个一个创新，一点一点突破，咬紧青山不放松，攻坚克难不罢休，不断提升教学水平。

十年树木，百年树人。育人事业，功在千秋。思政课教师承担着立德树人的根本任务，承担着铸魂育人的光荣使命。习近平总书记的重要讲话，为办好学校思政课、贯彻党的教育方针指明了前进方向。我们一定要共同努力，抓好落实，为铸魂育人、立德树人，为培养德智体美劳全面发展的社会主义建设者和接班人，作出无愧于时代、无愧于人民的新贡献。

思考题

1. 如何理解"立德树人"的科学内涵？
2. 大学生如何成为德智体美劳全面发展的社会主义合格建设者和可靠接班人？

专题六　凝聚中国力量，实现"中国梦"

引言：

　　每个人都有自己的梦想，每个民族也都有自己的梦想。习近平总书记指出，实现中华民族伟大复兴，就是中华民族近代以来最伟大的梦想。这个梦想，凝聚了几代中国人的夙愿，体现了中华民族和中国人民的整体利益，是每一个中华儿女的共同期盼。走过"雄关漫道真如铁"的昨天，跨越"人间正道是沧桑"的今天，"中国梦"正指引当代中国向着"长风破浪会有时"的明天迈进。中国现在最大的时代特征就是从"梦之年"开始向"梦时代"前进，然后向"梦之巅"攀登和冲刺。中国真是进入了一个如诗如画的时代，跨入了一个如神如梦的境界！今天，一个新的时代正向我们走来，一个承载着民族复兴的伟大梦想已然腾飞！

第一讲　"中国梦"的历史变迁

一、"中国梦"的历史背景

　　"中国梦"是中国共产党召开第十八次全国人民代表大会以来，习近平总书记所提出的重要指导思想和重要执政理念，正式提出于 2012 年 11 月 29 日。习近平总书记把"中国梦"定义为"实现中华民族伟大复兴，就是中华民族近代以来最伟大梦想"，并且表示这个梦"一定能实现"。

　　"中国梦"的核心目标也可以概括为"两个一百年"的目标，也就是：到 2021年中国共产党成立 100 周年和 2049 年中华人民共和国成立 100 周年时，逐步并最终顺利实现中华民族的伟大复兴，具体表现是国家富强、民族振兴、人民幸福，实现途径是走中国特色的社会主义道路、坚持中国特色社会主义理论体系、弘扬民族精神、凝聚中国力量，实施手段是政治、经济、文化、社会、生态文明"五位一体"建设。

"中国梦"吹拂亿万国人的心，一如"春天的故事"在人们心间生根发芽。"中国梦"不是宏大口号，而是蛰伏在每个中国人心头的期许、希冀：它使每一个中国人生活在"美丽中国"，实现安居乐业，追求事业成功；它使每一个中国人都心情舒畅，工作和生活在自由民主、公平正义、平等有序的和谐社会中；它通过各族人民同舟共济、艰苦奋斗，凭着根植于"中国梦"的中国精神，在不远的未来把中国建设成一个人民富裕、国家强盛、社会安定、生态环境优美的社会主义现代化强国，实现中华民族的伟大复兴。换言之，"中国梦"既是对百年来中华民族为之奋斗追寻的概括，也是当下中国人对自己未来的渴望；既是对中国人共同命运的深情凝练，也是对普通个体人生价值的表达和升华。

"中国梦"是中华民族的复兴之梦。世界版图从来都不是静止的，其剧烈变动在过去几百年尤为显著，工业革命的爆发使得西方世界逐步兴起，而中国却一度从一个繁盛的泱泱大国变为任由西方列强宰割的弱国。1902年，梁启超在《新中国未来记》中写道："无端忽作太平梦，放眼昆仑绝顶来。"他对中国复兴的畅想，酝酿了许久，直到中华人民共和国成立、改革开放、嫦娥探月、奥运世博、神舟升天……才渐渐变得触手可及。回顾近代以来中国人民为实现民族复兴走过的历史进程，中国人的理想和追求清晰可见，那就是赶上世界现代化的步伐，把一个落后的农业国转变为先进的工业国，尽快实现社会主义现代化和中华民族的伟大复兴。这个梦想，凝聚了几代中国人的夙愿，体现了中华民族和中国人民的整体利益，是每一个中华儿女的共同期盼，体现着中华民族高度的历史自觉。

梦想实现不易，复兴之路艰辛。中国近代史，是一部艰难求索史，也是一部不懈奋斗史。从封建专制到人民民主，从一盘散沙到团结和谐，从封闭愚昧到文明开放，从备受欺凌到独立自主，中华民族雪耻图强的探索从未停止，伟大复兴的梦想从未泯灭。在中国特色社会主义道路上实现中华民族伟大复兴，寄托着无数仁人志士、革命先烈的理想和夙愿。多少曲折与悲壮、多少豪迈与奋斗，中国共产党带领人民胼手胝足、激流勇进，不断从苦难走向辉煌，不可逆转地结束了中国积贫积弱的悲惨历史，不可阻挡地开启了中华民族不断发展壮大的历史进程。

空谈误国，实干兴邦。现在，我们比历史上任何时期都更接近中华民族伟大复兴的目标，比历史上任何时期都更有信心、有能力实现这个"中国梦"。今天，中国正处于可以大有作为的重要战略机遇期，中国的发展仍有无限空间，中国人还需要继续鼓足干劲、共创未来。在新的征程上，我们的责任更大、担子更重，必须以更加坚定的信念、更加顽强的努力，继续实现推进现代化建设、完成祖国统一、维护世界和平与促进共同发展这三大历史任务。"潮平两岸阔，风正一帆悬。"党的十八大集中全党智慧，体现人民意愿，适应时代要求，提出了宏伟奋斗目标，描绘了壮丽发展蓝图，进一步坚定了我们"敢做梦""能圆梦""拥抱梦"的决心和信心。

二、习近平总书记关于"中国梦"的有关论述

"中国梦"是全党全国各族人民的共同理想，是当代中国发展进步的鲜明主题。学习习近平总书记关于"中国梦"的有关论述，对于我们深刻理解和全面把握"中国梦"的内涵和实质，坚定信心沿着中国特色社会主义道路实现中华民族伟大复兴，具有十分重要的意义。"中国梦"是一个开放的面向世界的话语体系，具有强烈而宽广的全球意识和国际视野。"中国梦"向世界传达和展示了中国的责任担当，对增进世界和平与发展共识发出了强烈的呼唤，体现了中国自主意识与国际视野的有机统一。

坚持和发展中国特色社会主义、实现中华民族伟大复兴的"中国梦"，是全党全国各族人民的共同理想，是当代中国发展进步的鲜明主题。党的十八大以来，习近平总书记多次就"中国梦"发表重要论述，丰富和发展了党的科学理论，进一步升华了我们党对在新的历史条件下实现新的奋斗目标的认识。"中国梦"成为中华民族伟大复兴的形象表达，成为中国各族人民为国家富强、民族振兴、人民幸福而团结奋斗的动员令，昭示着党和国家走向美好未来的宏伟图景。

三、从历史和传统文化角度解读"中国梦"

"中国梦"的内容很丰富，因为一个大的民族、大的国家，它的社会理想包括的方向非常多。这里主要谈两点：一个是中华文明的社会理想是整体性的，还有一个是中国人的"美丽中国梦"。"美丽中国"是党的十八大提出的奋斗目标，实际上也是"中国梦"非常重要的组成部分。

（一）中华文明的社会理想是整体性的

1. 以人最高的道德作为核心价值

中华文明的社会理想要追溯到西周时期。西周时期提出了新的社会理想，这些思想大多都表达在《尚书》当中，也体现在出土的青铜器铭文当中。在北京保利博物馆收藏的西周时期的青铜器中，上面的铭文最引人注意的就是那个红圈的道德的"德"字。在这篇铭文里面有六处讲到德，强调要以德统治天下，以德治理社会。在

此基础上，慢慢诞生了中国人的社会理想。

西周衰落之后，历史进入东周时代，就是我们说的春秋战国时期。中国许多重要的文明理想都诞生在这一时期。西周有一套礼制，到春秋战国的时候礼崩乐坏，这就是道德衰退的标志。在春秋战国时期，天下熙熙皆为利来，天下攘攘皆为利往，人人逐利。在这样的气氛之下，许多思想家纷纷提出自己的理想，是谓"百家争鸣"。这里面最主要的是儒家，儒家强调用礼来整顿社会，用仁义道德来整顿思想。而道家的主张不一样，反对人有过多的贪欲，过多的折腾，无为为好，顺其自然。道家反对复杂的人际关系，最好是相忘于江湖，鼓励人们以清高、超然的态度面对名利、面对社会。所以，儒家、道家从不同的方向都提出理想，两种类型的理想都形成中华民族精神的核心性要点。

2. 大同

"大同"这个概念自从诞生之后，就成为中国人思想、精神当中非常核心的价值观。从孔子到康有为再到孙中山，大同理想可以说是中华民族终极追求的核心性的梦想，是我们炎黄子孙孜孜以求的美好境界。大同社会是中国人的一个核心性的梦想。以大同社会的重要理论为核心概念，我们在不同的时代、不同的情形下又有很多理想，这些理想实际上也都是围绕大同的梦想来抒发的。

第一个是离孔子时代最近、继承孔子思想的孟子。"孟子见梁惠王"是一个很有名的故事。孟子去见梁惠王，梁惠王非常高兴，说你不远千里而来，是不是给我们带来什么物质利益？孟子马上说，不要谈利，仁义而已。如果像你这样身为国君讲利，大夫也讲利，社会上上下下的人都讲利的话，国家危矣。这段对话也可以视为古人另外一种对社会理想的表述，我们要将仁义道德放在至高的位置。

陶渊明《桃花源记》描述的生活平静、怡然自乐的场景，也是一种社会理想。范仲淹《岳阳楼记》中"先天下之忧而忧，后天下之乐而乐"，又是中国人所熟悉和推崇的一种高尚品格。我们就是要提倡这种思想，用这样的思想来建设我们的社会。

一代又一代的中国人，骨子里永恒不变的就是大同世界。我们现在提出的"中国梦"，应该是从19世纪我们进入近代被帝国主义侵略开始诞生的。那个时候也有很多思想流派都在寻找中国的出路，比如康有为提出"大同"，孙中山提出"天下为公"的思想。中国共产党找到把空想变成科学的道路，就是我们现在走的中国特色社会主义这条具体的道路。所以，中国共产党实际上是把19世纪以来的"中国梦"，沿着科学道路一步一步地实现。

3. 疆域的完整性

神圣领土不可颠覆的完整性是我们的梦想、我们的原则、我们的核心价值。《尚书》讲九州悠同、四海会同，也就是讲大同和谐，国家疆域的完整。

南宋爱国诗人陆游《示儿》中"死去元知万事空，但悲不见九州同"，这里面实际上包含着对于中国人来讲非常重要的理念。陆游看到中国统一的局面丧失之后非常痛心，这也是我们中华民族核心的价值观——祖国疆域的统一完整。

我们把大禹看作古代的圣贤，因为他奠定了九州，奠定了中国疆域的完整性。中国人讲疆域不容瓜分，这在中国价值观、社会观当中非常牢固，就和大禹有关。

在日本侵略中国的时候，北京一大群学者成立了一个学会，叫作禹贡学会。学会主旨就是捍卫国家领土完整，反对外来入侵者。这让人们看到中国人在不同环境中坚持自己的理想。

（二）中国人的美丽"中国梦"

"美丽中国"也是中国人的梦想，它和"中国梦"之间是贯通的。所以认识"中国梦"的时候，也要考虑生态的问题。

中国人对名山大川一直保持敬意，这种敬意最早是出于对神的信仰，然后是对道德的信仰，最后变成对美丽江山的信仰。如在今天北京的地坛里面，就可以看到五岳的牌位。

魏晋南北朝是一个乱世，统治集团生活荒淫，极端腐败，社会问题非常多，百姓负担非常重。在这种情况下，人们厌倦腐败的社会，向往清明的大自然。这种心情、风尚、理想的出现，也有道家思想的推动。道家崇尚自然，认为自然是最高境界，鼓励人们走向自然。对于我们来讲，什么是自然呢？就是外面的山川。山水文学特别是山水诗在这个时候开始大量出现，从此中国的大好河山被文学化、艺术化，成为高度审美的对象。

道家思想的一个最大贡献，就是把中国江山想象成美丽的世界，描绘成美丽的世界。

中国的山水文化实际上有两项内容：一个是到山水之间，另一个是赋诗。当面对庐山瀑布的时候，中国人一定会背诵那两句诗："飞流直下三千尺，疑是银河落九天。"看到树上的大雪可以说"千树万树梨花开"，走在长江上可以念"不尽长江滚滚来"，到沙漠也可以想到"大漠孤烟直"等。这些诗文体现的自然审美的意境、趣味、高度、成果，是中国式自然审美不可分割的一部分。它和中国山川一起形成山水名画，形成了"美丽中国"。把这些诗词拿掉，"美丽中国"就少了一半东西。所以我们在建设"美丽中国"的时候，实际上也要发展自然环境的山水文化，这是"美丽中国"非常重要的特点。

山水之美实际上包含了人和自然的融合，人文的东西与自然的东西交融在一起，这是中国方式的美丽。人与自然交融才是"美丽中国"。面对大自然，中国人的情怀是：登山则情满于山，观海则意溢于海。这是我们中国人的胸怀。我们的自然、我们的环境、我们的国家，让我们充满了感情、充满了美的期待。

四、从近代史的角度解读"中国梦"

18世纪全世界超过50万人口的大城市有10个，中国就占了6个，包括北京、南京、扬州、苏州、杭州、广州。

18世纪法国的伟大启蒙思想家伏尔泰，称赞中国是全世界最优美、最古老、最广大、人口最多、治理最好的国家。当时法国《百科全书》的主编狄德罗在《百科全书》的"中国"条目中热烈称赞中国，他说中华民族其历史之悠久，文化、艺术、智慧、政治、哲学都在所有民族之上。

19世纪以后，中国迅速衰落，与西方国家的迅猛发展形成了反差。

从1840年至2021年，"中国梦"的思想从开始萌芽到现在形成一个体系、一个目标，不断与时俱进，可以说，对"梦"的憧憬和向往，对"梦"的孜孜追求，贯穿了近现代中国史的章章节节。这180多年的过程大体可以划分为八个阶段。

1. 少数人开始觉醒

从1840年至1860年，少数的几个人开始觉醒，写了几本书，向中国人介绍世界地图、介绍西方的一些情况。

《海国图志》是中国著名思想家魏源的著作之一，《海国图志》的全部内容，就是围绕"夷"这个中心，全方位地介绍世界各国的地理、历史、政治、经济、军事、科技，乃至宗教、文化、教育、风土等各种情况。《海国图志》的主旨是"师夷之长技以制夷"和"以夷制夷"，所以如何造西洋炮、造西洋船等近代军事科技资料，但凡能搜集到手的，无不汇聚书中，是中国有史以来未曾有之书。它是中国近代史上第一部全面系统介绍世界历史地理的巨著。在中国近代史上，它对拓展国人视野、启发民智产生了深远的影响，并在一定程度上带动了周边国家，特别是日本的维新运动。

2. 一帮人开始行动

曾国藩　　　　　李鸿章　　　　　左宗棠　　　　　张之洞

从 1861 年到 1895 年持续了将近 35 年。洋务运动最大的一个成果就是北洋水师，当时号称是亚洲最强大的海军舰队。洋务运动最后失败主要是中国要强军，日本人也要改革，也要强军，这就带来一个问题：在世界范围内看谁发展得快，强军速度快、效率高，在亚洲范围内中国和日本看谁快、看谁好。

3. 孙中山的"中国梦"

"中国可以发奋为雄，无敌于天下。"孙中山的"中国梦"非常激励人心。孙中山那个时代，是中国的国家命运最低落的时代，但是孙中山的志向，值得我们今天的中国人学习。

孙中山一直把这三个国家作为参照系：一是西洋人，以英国为首的欧洲发达国家；二是东洋人，以日本为首的最新崛起的国家；三是美国人。"中国必能为世界第一富强之国，中国必能驾美驭欧而为世界之冠军。中华民族是世界最优秀的民族，要树立称雄地球的理想，要造就庄严、璀璨、世界第一之国家，要成为世界第一强国"，提出中国要建成最文明、最进步、最发展、最强大、最富有、最幸福的国家。

4. 毛泽东的"中国梦"

毛泽东在 1955 年 3 月 21 日，在中国共产党全国代表大会上的开幕词中，首次提出中国要在大约几十年内，追上或者超过世界上最强大的资本主义国家。我们在整个世界上，应该有这个责任超过美国、赶上英国。

5. 邓小平的"中国梦"

韬光养晦是战略和策略，目标和目的是有所作为。1977 年 5 月 24 日，"日本的明治维新是新兴资产阶级干的现代化，我们是无产阶级，应该也可以干得比他们好。"1985 年 4 月 15 日，"现在我们干的事情是中国几千年来从来没有干过的事，我们中国这场改革不仅影响中国，而且会影响世界"。1990 年 4 月 7 号，"党的十一届三中全会以后，我们集中力量搞四个现代化，就是着眼于振兴中华民族"。

6. 江泽民的"中国梦"

江泽民对"中国梦"也很有贡献，不仅体现在他领导全党、全军、全国人民奋斗，同时他在理论上、概念上、思想上也第一次提出了一个新的概念："实现中华民族的伟大复兴"。

7. 胡锦涛的"中国梦"

在思想上,胡锦涛同志也强调振兴中华,强调实现中华民族伟大复兴,提出要对内建设和谐社会,对外建设和谐世界。

8. 习近平的"中国梦"

习近平同志第一次提出了"中国梦"这个概念,把实现"中国梦"和实现中华民族伟大复兴联系在一起,指出,实现中华民族伟大复兴就是近代中国最伟大的"中国梦","中国梦"就是实现中华民族的伟大复兴。

第二讲　"中国梦"的含义及实现路径

一、"中国梦"的含义

(一)"中国梦"是一个世界梦

"中国梦"首先是一个更加美好的世界梦,希望明天的世界更美好,有一个更美好的世界,这是我们中国的梦想,也是世界人民的美好愿望和期盼。概括起来有 8 个字,就是"和平、发展、合作、共赢"。

2013 年 3 月 22 日,习近平主席在对俄罗斯进行国事访问时,提到了"俄罗斯梦",并提出要努力实现"中国梦"与"俄罗斯梦"的对接。2013 年 3 月 26 日,习近平主席在出访坦桑尼亚发表演讲时,阐述了"非洲梦"尤其是"世界梦"的重要思想。他说:"十三亿多中国人民正致力于实现中华民族伟大复兴的'中国梦',十亿多非洲人民正致力于实现联合自强、发展振兴的非洲梦。中非人民要加强团结合作、加强相互支持和帮助,努力实现我们各自的梦想。我们还要同国际社会一道,推动实现持久和平、共同繁荣的世界梦,为人类和平与发展的崇高事业作出新的更大的贡献。"习近平关于"世界梦"的重要思想告诉我们,无论是哪个国家的"梦",都与"世界梦"密切联系，"世界梦"的实现离不开世界各国的共同努力。2013年6月7日，习近平主席与美国总统奥巴马在美国加州安纳伯格庄园举行会晤后共同会见记者时指出："中国梦"要实现国家富强、民族复兴、人民幸福，是和平、发展、合作、共赢的梦，与包括"美国梦"在内的世界各国人民的美好梦想相通。2014年3月27日，习近平主席在巴黎出席中法建交50周年纪念大会时发表的重要讲话中指出："法国梦也是中国的机遇……我真诚希望，中法两国和两国人民在实现'中国梦'和法国梦的过程中相互理解、相互帮助，共同实现'中法梦'。"因此，无论是"俄罗斯梦""美国梦"还是"法国梦"等多个国家的梦，其实都是从不同的角度在讲"世界梦"，是"世界梦"的具体化。

在全球化的时代背景下，"中国梦"已非凭借一己之力就可以实现的梦想，"中国梦"的追求过程始终与世界息息相关。"中国梦"的实现离不开世界，而整个世界的发展也需要"中国梦"的推动。自从"中国梦"提出以来，习近平多次在公共场合阐释"中国梦"与世界梦具有的内在统一性，强调二者是密切联系着的。夯实"中国梦"的基础，实现"中国梦"，可以为世界梦的实现提供强大支撑。"中国梦"不仅是实现中华民族伟大复兴的梦，而且表明中国会以更加积极的姿态参与国际事务，共同应对全球性挑战，共同破解人类发展难题，为推动世界持久和平发展和人类文明进步作出更大的贡献。同样，世界梦的实现又会反过来推动"中国梦"，为"中国梦"提供一个和谐、合作、共赢的外部环境。

从这个视野看，也可以说"中国梦"是在全球化的大背景下，与世界各国密切合作携手共赢的"世界梦"，中国不应做脱离世界的狭隘民族梦，世界也不应做排斥中国的"西方中心论"的梦。自"中国梦"提出以来，有关"中国威胁论"的质疑之声再次响起。"中国梦"是否会成为别国的噩梦？回答当然是否定的。首先，中华民族素来崇尚"和为贵""和而不同""协和万邦""兼爱非攻"等理念，在外交上也始终坚持独立自主的和平外交方针，在与他国相处过程中始终坚持和平共处五项原则。其次，中国在努力实现"中国梦"的进程中，并未反对他国追求自己的梦想，而是鼓励其他国家与中国一起共同致力于世界梦的实现。最为关键的是，中国坚持认为中国与世界是部分与整体的关系，而非领导与被领导的关系，和平的发展理念是将"中国梦"与世界梦连接起来的纽带。改革开放尤其是进入21世纪以来，搭乘中国高速发展的列车，世界经济变得更加具有活力。所以说，无论是过去、现在还是将来，"中国梦"的实现，都不会建立在打击他国梦想的基础上。中国人民愿意与世界各国人民在追梦的过程中，相互扶持、相互帮助，共同发展、共同繁荣。

（二）"中国梦"是一个兴国梦

"中国梦"是一个"和平兴国梦"，就是要把中国这个国家变成一个先进的国家，变成一个发达的国家。我们现在讲奋斗"中国梦"，就是要建设第三个新中国，新中国不是一个，新中国在与时俱进，在不断发展进步。第一个新中国是毛泽东时代的新中国，是一个独立自主的新中国；第二个新中国是一个改革开放的新中国；第三个新中国是在党的十八大以后要建设的新中国，将是一个要实现共同富裕的新中国，是一个公平正义的新中国，是一个民族精神实现伟大复兴的新中国。

从新中国建立以来到现在，这三个新中国是各领风骚30年，三个新中国，三个30年。伟大领袖毛主席历经千难万险领导我们打出了一个新中国，又用30年建设了一个新中国，打下了很好的基础，老人家是很伟大的，第一个30年虽然有曲折、有挫折，但是也是很伟大，很辉煌的。

第二个新中国的建设过程中，邓小平同志是总设计师，同时也包括了第二代领导核心邓小平，第三代领导核心江泽民，和以胡锦涛为总书记的党中央杰出领导的成果和结果，这都是非常不容易的。

党的十八大以后，按照十八大规划的蓝图、确定的目标，习近平同志为总书记的党中央要带领我们为奋斗下一个30年，开好局，起好步，打好坚实基础。到新中国建立一百周年，2049年的时候实现中国伟大复兴，那是30年之后的新中国，是又一个新中国，这就是第三个新中国。

（三）"中国梦"是一个强军梦

180多年来，"中国梦"首先是一个强军梦，西方世界的坚船利炮使中国丧权辱国，这个痛苦的教训、悲惨的过程使我们中国人认识了三句话。

第一句话是：落后就要挨打。

第二句话是：枪杆子里出政权。

第三句话是：枪杆子里面出主权。

现在中国面临的军事安全形势空前严峻，中国要在中美军事博弈中立于不败之地，必须尽快强大起来，我们越强大越安全，越强大战争的可能性就越小，越准备打仗，越能打仗，可能就越不需要打仗。

众所周知，富国和强军，是实现中华民族伟大复兴的两大基石。一个国家要自立于世界民族之林，既要有雄厚经济实力，又要有强大国防力量作后盾。军队是一个国家稳定的重要保障，也是一个民族抵御外侮的坚实壁垒，一个强大的国家必然要有一支强大的军队作为支撑。因此实现强军梦，拥有强大的国防和军事力量，对于实现中华民族伟大复兴是不可或缺的。

　　1840 年以来的百余年间,中华民族惨遭外族侵略之痛,饱受列强欺侮之苦,甚至曾有亡国灭种之危险。百余年的屈辱史同样也见证了中国人民的抗争。我们忘不了宁为玉碎不为瓦全的邓世昌,我们忘不了林海雪原中抗击日寇的杨靖宇,我们忘不了铁血将军张自忠,我们更忘不了那千千万万为保我山河,护我人民而牺牲的中国军人。曾经我们缺少坚船利炮,我们缺少枪支弹药,但是,中国军人从来没有缺失过抗争精神。他们逢敌亮剑,用生命捍卫着身后的每一寸土地,保护着身后的每一位同胞。

　　但是我们必须承认"落后就要挨打"这一事实。中华人民共和国成立伊始,毛泽东同志就高瞻远瞩地提出:"中国必须建立强大的国防军。"为此,中国共产党带领全党全军全国各族人民进行了不懈追求和艰辛探索。从"两弹一星"实验成功到东风系列弹道导弹的成功研制,从歼十的成功试飞到辽宁号下海,中华民族取得了举世瞩目的成就。也正是我国军事力量的不断增强,中华民族才能稳定地屹立在世界东方,才能在国际社会中拥有话语权,才能在霸权主义面前说一声不,才能成为一个维护世界和平的负责任大国。

　　强军是历史的警示,强军是时代的呼唤,强军是形势所迫,强军是军队的使命所在。因此,中华民族必须要实现强军梦。只有实现强军梦,中华民族才能更加稳定地屹立于世界东方,中国人民的安全才会有更好的保障,中国才能成为维护世界和平的中坚力量。只有实现强军梦,中华民族才能更好更快地实现"中国梦",才能更好更快地完成民族复兴的伟大事业。实现强军梦,我们要始终牢记坚决听党指挥是强军之魂,牢记能打仗、打胜仗是强军之要,牢记依法治军、从严治军是强军之基。必须保持严明的作风和铁的纪律,确保部队的高度集中统一和安全稳定。实现强军梦,我们要把握战争形态和作战样式的深刻演变,着眼未来战场和使命任务,深化作战问题研究,加强实战化训练,锻造精锐之师,提高复杂困难条件下可靠执行任务的能力。实现强军梦,我们还要有对祖国的绝对忠诚和逢敌必亮剑的亮剑精神。

　　我们热爱和平,但是我们绝不畏惧战争。当前,国际国内环境发生深刻变化,世界新军事革命进程加快,我国安全问题的综合性、复杂性、多变性增强,要求国防和军队现代化建设必须有一个大的发展。所以，作为新时期的共和国军人，应当与时俱进，掌握现代化军事技能，苦练本领，不畏艰难，在祖国需要的时候能够作为一把利剑，一出鞘，便让敌人闻风丧胆。

从1840年的鸦片战争开始，落后的制度，虚弱的国防，使中华民族"天朝上国"的美梦破灭，逐渐沦为列强在华侵略的工具。中华儿女就萌生了一个民族复兴的梦想，他们怀抱着这个梦开始抗争。农民起义、洋务运动、辛亥革命等救国运动具有历史进步意义，最终却都以失败而告终，但强国之梦，尤其是要建立一支抵抗外国入侵的强大军队的强军之梦，在中国人民心中从未泯灭。中国共产党应运而生，担负起领导人民，领导军队的使命。1927年八一南昌起义，揭开了中国共产党独立领导革命武装斗争的序幕，从此诞生了一支由共产党独立领导的崭新的人民军队。中国共产党及其人民军队通过土地革命、抗日战争、解放战争，取得新民主主义革命的胜利，建立了新中国，从此开始社会主义现代化建设，在中国特色社会主义的道路上阔步前进。人民军队已由昔日的"小米加步枪"，发展成为诸军兵种合成、具有一定现代化水平并开始向信息化迈进的强大军队。

习总书记深情阐述，"中国梦"对军队来说，也是"强军梦"。在世界政治舞台上，富国不等于强国。一个国家要自立于世界民族之林，既要有雄厚的经济实力，又要有强大的国防力量作后盾。富国和强军，如车之两轮、鸟之双翼，不可或缺。强国梦包含着强军梦，强军梦支撑着强国梦。没有国家的富强，强军就无从谈起；没有强大的军队，国家安全和发展也无法保障。实现中华民族伟大复兴的强国梦对军队来讲就是强军梦。

（四）"中国梦"是一个幸福梦

"中国梦"是十几亿人民幸福的人生梦。

"中国梦"要落实到实现家庭幸福、家庭圆满、个人出彩、个人成功、个人幸福上，就是说要落实到4亿个家庭，十几亿中国人民身上。

"大河没水小河干"，近代中国的百年奋斗，不断证明一个朴素道理：国家好，民族好，大家才会好。"中国梦"的依靠在人民，发展也在人民，而个人之梦也只有寄托于国家之梦、民族之梦，梦想才能成真。

中国梦
民族复兴梦 人民幸福梦

到了近代，中国人民依然生活困苦，悲惨的命运没有得到丝毫的改观。在帝国主义、封建主义的双重压迫下，中国人民并没有摆脱苦难的生活，温饱、生存问题依然没有解决，更不要提过上有尊严的生活了。《辛丑条约》签订后，帝国主义、北洋军阀、官僚地主、高利贷者大肆掠夺、兼并土地，据史料记载，李鸿章占有的土地达到了60万亩，北洋军阀袁世凯在辛亥革命前就拥有土地达4万亩。土地日益集中，剥削日益严重，自然经济解体，农村经济卷入了商品市场，加速了农民的破产，广大民众谋生无路，卖儿卖女，濒临绝境。

更令人可悲的是，处于国家危亡时的中国人民没有一点做人的尊严。1922年夏天，方志敏到了上海。那时候上海是帝国主义的殖民地。在上海的马路上，方志敏看到洋人的警棍在黄包车夫的身上"飞舞"；喝得烂醉的外国士兵，肆意侮辱中国的百姓。在"法国公园"门口，一个刺眼的牌子映入眼帘："华人与狗不得入内"。方志敏站在"华人与狗不得入内"的牌子面前热血沸腾脸发烧，感到一种奇耻大辱。堂堂的中国人，在自己的土地上都不能自由行走。面对"华人与狗不得入内"这块耻辱牌，方志敏暗暗发誓，一定要赶走帝国主义列强，为中华民族解放奋斗到底！

中国人民虽然遭受着罕见的剥削与压榨，但英勇的中国人民从来也没有屈服过，从来也没有停止过顽强的抗争。就古代来说，为了摆脱悲惨命运，中国古代曾多次爆发农民起义，揭竿而起为的就是追求平等而有尊严的生活。秦朝末年陈胜、吴广起义，喊出了"王侯将相宁有种乎"的口号。清朝末年，洪秀全领导发动了太平天国农民起义，打出"天下一家，同享太平""无处不均匀，无人不饱暖"等口号。同时，中国人民也从未停止反抗外国侵略者的斗争，从三元里抗英到台湾民众抗击侵略，从义和团运动到辛亥革命，尽管这些斗争一次又一次地遭到了失败，但追求复兴梦想的信念和精神动力始终在燃烧。

历史教训表明，没有一个强有力的政权，没有国家的繁荣强大，人民的梦想是不可能实现的。真正能够带领中国人民实现幸福生活的，只有中国共产党。中国共产党一经诞生，就带领中国人民开展了艰苦卓绝的斗争，使广大人民群众翻身当家做主人，为实现人民幸福梦创造了最重要的条件。今天的中国人，生活在伟大的祖国和伟大的时代，每一个人都享有同祖国和时代一起成长与进步的机会。我们走过经济短缺的年代，走过了衣食温饱，总体实现了小康，而今天正在大步迈向更高发展水平的小康社会。在这个过程中，千百年没有能够实现的梦想，今天都已经逐渐成为现实。

重温历史是为了更好地奔向未来。站在新的历史起点上，我们深深地感到，民族复兴的"中国梦"从来没有像今天这样离我们这样近、这样亲切。正如毛泽东所描绘的那样："它是站在海岸遥望海中已经看得见桅杆尖头了的一只航船，它是立于高山之巅远看东方已见光芒四射喷薄欲出的一轮朝日，它是躁动于母腹中的快要成熟了的一个婴儿。"伟大的梦想，鼓舞和激励着全体中国人民，我们要进一步坚定自信、增强自觉、实现自强，继续在中国特色社会主义康庄大道上奋力前行。

"中国梦"归根到底是人民的梦，必须紧紧依靠人民来实现，必须不断为人民造福。

要坚持党的领导、人民当家作主、依法治国有机统一，坚持人民主体地位，扩大人民民主，推进依法治国，坚持和完善人民代表大会制度的根本政治制度，中国共产党领导的多党合作和政治协商制度、民族区域自治制度以及基层群众自治制度等基本政治制度，建设服务政府、责任政府、法治政府、廉洁政府，充分调动人民积极性。

要坚持发展是硬道理的战略思想，坚持以经济建设为中心，全面推进社会主义经济建设、政治建设、文化建设、社会建设、生态文明建设，深化改革开放，推动科学发展，不断夯实实现"中国梦"的物质文化基础。

要随时随地倾听人民呼声、回应人民期待，保证人民平等参与、平等发展权利，维护社会公平正义，在学有所教、劳有所得、病有所医、老有所养、住有所居上持续取得新进展，不断实现好、维护好、发展好最广大人民根本利益，使发展成果更多更公平惠及全体人民，在经济社会不断发展的基础上，朝着共同富裕方向稳步前进。

要巩固和发展最广泛的爱国统一战线，加强中国共产党同民主党派和无党派人士团结合作，巩固和发展平等团结互助和谐的社会主义民族关系，发挥宗教界人士和信教群众在促进经济社会发展中的积极作用，最大限度团结一切可以团结的力量。

总之，思考"中国梦"、奋斗"中国梦"，就是要从以上四个方面去认识和思考，去认识自己的权利和义务，去定位自己的角色和标准，这样站在"中国梦"之前的每一个中国人才会有广阔的全球视野，才会有强烈的爱国主义去振兴我们的国家，才会有更自觉的国防观念去支持国防军队建设，才会有更高尚的人生追求，通过自己扎扎实实的努力，创造自己更幸福、更成功的人生。

"中国梦"是在中华民族五千年文明中孕育出来的，它承载着历史的重托和对未来的憧憬。近代以来，中华文明不断被冲击，中华民族的梦想一度支离破碎，国人对"中国梦"的认知和认同渐渐地模糊、弱化，甚至停滞。正是在内忧外患的历史环境中，一代代有志之士开始了探寻"中国梦"的新的伟大征程。可以说，"中国梦"是中华民族近代以来国家梦、民族梦和个人梦的延续、深化和整合。中华人民共和国成立以来，尤其是改革开放以来，我国的政治、经济、文化以及民生实现了全面发展进步，为"中国梦"的实现打下了坚实基础，同时给"中国梦"增添更多吸引力和说服力，增强了国人乃至世界人民对"中国梦"的认同。纵观历史，展望未来，如何进一步强化"中国梦"，让"中国梦"为国内外人民所接受，是实现中华民族伟大复兴所面临的重大课题。

二、"中国梦"的实现路径

（一）实现"中国梦"必须走中国道路

这就是中国特色社会主义道路。这条道路来之不易，它是在改革开放40多年的伟大实践中走出来的，是在中华人民共和国成立70多年的持续探索中走出来的，是在对近代以来180多年中华民族发展历程的深刻总结中走出来的，是在对中华民族五千多年悠久文明的传承中走出来的，具有深厚的历史渊源和广泛的现实基础。中华民族是具有非凡创造力的民族，我们创造了伟大的中华文明，我们也能够继续拓展和走好适合中国国情的发展道路。全国各族人民一定要增强对中国特色社会主义的理论自信、道路自信、制度自信，坚定不移沿着正确的中国道路奋勇前进。

（二）实现"中国梦"必须弘扬中国精神

这就是以爱国主义为核心的民族精神，以改革创新为核心的时代精神。这种精神是凝心聚力的兴国之魂、强国之魂。爱国主义始终是把中华民族坚强团结在一起的精神力量，改革创新始终是鞭策我们在改革开放中与时俱进的精神力量。全国各族人民一定要弘扬伟大的民族精神和时代精神，不断增强团结一心的精神纽带、自强不息的精神动力，永远朝气蓬勃迈向未来。

（三）实现"中国梦"必须凝聚中国力量

这就是中国各族人民大团结的力量。"中国梦"是民族的梦，也是每个中国人的梦。只要我们紧密团结，万众一心，为实现共同梦想而奋斗，实现梦想的力量就无比强大，我们每个人为实现自己梦想的努力就拥有广阔的空间。生活在我们伟大祖国和伟大时代的中国人民，共同享有人生出彩的机会，共同享有梦想成真的机会，共同享有同祖国和时代一起成长与进步的机会。有梦想，有机会，有奋斗，一切美好的东西都能够创造出来。全国各族人民一定要牢记使命，心往一处想，劲往一处使，用十几亿人的智慧和力量汇集起不可战胜的磅礴力量。

三、"中国梦"实现的方法

梦想照进现实，关键在于行动、在于实干。

邓小平同志曾讲过，不干，半点马克思主义都没有。同样道理，不干，中华民族伟大复兴也只能停留在梦中。空谈误国，实干兴邦。只有行动第一、实干第一，才能为"中国梦"照进现实打下坚实基础、提供根本保障。

（一）坚持求真务实

行百里者半九十。中国特色社会主义的发展，让我们今天比历史上任何时期都更接近中华民族伟大复兴的目标，比历史上任何时期都更有信心、有能力实现这个目标。同时，我国仍处于并将长期处于社会主义初级阶段的基本国情没有变，人民日益增长的物质文化需要同落后的社会生产之间的矛盾这一社会主要矛盾没有变，我国是世界最大发展中国家的国际地位没有变，这就要求我们牢牢把握社会主义初级阶段这个最大国情和最大实际，既不妄自尊大，也不妄自菲薄，而是一切从实际出发，出实策、鼓实劲、办实事，夙夜在公，勤勉工作，杜绝追求表面文章和不讲实际效果、实际效率、实际速度、实际质量、实际成本的形式主义，一步一个脚印地描绘蓝图、实现梦想。

（二）勇于攻坚克难

"中国梦"的实现不会一蹴而就，也不可能一帆风顺。在圆梦的征程中，还必须准备进行具有许多新的历史特点的伟大斗争，可能会遇到巨大的阻力、遭受巨大的压力，需要蹚过深水区、踏过地雷阵。这会让我们已经习惯了的行为模式不再管用、不再能用，需要我们以更大的政治勇气和智慧、更大的政治觉悟和热情，消除阻碍"中国梦"实现的不正当行为，为"中国梦"的实现扫清障碍、铺平道路。

（三）善于开拓创新

从很大程度上说，"中国梦"是以开拓创新为支撑的梦想。在社会主义初级阶段的背景下实现中华民族伟大复兴，在发展中国家的基础上建设现代化，在十几亿人口的国度中实现共同富裕，在为西方主导的世界格局中实现大国的和平发展，等等。所有这些都是过去从来没有过的全新事物、全新探索、全新实践。在这个意义上，"中国梦"也是人类社会前所未有的一个崭新的梦。这就要求我们不能满足于寻常的做法，更不能因循守旧，而要以开拓创新的精神寻找新方法、探索新路径、积累新经验、采取新举措，用创新走出新路，用创新实现新梦。

在实现"中国梦"的伟大征程中，我们要始终坚持把党的领导作为实现"中国梦"的坚强核心，把实现人的价值作为实现"中国梦"的首要价值，把激发人人奋斗作为实现"中国梦"的根本途径，把建立公平制度作为实现"中国梦"的社会基石，把解决现实问题作为实现"中国梦"的民心工程，把融入世界潮流作为实现"中国梦"的重要内容，从而形成全党全社会实现伟大"中国梦"的强大精神合力。

人类区别于动物的最宝贵东西是精神追求，最重要的是精神追求，最有力量的也是精神追求，诸如理想、信念、信仰、道德等。她是一个人的灵魂、一个民族的精神纽带、一个国家的精神支撑，更是一个社会追求进步的动力源泉。她能改变一个人、一个民族、一个国家的前途命运，引领一个社会的前进方向。"中国梦"是习近平总书记提出的激励中华儿女团结奋进、开辟未来的一面精神旗帜，是着眼于坚持和发展中国特色社会主义而提出的重要战略思想。"中国梦"的提出，昭示着中华民族高扬起时代进步发展的高昂旋律，以一种新的姿态展现在世界面前。两个百年奋斗目标、三大历史任务、推进人的全面发展，昭示着中华民族把理想追求和精神旗帜高高擎起。人人享有人生出彩的机会、实现社会主义现代化和中华民族伟大复兴、社会主义与中国实际相结合、融入世界发展潮流，意味着中国这艘巨轮载着伟大的梦想前行，昭示着伟大的中华民族信心满怀，开启又一个新的航程、新的时代。

一个国家、一个民族、一个社会的精神旗帜，需要转化为每一个具体的、活生生的人的精神追求，才有寄寓的载体，才有擎起的力量。一个人的精神追求，必须融入国家、民族、社会的精神旗帜引领之下，才能够有所指向、才能够顺应进步、才能够出彩。"中国梦"与每一个中国人的梦，是一种相互依赖、相互转化、相辅相成的辩证关系。"中国梦"需要转化为每一个中国人的梦，"中国梦"这面精神旗帜需要转化为每一个中国人的精神追求，才能真正落地，每一个中国人的梦，必须融入"中国梦"，才能像树苗植根大地，才能生根开花结果，才能展现人生的价值和社会意义。

四、"中国梦"实现的动力

自习近平总书记在参观"复兴之路"展览时提出实现中华民族伟大复兴的"中国梦"之后，"中国梦"的研究开始成为学界热点。不少学者从探寻"中国梦"实现的路径入手，提出了一些对实现中华民族伟大复兴颇为独到的见解。但是，仅仅找到"中国梦"实现的路径是远远不够的，而动力是"事物运动和发展的推动力量"。因此，研究"中国梦"实现的动力就是研究实现中华民族伟大复兴的推动力量，亦即找到那些推动人们去寻找正确道路、去沿着正确道路前进的力量。所以，脱离动力而探讨路径，路径则变成无源之水、无本之木。这样看来，研究"中国梦"实现的动力就显得尤为必要。

（一）生产力："中国梦"实现的基础动力

马克思说："我们判断一个人不能以他对自己的看法为根据，同样，我们判断这样一个变革时代也不能以它的意识为根据；相反，这个意识必须从物质生活的矛盾中、从社会生产力和生产关系之间的现存冲突中去解释。"这样看来，判断中华民族伟大复兴的实现也不能以思想意识为标准，而必须回归到社会的生产力和生产关系、经济基础和上层建筑比较适应中，我们才能断定中华民族的伟大复兴即将实现。习近平同志将实现中华民族伟大复兴概括为近代以来中华民族最伟大的梦想。近代以来的中华民族可谓是多灾多难的民族，限制民族发展的矛盾重重。尤为凸出的是帝国主义和中华民族的矛盾、封建主义和人民大众的矛盾。不解决这些矛盾，中华民族就难以走上独立发展的道路。民族的复兴也就无从谈起。中国人民经过一系列的斗争、失败、再斗争，终于取得了新民主主义革命的胜利，彻底解决了阻碍中华民族走上独立发展的主要矛盾，为民族的发展赢得了契机。而这一主要矛盾归根到底乃是生产力与生产关系之间的矛盾。毋庸置疑，封建制度也曾建起过非常"革命性"的作用，促进中国社会的生产力的快速发展，创造了巨大的辉煌。然而，随着生产力的发展，封建制度逐渐成为生产力发展的桎梏，封建制生产关系所容纳的生产力已经发挥殆尽，生产力与生产关系由相适应逐渐变成相矛盾。

近代中国的历史是中国人民奋起抗争、救亡图存的历史，也可以称得上是中国人民破除生产力发展障碍的历史。新民主主义革命的胜利并不标志着我们生产力发展取得了什么突破的进步，只是表明我们赢得了生产力发展独立的国际和国内环境。毛泽东在中华人民共和国成立之初，对当时我国的基本情况有过这样一段描述："现在我们能造什么？能造桌子椅子，能造茶碗茶壶，能种粮食，还能磨成面粉。还能造纸，但是，一辆汽车、一架飞机、一辆坦克、一辆拖拉机都不能造。"中国当时生产力水平之低由此可见一斑。也正是基于此，中共八大提出中国社会的主要矛盾，"已经是人民对于建立先进的工业国的要求同落后的农业国的现实之间的矛盾，已经是人民对于经济文化迅速发展的需要同当前经济文化不能满足人民需要的状况之间的矛盾"。但是，之后的 20 年间，党和国家的工作重心偏离了关于主要矛盾的判断，未能使这一矛盾得到很好的解决。

党的十一届三中全会之后，党和国家的工作重心转移到经济建设上来，逐步找到一条适合中国国情的生产力发展道路，人民日益增长的物质文化需要同落后的社会生产之间的矛盾得到有效的缓解，中国的经济社会建设取得举世瞩目的成就，中华民族的伟大复兴展现出光辉的前景。如果说"落后"从根本上来说指的是生产力落后，那么复兴首先指的就是生产力达到世界先进水平。换言之，中华民族的伟大复兴并不单指生产力的先进，也包括政治、文化、社会等各个方面，但脱离了生产力。其他一切的发展就无从谈起，社会方面的发展与进步是建基于生产力发展之上的。生产力是推动社会进步最活跃、最革命的因素。用马克思的话来讲就是："物质生活的生产方式制约着整个社会生活、政治生活和精神生活的过程。""中国梦"实现的程度是与生产力的水平同步发展的，只有生产力的不断发展才能推动中华民族一步一步地走向复兴。概而言之，生产力发展水平是决定中华民族伟大复兴能否实现的基础性因素，只有中国社会的生产力达到或跃居世界先进水平，"中国梦"才有可能实现。

（二）人民群众："中国梦"实现的重要动力

与以前的历史观将社会发展和变革的承担者归结为英雄人物或某种精神力量不同，马克思主义的唯物史观主张人民群众是历史的创造者，肯定人民群众在社会物质财富创造、精神财富创造以及推动社会变革方面的决定性作用。人类社会的一切物质财富、精神财富以及社会形态的更替，都是最广大人民群众参与的结果。精神的力量不过是现实中人民群众社会生活的反映，英雄人物的背后则站着千千万万的个人。历史是人的活动所构成的，是最广大人民群众活动的过程和结果。我们认识历史必须看到历史背后的主体，看到人民群众在历史中的作用。"中国梦"是人民的梦，是饱受艰难困苦的中华儿女对社会发展愿望的美好反映。人民群众不仅是梦想的所有者，更是梦想的实现者，因为"历史不过是追求着自己目的的人的活动而已"。人民群众是中华民族复兴所需物质财富和精神财富的创造者，是推动"中国梦"实现的重要力量，离开了人民群众梦想就变成了水中月、镜中花。

中华民族的伟大复兴，是中国最广大人民群众自己的事业，只有依靠最广大人民群众的参与和努力，才能让"中国梦"变为现实。但是，怎样参与，如何使得每个人的聪明才智都得到最好的发挥，却是一个值得深入思考的问题。与我国现阶段基本经济制度相适应的分配制度是按劳分配为主体、多种分配方式并存。这里的"劳"不单指劳动时间，更多情况下凸显的是劳动能力的意蕴。市场经济是一种效率经济，它根据个人参与经济活动所创造财富的多少进行产品的分配。因此，最终的分配并不是根据个人参与经济活动时间的长短，更多的是依据个人对经济社会贡献的多寡，劳动时间的重要性往往要让位于劳动能力。收入差距的缩小，一方面的确有赖于合理有序分配秩序的形成，保证劳有所得；另一方面也更依赖于劳动能力差别的缩小，真正实现发展成果由全体人民共享。人的劳动能力，有些确为生来就有，然而更多的却是在后天学习和教育过程中习得。并且，随着现代化的进程，社会的机械化程度日益提高，体力劳动的作用日渐衰微，衡量个人劳动能力强弱的标准则慢慢变为个人所掌握的科学技术和所具有的综合素质。教育则是传播科学技术、提高国民素质的重要途径，当然不可能通过教育使人的能力完全趋同，却能够尽量缩小人们在劳动能力上的差别，从而达到控制社会收入不平等源头的目的。就此而言，党的十七大做出"教育是民族振兴的基石，教育公平是社会公平的重要基础"的判断无疑是正确和及时的。

调整与经济发展不相适应的上层建筑的因素，推进政治体制改革，则是在"中国梦"实现过程中又一亟待正视的问题，它关涉民族复兴过程中人民权利的维护与合理有序的参与。只有形成与经济社会发展相适应的政治体制，才能使得最广大人民群众的权利得以维护，才能激发他们参与民族复兴进程的积极性，使得中华民族的复兴获得不竭的动力。探索并形成一套适合我国具体国情的民主政治、法律、权力运行和监督等制度，既是我们推进政治体制改革所得出的基本经验，也指明了我们未来政治体制改革的努力方向。一言以蔽之，"要把制度建设摆在突出位置"。伴随着社会的现代化，人们活动的范围远远越出传统社会生活的狭小空间，社会群体在社会生活参与的广度和深度上都达到前所未有的程度。而当规范人们参与的制度未能与参与的速度同步发展，人民的参与失去了制度的合理引导，那么这种参与可能在增进社会物质财富与精神财富方面毫无建树，甚至还会引发社会的动乱。所以，对于处于急剧现代化的国家和民族，"政治上的首要问题就是政治制度化的发展落后于社会和经济变革"。因此，我们在实现民族复兴的过程中要特别注重制度的建设，通过制度引导人民合理有序地参与，保证每个人的聪明才智都能得到有效的发挥。

（三）中国共产党："中国梦"实现的关键动力

中国共产党是中国特色社会主义事业的领导核心，是引导中国人民从一个胜利走向另一个胜利的中流砥柱，是推进社会主义现代化、实现中华民族伟大复兴的关键动力。何谓"关键"？最初，"关键"意指闩门或关闭门户的横木，门闩与门扇相比似乎显得太微不足道了，但离开了门闩的门扇也就失去存在的价值和意义，所以，后来就以此来指事物最紧要的部分，或对情况起决定作用的因素。在"中国梦"实现的推动力量中，有的居于基础地位，有的占据重要地位，当然还有次要的、外部的力量，这些力量的推动性作用只有通过共产党才能得到有效发挥，离开了中国共产党这些力量的价值和意义也将大打折扣。在中华民族迈向复兴的进程中，"要把十几亿人的思想和力量统一和凝聚起来。齐心协力发展中国特色社会主义，没有中国共产党的坚强统一领导是不可设想的"。中国共产党在"中国梦"实现过程中不是居于基础地位，她也是人民群众的一部分，但中国共产党又不完全同于人民群众，她要引领中国生产力的前进方向，统一和凝聚最广大人民群众的思想和力量。因此，中国共产党的关键之处就在于使这些推动"中国梦"实现的动力"不致在无谓的斗争"中受到削弱和消耗，而是使得这些动力能够有效地凝结在一起，形成推动"中国梦"实现的"总的合力"。

保持党同人民群众的血肉联系，在实践中实现好、维护好最广大人民群众利益，才能将广大人民群众的思想和力量凝聚到"中国梦"实现的进程中。保持党同人民群众的联系，是无产阶级政党取得胜利的重要保障，而脱离广大人民群众，则会使无产阶级的事业遭受挫折甚至失败。为此，列宁告诫共产党人："对于一个作为工人阶级的先锋队来领导一个大国在暂时没有得到较先进国家的直接援助的情况下向社会主义过渡的共产党来说，最严重最可怕的危险之一，就是脱离群众，就是先锋队往前跑得太远，没有'保持排面整齐'，没有同全体劳动大军即同大多数工农群众保持牢固的联系。"中国共产党对此有着清醒的认识，党的十六大提出："我们党的最大政治优势是密切联系群众，党执政后的最大危险是脱离群众。"党的十七大结束后的新进中央委员和候补委员学习贯彻十七大精神研讨班上的讲话中，胡锦涛再一次强调："密切联系群众是我们党的最大政治优势，脱离群众是我们党执政后的最大危险。"现阶段正在开展的群众路线教育活动，其意义恰在于此。保持党同人民群众的血肉联系，不仅是一种理论认识，更为重要的是必须落到实处。毛泽东说："如果有了正确的理论，只是把它空谈一阵，束之高阁，并不实行，那么，这种理论再好也是没有意义的。"这种血肉联系落到实处就是要求中国共产党在实践中实现好、维护好最广大人民群众的根本利益，使他们认识到中国共产党始终是与人民群众休戚与共的，"党除了工人阶级和最广大人民群众的利益，没有自己的特殊利益"。唯有如此，广大人民群众才会紧紧团结在中国共产党的周围，才会与党心连心、同呼吸、共命运。共同推动中国的社会主义事业、中华民族的伟大复兴向着胜利前进。

这三个力量在"中国梦"实现过程中的推动作用是毋庸讳言的。离开了生产力的发展，中华民族的伟大复兴就无从谈起，民族复兴的过程深深植根于生产力发展的过程，人民群众则是实现"中国梦"的主体性力量，然而引导人民群众合理有序地参与到中华民族复兴的进程，才是保证主体性力量得以发挥的关键，中国共产党则起着凝结各种动力，形成推动中华民族伟大复兴"合力"的作用，离开了中国共产党各种动力在"中国梦"实现过程中的作用就可能受到消耗和削弱。当我们明晰了"中国梦"实现的推动力量，才能继而探讨确保这些力量发挥的方法、路径等问题。

第三讲　"中国梦"和"美国梦"的关系

一、"美国梦"的含义

自 1776 年以来，世世代代的美国人都深信不疑，只要经过不懈努力的奋斗便能获得更好的生活，亦即人们必须通过自己的勤奋、勇气、创意和决心迈向繁荣，而非依赖于特定的社会阶级和他人的援助。与其他大多数国家不同的是，在美国拥有的经济自由相当多，政府扮演的角色相当有限，这使得美国的社会流动性极大，任何人都有可能通过自己的努力迈向巅峰。两百多年来，"美国梦"一直激励着世界各地无数怀揣梦想的年轻人，或移民或求学或偷渡，他们放弃故土，历经千辛万苦，只为来到这片土地创造自己的价值，美国也因此成为全球众多成功人士的摇篮。"美国梦"的发展有五个阶段。第一个阶段是美国建国之前；第二个阶段是美国建国之后；第三阶段是"二战"胜利后到冷战结束；第四阶段是从 1991 年到现在；现在"美国梦"进入第五阶段。"美国梦"的共性就是"民主，自由，人权"。"民主"是一种政治制度，它是"美国梦"的土壤；一个国家如果没有一个好的制度，那国民只能做"白日梦"，任何美好的梦想就很难实现。"自由"是实现"美国梦"的方式，体现了"美国梦"对公民个体的尊重以及"以人为本"的治国理念；每个人可以有自己的梦想，可以用自己喜欢的方式实现自己的梦想；没有言论自由、出版自由、集会自由、结社自由、游行自由、示威自由、罢工自由、宗教信仰自由、通信自由等这些自由，就斩断了由梦想通向梦想成真的桥梁。"人权"是"美国梦"的内容，它包括生存权、受教育权、工作权、自由迁徙权、选举权和被选举权以及批评政府和追求幸福的权利等。美国著名黑人民权活动家马丁·路德·金在《我有一个梦想》的演讲中道出了"美国梦"的真谛："美国梦"就在宪法里，实现"美国梦"就是实施宪法，如果制定了宪法不实施，那就亵渎了宪法的尊严，那就相当于给人民开出一张"空头支票"，任何梦想都是"黄粱美梦"，尽管有些人批评"美国梦"过度强调了物质财富在衡量胜利和快乐上所扮演的角色，但许多美国人的确认为，这种获得成功的机会在世界上其他国家是找不到也并不存在的。

"美国梦"背后的真正动力是什么？一些历史学家认为，就是对财富的渴求和追逐。康涅狄格州立大学历史学教授马修·沃肖尔指出："对金钱的追求，是'美国梦'中不变的成分。"

依据历史学家的说法，美国快速的经济发展和工业扩张并非只是因为美国的自然资源丰富，更是因为所有人都有机会借由自己的奋斗而获取财富。"美国梦"成为吸引世界各地人民移民美国的主要原因——无论过去或现在。在今天，每年有超过一百万的人成为美国公民，是世界上最受欢迎的移民地点。

二、"中国梦"和"美国梦"比翼双飞

虽然"中国梦"和"美国梦"根植于东西方两种不同的文明体系，但"万物并育而不相害，道并行而不相悖"。在宇宙和大自然的法则中，包容精神与和合之道随处可见，人类社会也理应如此。

尽管"中国梦"和"美国梦"有诸多不同，但在全球化的今天，世界各国之间是一种激烈竞争而又相互依存的关系。"中国梦"和"美国梦"应该比翼双飞，而非对抗冲突。

虽然"中国梦"与"美国梦"有不同的历史发展背景和轨迹，但是，当我们深入思考习近平总书记提出的"中国梦"，再结合"美国梦"的内容，我们还是有理由认为"中国梦"和"美国梦"确实有互文和共通的地方，具体表现在以下几个方面：

第一，经济强大是根本。经济基础决定上层建筑。强大的经济是"中国梦"首要的也是最重要的内容。经济强大才能保证中国的综合国力强大，才能帮助中国人民早日实现生活水平现代化。"美国梦"也有使美国经济强大的内容，奥巴马的"美国梦"就是要使美国的经济水平一直保持在世界最发达水平。不管是"中国梦"还是"美国梦"，其背后的参照系是国际未来发展，所以"中国梦"和"美国梦"都是一个动态概念，它的内涵和标准随着世界整体经济的发展而变化。对于"中国梦"来说，其努力的方向是要使中国经济停留在国际水准相对位置的提高上，而不是仅限于今天绝对物质富裕的程度上；经济科技最发达的美国自然是实现"中国梦"的重要参考，是我们今后努力发展的方向。与此同时，美国为了保证自己的经济优势地位，也会拼命向前发展，这是不言而喻的。所以说，"中国梦"与"美国梦"在经济发展方面有相通之处。

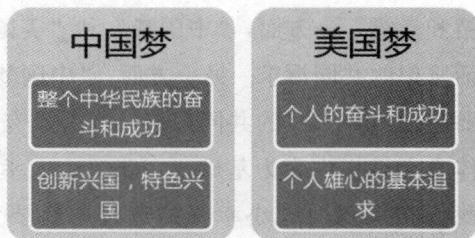

第二，政治稳定是保障。政治稳定对中国和美国都至关重要。我们都有共识：没有稳定的政治作为保障，所有梦想都会变为泡影。中国和美国都是大国，虽然具有独立做梦的条件，但是两个大国幅员辽阔，人口众多，倘若政治不稳定，就会导致民心散乱，不仅不会促进社会进步和发展，还可能会倒退几十年。政治是上层建筑，需要格外小心谨慎。就中国和美国而言，要实现彼此的民族梦和个人梦，政治互信非常重要。换言之，美国和中国要实现自己的梦想都必须尊重对方。实事求是地讲，不论中美哪一方，要做好自己的梦，必须正视对方的政治利益和诉求，不能粗暴干涉或者无端指责，否则害人害己，损害对方的形象也会妨碍自己梦想成真；而且任何一方都不可能以"吃掉对方"为目的，然后心安理得地做自己的春秋大梦。

第三，社会进步是目标。不管是美国还是中国，社会进步是重要目标。对于中国而言，社会进步意味着"社会的全面进步"以及各行各业"整体协调发展"，尤其是要使"科技、教育、医疗水平进入世界先进行列"；不仅保证人与自然环境的和谐发展，而且保证全社会的可持续性发展；不仅要在一个很长的历史时期内，使社会凝聚力不断增强，而且要使社会发展处在一个高速运转、良性循环的状态。对于美国而言，社会进步意味着在世界各国争相促进社会发展的大环境中继续保持其在经济、教育、科学、文化等方面的综合优势。虽然"二战"之后，美国社会被认为是一个自由和民主的典型，但是其潜在社会问题，如恐怖威胁、枪械杀人、网络犯罪、毒品泛滥等已成为阻碍其快速发展的痼疾，成为阻碍国民进步和社会进步双赢局面的罪魁祸首。这也从根本上决定美国必须以社会进步为长期的发展目标。

第四，人民幸福是方向。"中国梦"与"美国梦"归根结底都是为了实现人民富裕和幸福。一方面，"中国梦"和"美国梦"都有通过造福于人民，实现人民幸福生活愿望的共同诉求；另一方面，"中国梦"和"美国梦"都有不仅造福本国人民，还要造福世界人民的共同理想。二者又有本质的不同："中国梦"以儒家传统文化和集体主义思想内容为基础，主张"个人幸福只是小幸福，全体人民幸福才是大幸福"，我们在实现个人小幸福的过程中还要为实现民族大幸福不懈努力，"达则兼济天下"，目标明确，态度坦然；"美国梦"以西方文化传统和个人主义风格为基础，认为所有人都有实现自己梦想和愿望的机会，而且机会均等。虽然这有一定道理，但是也不可避免地造成"弱肉强食""适者生存"的局面，并且成为美国社会两极分化的根源。

第五，世界和平是动力。和平是世界各国都应该拥有的梦。"中国梦"与"美国梦"更是需要和平去建构，和平是民族发展的动力和源泉。对中国而言，没有和平，就不可能有发展；没有发展，就不可能有社会进步；没有社会进步，就不可能有人民幸福。由于中国坚持要走一条与世界各国人民互利互惠的道路，不仅不以掠夺侵占别国财富、土地为手段，而且自己富强了还希望带动其他国家一起发展进步，所以这是一条"和平、发展、合作、共赢"的道路。对美国而言，和平也是国民的共同愿望和要求，因为没有和平，美国所谓的社会制度优越性也就成了空中楼阁。但是鉴于历史，美国在成为维护世界和平力量的同时，也是一个破坏世界和平的潜在威胁力量。美国在伊拉克战争、阿富汗战争等世界局部战争中的表现就是例证。

第六，共同发展是途径。中国和美国都有相互学习、共同发展的诉求。就科技、教育等方面来说，中国需要向美国学习；然而就吸取外来人才来说，美国又离不开中国这个人口资源大国。中国发展会成为美国发展的有力助手；而美国发展又反过来激励中国朝更宏伟的目标迈进。只有实现二者的良性互动，中美两国人民才会实现真正意义上的互惠与发展。从长远目标来看，中国是美国经济发展不可或缺的贸易伙伴，一方面，中国是美国商品的巨大消费市场，美国人民迫切需要中国这个勤劳、质朴、追求上进的民族的支持；另一方面，中国只有通过学习像美国这样先进的西方国家的优秀科研成果和技术水平，才会逐渐缩小与世界发达国家的差距。

第四讲 "中国梦"与大学生思想政治教育

当代大学生具有思想开放、善于表现、视野开阔、创造性强的特点，其自我意识强，喜欢捕捉新思想、新潮流，在知识获取、理想信念、能力培养上有较强的自主性。将"中国梦"融入大学生思想政治教育中，可以说是一项系统工程。

一、"中国梦"是当代大学生思想政治教育的"着力点"

"中国梦"是中华民族近代以来最伟大的梦想，也是每个中国人的梦想。当代大学生正处在实现"中国梦"最年富力强的年代，是践行"中国梦"的重要动力和生力军，是实现"中国梦"的可靠力量和主体力量。加强和改进大学生思想政治教育，引导大学生拥有崇高的理想信念，积极投身"中国梦"实践中，是实现"中国梦"的必然要求。

第一，"中国梦"实现的本质要求与大学生思想政治教育的内容相统一。"中国梦"作为全民族的梦想，要求全社会加强理想信念教育，而大学生思想政治教育的主要内容就是理想信念教育。中共中央、国务院下发的《关于进一步加强和改进大学生思想政治教育的意见》明确指出："新时期高校思想政治教育要以理想信念教育为核心，深入进行正确的世界观、人生观和价值观教育；以爱国主义教育为重点，深入进行民族精神教育；以基本道德规范为基础，深入进行公民道德教育；以大学生全面发展为目标，深入进行素质教育。"可以看出，"中国梦"实现的本质要求与大学生思想政治教育的内容一致。

第二，大学生思想政治教育在"中国梦"实现中承担相应的价值目标和历史使命。关于进一步加强和改进大学生思想政治教育的意见明确指出："大学生是十分宝贵的人才资源，是民族的希望，是祖国的未来。加强和改进大学生思想政治教育，提高他们的思想政治素质，把他们培养成中国特色社会主义事业的建设者和接班人，对于全面实施科教兴国和人才强国战略，确保我国在激烈的国际竞争中始终立于不败之地，确保实现全面建设小康社会、加快推进社会主义现代化的宏伟目标，确保中国特色社会主义事业兴旺发达、后继有人具有重大而深远的战略意义。"因此，作为高校思想政治教育工作者，要明确理想信念教育是大学生思想政治教育的核心，理想信念是大学生的精神支柱和动力源泉；要将"中国梦"作为大学生思想政治教育的"着力点"，不断加强大学生理想信念教育，将"中国梦"与大学生个人信念紧密联系在一起，不断创新大学生思想政治教育的方法和途径，在"中国梦"的伟大实践中把大学生思想政治教育落到实处。可以说，为实现"中国梦"而大力培养优秀人才，是当代高校思想政治教育所承担的价值目标和历史使命。

第三，"中国梦"是大学生思想政治教育工作的主线。"中国梦"是实现中华民族伟大复兴之梦，也是每位教师、每个学生在这个复兴过程中自身价值的实现之梦。每一位高校思想政治教育工作者都要切实肩负起育人使命，坚持师德为先，以高尚师德、人格魅力、学识风范教育感染学生，做学生健康成长的指导者和引路人，使学生把个人梦想和"中国梦"紧密融合在一起，把个人价值与社会价值紧密结合在一起，把个人命运与国家命运紧密联系在一起，努力成为对国家、对社会、对人民有用的人才。

二、"中国梦"视阈下的大学生思想政治教育途径

在大学生中开展"中国梦"主题教育，需要结合当代大学生的特点，紧扣"中国梦"的时代内涵，通过课堂教学、校内宣传媒介、校园文化、社会实践、树立典型等途径展开教育，不断增强"中国梦"对大学生的吸引力、感染力、影响力，引导他们为实现国家富强、民族复兴、人民幸福的伟大"中国梦"而发奋学习，不懈奋斗。

（一）利用课堂教学的主平台，加强"中国梦"的时代内涵教育

在高校开展"中国梦"的教育过程中，要利用好课堂教学的主平台，发挥主阵地作用。首先，在教学内容上，一方面要在思想政治理论课程中详细讲解"中国梦"的历史底蕴和时代内涵；另一方面又要结合专业课程有意识地渗透"中国梦"的实现路径和保障体系，让大学生自觉加强专业学习，为投入"中国梦"的实践积累知识，从而使对"中国梦"的宣传教育无处不在。其次，根据当代大学生个性鲜明、自我意识强、思维开阔的特点，应改变以往居高临下的"说教式"教学，而是采取互动交流的"参与式"教学，转变教师与学生的主客体关系，调动大学生对"中国梦"学习的积极性、主动性。最后，改变以往对大学生思想政治教育效果评价依靠卷面考试的方式，对大学生思想政治教育的效果考核采用卷面考试和能力考核相结合的评价方式，使大学生对"中国梦"的历史底蕴和时代内涵的认识不停留在死记硬背、机械式吸收上，而是体现在日常的学习、生活实践中，只有这样才能使"中国梦"教育在入课堂的同时，能够使大学生入脑、入心。

（二）利用校内各种媒介，加强"中国梦"的宣传教育

在大学生中开展"中国梦"的宣传教育，应该充分利用校内各种媒介，加强校园舆论宣传。要利用好校园网、微博、QQ群、校报、校内广播电台、宣传橱窗、海

报栏等宣传阵地，广泛开展"中国梦"的宣传教育，营造良好的舆论氛围。一方面，通过校报、海报、宣传手册等对改革开放以来中国取得的伟大成就进行宣传，形象生动地展示"中国梦"是真实的梦，让大学生在观看中国成就展的过程中受到熏陶和感染；另一方面，通过校园网、微博、微信、博客、QQ群等引导大学生就"中国梦"开展广泛的学习讨论，增强大学生的自我学习能力，深化大学生对"中国梦"的理解。总之，校内各种媒介的充分利用，可以将有针对性的"中国梦"相关信息加以设计，变枯燥为生动，变显性教育为隐性教育，使学生沉浸在良好的舆论氛围中，自觉接受相关"中国梦"的信息，从而受到熏陶和感染，达到良好的宣传教育效果。此外，当代大学生思想开放、个性鲜明，有着强烈的好奇心和怀疑精神，通过校内各种媒介开展"中国梦"宣传教育，促使大学生加强自我学习，去学习了解"中国梦"的历史底蕴和时代内涵，搞清楚何为"中国梦"，如何践行"中国梦"，从而达到良好的宣传教育效果。

（三）利用校园文化平台，大力推进"中国梦"主题校园文化建设

在高校大学生中开展"中国梦"教育，要利用好校园文化平台，大力推进"中国梦"主题校园文化建设。首先，要将"中国梦"的时代内涵展现在校园网、校园海报、宣传橱窗、宣传横幅中，利用丰富翔实的图片资料和优美的文字表述，通过健康的信息传递，提升校园文化品质，提升大学生对"中国梦"的认同感。其次，推进"中国梦"主题校园文化建设，需要加强校风、学风、班风建设。良好的校风、学风、班风，是使大学生将对"中国梦"的学习转化为自觉行动的保证。最后，应该结合当代大学生的兴趣点和兴奋点，将"中国梦"教育融入形式多样的课外活动中，如征文比赛、演讲比赛、摄影大赛、主题班会、文艺展演、影视展播、"我的'中国梦'"，主题日活动、"争做精神富有的当代青年"主题团日活动、微博共话"中国梦"活动等，营造良好的校园文化氛围。通过组织开展丰富多彩的"中国梦"主题校园文化活动，实现"中国梦"教育的形象化、生动化、生活化，增强大学生对"中国梦"的亲近感和信任度，引导广大学生自觉把个人梦想和"中国梦"紧密结合激励学生自觉加强专业学习，积极投身"中国梦"建设中。

（四）以社会实践活动为平台，扎实开展"中国梦"主题社会实践活动

在大学生中开展"中国梦"教育，应该利用好社会实践平台，扎实开展"中国梦"主题社会实践活动。只有引导大学生积极参与社会实践，才能将对"中国梦"的感性认识转化为理性认识；只有通过社会实践，才能促使大学生进一步了解社会、了解国情、增长才干、锻炼毅力、培养品质、增强社会责任，才能在思想上将对"中国梦"的认识落到具体的行动中。开展"中国梦"主题社会实践活动，可以形式

多样，如"梦想中国"大学生志愿者行动计划、学雷锋社会实践活动、暑期大学生"三下乡"社会实践活动、科技创新活动、文艺体育活动、设计大赛、"挑战杯"大学生创业大赛，等等。通过开展"中国梦"主题社会实践活动，让大学生在实践中体验和感受中国的发展，亲历亲见"中国梦"，感悟由千万个"中国梦"组成的民族梦、时代梦，从而提高大学生对"中国梦"的认知能力和感受能力，引导大学生自觉从身边做起，从点滴做起，自觉加强专业知识学习，不断增长才干，真正成为"中国梦"的主动践行者。

（五）大力培育选树践行"中国梦"的先进典型

榜样的力量是强大的，通过典型可以传递正能量。同样，在大学生中开展"中国梦"教育，要重视树立学生先进典型。通过学生会、学生社团等学生自组织，自觉培育树立践行"中国梦"的先进典型，一方面，可以传播放大立德树人的正能量，用"中国梦"凝聚强大精神能量，开展向先进典型学习等活动；另一方面，可以激励广大学生学习先进、崇尚先进、争当先进，引导学生聚精会神学本领，努力成为可堪大用、能负重任的栋梁之材，引导学生坚信"中国梦"，积极投身"中国梦"的伟大实践中。总的来说，在大学生中开展"中国梦"主题教育，就是让大学生在学习中坚定信仰，在活动中升华理想，在实践中勇担责任。

思考题

1. 如何理解"中国梦"是一个幸福梦？
2. 如何理解"中国梦"与"美国梦"的关系？
3. 作为当代大学生，如何把个人梦想融入"中国梦"中？

专题七 "简政放权"没有最疼，只有更疼

引言：

"转变政府职能"，是当前形势下稳增长、控通胀、防风险，保持经济持续健康发展的迫切需要和重大举措，也是经济社会发展到这一阶段的客观要求。而行政审批制度改革（简政放权）则是转变政府职能的突破口，是释放改革红利、打造中国经济升级版的重要一招。

第一讲 简政放权的提出及内涵

我国市场经济搞了 40 多年，迈出很大的步伐，但政府管理落后太多。比如，现在食品药品安全问题十分突出，引发社会的普遍恐慌和不满。从管理体制上看，我国食品安全是多头分散监管的。以农牧业产品为例，农业部门负责管理农产品的种养环节，质检部门负责管理加工环节，工商部门管理流通环节，最后的餐饮环节由药监部门把关。如果一种食品发生了中毒事件，究竟该查哪个环节呢？因此，理顺管理部门之间的相互关系，是政府机构改革中亟待解决的问题。

新一届中央政府成立以来，已先后两次召开国务院常务会议，重点落在简政放权上，突出了新一届政府改革的魄力。这种魄力根植于对国情的清晰认识上，对人民和市场充分信任的基础上。简政放权，就是腾出手来抓大事。当前，稳增长、控通胀、防风险，保持经济持续健康发展是头等大事。

我国经济发展正处在转型的关键期，从出口导向到内需拉动，事关民生利益。形势倒逼我们必须从政治体制改革方面着手，理顺权力运行关系，减少甚至剔除影响经济发展的各种原生阻力。"把该放的权力放掉"，就是要激发制度和体制潜力，让改革释放出更多更大的活力，让民众享受到改革红利，这是拉动内需发展的前提和保障。

发展是改革的目的，改革是发展的动力。回顾改革开放的历史，每当出现大的经济变革的时候，政府总是率先进行自身的变革。如何处理好发展与改革的关系，使两者协调配合、互促共进，则成为共同思考的问题。

新一轮转变政府职能的大幕已经拉开，李克强总理用"简政放权"引导广大领导干部把心思和精力统一到"中国梦"上来，为实现"中国梦"积聚着强大力量。

一、简政放权的提出

2013 年 3 月 14 日，《国务院机构改革和职能转变方案》（以下简称《方案》）发布，这是改革开放以来我国推进的第七次政府机构改革。5 月 13 日，国务院召开全国电视电话会议，动员部署国务院机构职能转变工作，新一轮转变政府职能的大幕拉开。这是短短一月内国务院第三次提及简政放权。会议提出，要处理好政府与市场、政府与社会的关系，把该放的权力放掉，把该管的事务管好。

国务院总理李克强 2015 年 7 月 15 日主持召开国务院常务会议，决定再取消一批职业资格许可和认定事项，以改革释放创业创新活力。

会议指出，2015 年以来，通过加大定向调控等措施，我国经济运行缓中趋稳、稳中向好，在深化各领域改革、促进产业升级、保障和改善民生、保持各类市场稳定等方面都取得积极成效。下一步要巩固稳中向好基础，继续顶住下行压力，保持经济运行在合理区间，必须坚定不移推进改革，继续加大简政放权、放管结合、优化服务等改革力度。会议决定，在已取消 149 项职业资格的基础上，再取消网络广告经纪人等 62 项职业资格。对国务院部门设置实施的没有法律法规依据的准入类职业资格，以及国务院行业部门和全国性行业协会、学会自行设置的水平评价类职业资格一律取消；有法律法规依据，但与国家安全、公共安全、公民人身财产安全关系不密切或不宜采取职业资格方式管理的，按程序提请修订法律法规后予以取消。要抓紧建立国家职业资格管理长效机制，向社会公布国家职业资格目录清单。

在 8 月 26 日的常务会上，李克强明确要求有关部门，要严查简政放权改革中"玩花样"等现象，逐项清理收费项目，建立公开透明的"收费清单"，对清单外的事项务必以"法无授权不可为"为准绳，对顶风作案、变相收费的行为一定要严肃查处、绝不姑息。

随着行政审批制度改革不断深入，审批效率显著提高，"瓶颈"也逐渐凸显。江苏省编办主任俞军介绍，"江苏省政府各部门保留行政许可事项 375 项，省里有权取消的基本都取消了。保留的大部分审批事项是由国家法律、行政法规和国务院决定设定，地方政府无权取消和停止适用，需要国家层面统一调整。"这是中央编办在 2014 年年初启动的调研，梳理发现中央设定地方实施的行政许可事项有 780 余项。

对于这 780 余项许可事项，国务院开出"药方"：一是对法律、行政法规和国务院决定设定的地方实施行政许可事项加快论证，成熟一批取消一批；二是对部门规章、红头文件等其他形式指定地方实施的行政审批事项，2015 年年底原则上全部取消，需重新设许可的另走立法程序。

逐渐清理中央设定地方实施的许可事项后，企业办事会更加便捷，首批62项许可有29项与此相关。符合条件的企业能直接享受税收优惠，有助于加快企业资金流动，缩短投资项目建设周期。还有一条专门针对江苏，取消地方税务部门的"企业享受苏州工业园区有限合伙制创业投资企业法人合伙人试点优惠政策核准"。

二、简政放权的内涵

简政放权指精简政府机构，把经营管理权下放给企业。中国在经济体制改革开始阶段，针对高度集中的计划经济体制下政企职责不分、政府直接经营管理企业的状况，为增强企业活力，扩大企业经营自主权而采取的改革措施。

党的十九届三中全会审议通过的《中共中央关于深化党和国家机构改革的决定》指出，要深入推进简政放权，提高资源配置效率和公平性，大幅降低制度性交易成本，营造良好营商环境。这是在新的历史起点上，以习近平同志为核心的党中央对简政放权改革作出的重大部署，为下一步持续转变政府职能、建设人民满意的服务型政府指明了方向、提供了行动指南。

"大道至简，有权不可任性。"这是今年政府工作报告中的原话，什么意思呢？是要加大简政放权的力度。2018年两会上再次强调了简政放权的"三清单"，那就是"权力清单""负面清单"和"责任清单"。

"权力清单""负面清单""责任清单"，这"三张清单"旨在明确政府应该干什么，企业不能做什么，以及政府如何维护公平竞争的市场环境，致力于让政府当好市场秩序的"裁判员"和改革创新的"守护神"。李克强在"把改革开放扎实推向纵深"中表示，制定市场准入负面清单，公布省级政府权力清单、责任清单，切实做到法无授权不可为、法定职责必须为。用政府权力的"减法"，换取市场活力的"乘法"。

第二讲　简政放权的主要任务

一、深入推进行政审批改革

全面清理中央指定地方实施的行政审批事项，公布清单、锁定底数，2015年取消 200 项以上。全面清理和取消国务院部门非行政许可审批事项，不再保留"非行政许可审批"这一审批类别。继续取消和下放国务院部门行政审批事项，进一步提高简政放权的含金量。基本完成省级政府工作部门、依法承担行政职能事业单位权力清单的公布工作。研究建立国务院部门权力清单和责任清单制度，开展编制权力清单和责任清单的试点工作。严格落实规范行政审批行为的有关法规、文件要求，国务院部门所有行政审批事项都要逐项公开审批流程，压缩并明确审批时限，约束自由裁量权，以标准化促进规范化。研究提出指导规范国务院部门证照管理的工作方案，对增加企业负担的证照进行清理规范。清理规范国务院部门行政审批中介服务，公布保留的国务院部门行政审批中介服务事项清单，破除垄断，规范收费，加强监管。对国务院已取消下放的行政审批事项，要严肃纪律、严格执行，彻底放、放到位，及时纠正明放暗留、变相审批、弄虚作假等行为。

二、深入推进投资审批改革

按照《政府核准的投资项目目录（2014 年末）》，进一步取消下放投资审批权限。制定并公开企业投资项目核准及强制性中介服务事项目录清单，简化投资项目报建手续，大幅减少申报材料，压缩前置审批环节并公开审批时限。制定《政府核准和备案投资项目管理条例》。推进落实企业投资项目网上并联核准制度，加快建设信息共享、覆盖全国的投资项目在线审批监管平台。创新投资管理方式，抓紧建立协同监管机制，推动国务院有关部门主动协同放权、落实限时办结制度，督促地方抓紧制定细化、可操作的工作方案和配套措施。打破信息孤岛，加快信息资源开放共享，推动有关部门间横向联通，促进中央与地方纵向贯通，实现"制度＋技术"的有效监管。

三、深入推进职业资格改革

进一步清理和取消职业资格许可认定，年内基本完成减少职业资格许可认定任务。指导督促地方做好取消本地区职业资格许可认定工作。研究建立国家职业资格目录清单管理制度，加强对新设职业资格的管理。研究制定职业资格设置管理和职业技能开发有关规定。加强对职业资格实施的监管，完善职业资格考试和鉴定制度，着力解决"挂证""助考""考培挂钩"等问题。制定行业组织承接水平评价类职业资格具体认定工作管理办法，推进水平评价类职业资格具体认定工作由行业协会等组织承担。加快完成国家职业分类大典修订工作，编制国家职业资格规划，形成与我国经济社会发展和人才队伍建设相适应的职业资格框架体系。

四、深入推进收费清理改革

坚决取缔违规设立的收费基金项目，凡没有法律法规依据、越权设立的，一律取消；凡擅自提高征收标准、扩大征收范围的，一律停止执行。清理规范按规定权限设立的收费基金，取消政府提供普遍公共服务或体现一般性管理职能的行政事业性收费；取消政策效应不明显、不适应市场经济发展需要的政府性基金；对收费超过服务成本，以及有较大收支结余的政府性基金，降低征收标准；整合重复设置的收费基金；依法将具有税收性质的收费基金并入相应的税种。清理规范具有强制垄断性的经营服务性收费，凡没有法定依据的行政审批中介服务项目及收费一律取消；不得将政府职责范围内的事项交由事业单位或中介组织承担并收费。整顿规范行业协会商会收费，坚决制止强制企业入会并收取会费，以及强制企业付费参加各类会议、培训、展览、评比表彰和强制赞助捐赠等行为；严禁行业协会商会依靠代行政府职能擅自设立收费项目。清理规范后保留的行政事业性收费、政府性基金和实行政府定价的经营服务性收费，实行收费目录清单管理，公布全国性、中央部门和单位及省级收费目录清单。开展收费监督检查，查处乱收费行为。

五、深入推进商事制度改革

推进工商营业执照、组织机构代码证、税务登记证、社会保险登记证、统计登记证"五证合一"，出台推进"五证合一"登记制度改革的意见，实现"一照一码"。全面清理涉及注册资本登记制度改革的部门规章和规范性文件。制定落实"先照后证"改革严格执行工商登记前置审批事项的意见。公开决定保留的前置审批事项目录。加快推进与"先照后证"改革相配套的管理规定修订工作。总结自由贸易试验区外商投资企业备案管理工作经验，加快在全国推进外商投资审批体制改革，进一步简化外商投资企业设立程序。建设小微企业名录，建立支持小微企业发展的信息互联互通机制，实现政策集中公示、扶持申请导航、享受扶持信息公示等。推进企业信用信息公示"全国一张网"建设。加快推进"信用中国"网站和统一的信用信息共享交换平台建设。继续创新优化登记方式，研究制定进一步放宽新注册企业场所登记条件限制的指导意见，指导督促地方制定出台、修改完善住所（经营场所）管理规定。组织开展企业名称登记管理改革试点。修订《企业经营范围登记管理规定》，简化和完善注销流程，开展个体工商户、未开业企业、无债权债务企业简易注销登记试点。制定进一步推进电子营业执照试点工作的意见，建设全国统一的电子营业执照系统。研究制定全国企业登记全程电子化实施方案。

六、深入推进教科文卫体领域相关改革

适应互联网、大数据等技术日新月异的趋势，围绕打造大众创业、万众创新和增加公共产品、公共服务"双引擎"，研究推进教科文卫体领域创新管理和服务的意见，尤其是对新技术、新业态、新模式，既解决"门槛过高"问题，又解决"无路可走"问题，主动开拓为企业和群众服务的新形式、新途径，营造良好的创业创新环境。落实好教科文卫体领域取消下放的行政审批事项，逐项检查中途截留、变相审批、随意新设、明减暗增等落实不到位的行为并加以整改。研究加强对教科文卫体领域取消下放行政审批事项的事中事后监管措施，逐项检查事中事后监管措施是否及时跟上、是否有效，是否存在监管漏洞和衔接缝隙，对发现的问题逐项整改。对教科文卫体领域现有行政审批事项进行全面梳理，再取消下放一批行政审批事项，协调研究解决工作中的重点难点问题。

七、深入推进监管方式创新，着力优化政府服务

按照简政放权、依法监管、公正透明、权责一致、社会共治原则，根据各地区各部门探索实践，积极借鉴国外成熟做法，转变监管理念，创新监管方式，提升监管效能，为各类市场主体营造公平竞争发展环境，使市场和社会既充满活力又规范有序。研究制定"先照后证"改革后加强事中事后监管的意见，开展加强对市场主体服务和监管的试点工作。抓紧建立统一的综合监管平台，推进综合执法。推进社会信用体系建设，建立信息披露和诚信档案制度、失信联合惩戒机制和黑名单制度。指导各地实施企业经营异常名录、严重违法企业名单等相关制度，构建跨部门执法联动响应及失信约束机制。积极运用大数据、云计算、物联网等信息化手段，探索实行"互联网＋监管"新模式。推行随机抽查、告知承诺、举报奖励等办法，畅通群众投诉举报渠道，充分调动社会监督力量，落实企业首负责任，形成政府监管、企业自治、行业自律、社会监督的新格局。

以创业创新需求为导向，切实提高公共服务的针对性和实效性，为大众创业、万众创新提供全方位的服务，为人民群众提供公平、可及的服务。搭建为市场主体服务的公共平台，形成集聚效应，实现服务便利化、集约化、高效化。发展知识产

权代理、法律、咨询、培训等服务，构建全链条的知识产权服务体系。提供有效管用的信息和数据，为市场主体创业创新和开拓市场提供信息服务。开展法律咨询服务，积极履行政府法律援助责任。加强就业指导和职业教育，做好大学生创业就业服务。制定完善人才政策，营造引智聚才的良好环境，为市场主体提供人力资源服务。创新公共服务提供方式，引入市场机制，凡是企业和社会组织有积极性、适合承担的，通过委托、承包、采购等方式尽可能发挥社会力量作用；确需政府参与的，也要更多采取政府和社会力量合作方式。政府要履行好保基本的兜底责任，切实保障困难群众的基本生活，消除影响群众干事创业的后顾之忧。

八、进一步强化改革保障机制

地方各级政府要抓紧建立简政放权放管结合职能转变工作推进机制。要按照国务院总体部署和要求，守土有责、守土尽责，强化责任、积极跟进，搞好衔接、上下联动。要树立问题导向，积极探索，主动作为，明确改革重点，推出有力措施，切实解决本地区企业和群众反映强烈的问题，增强改革的针对性和有效性。

国务院推进职能转变协调小组（以下简称"协调小组"）要切实发挥统筹指导和督促落实作用。要加强改革进展、典型做法、意见建议的沟通交流。针对改革中的重点难点问题和前瞻性、长远性问题，进行深入调研，提出对策建议。对出台的重大改革措施，组织开展第三方评估。加大督查力度，对重大改革措施的落实情况进行专项督促检查。抓住典型案例，推动解决社会反映强烈的问题。配合各项改革，做好法律法规起草、修订、审核、清理等工作。对简政放权、放管结合和转变政府职能事项进行专家评估，客观公正地提出意见建议。从建设法治政府、创新政府、廉洁政府和服务型政府的高度，加强理论研究，发挥决策咨询作用。

第三讲 简政放权的意义与价值导向

一、简政放权的意义

有专家指出，简政放权好似一棵参天大树的树苗期，改革红利将随着"树"的成长持续而明显地显现出来。在内外环境不明朗，因素增多的情况下，2015年经济总体稳定，就业创业数据亮眼，在一定程度上就是简政放权的效果释放使然。

随着改革进入深水区和攻坚期，不仅要发挥简政放权的"先手棋"和"当头炮"作用，而且将让简政放权同行政服务制度创新一起成为推动改革的"加速器"和"润滑剂"。

（一）放管结合政府"断腕"

从提出将"简政放权"作为本届政府开门第一件大事至今，一份沉甸甸的数据答卷已经显现，甚至超预期完成。

统计发现，2013 年和 2014 年下放和取消的行政审批事项超过 700 项，已经提前完成本届争取取消下放三分之一行政审批权限的承诺。2015 年，国务院总理李克强又明确提出再取消 200 项以上。近千项的审批权取消和下放几乎重塑了中国政府和市场的职能，许多几十年不变的行业规则发生了巨大的变化，也为新的发展动力提供了更多可能。

值得注意的是，简政放权不仅在数量上"兑现"总理承诺，"打补丁"工作也一直未停止。随着改革的深入，中央政府对放权的质量和方向提出了更高要求。2015 年 5 月，国务院发布《2015 年推进简政放权放管结合转变政府职能工作方案》，提出重点抓好八个方面 65 项任务，从重数量向提高含金量转变，从"给群众端菜"向"让群众点菜"转变。

李克强总理还指出，简政放权是政府的自我革命，削权是要触动利益的，它不是剪指甲，是割腕，忍痛也得下刀。在放管结合的思路下，随着"放"的大规模落实，"管"正在成为简政放权新时期的主抓内容。2015 年，国务院不仅通过强化完善激励问责制度来督促强化简政放权的落实和监管，更在知识产权保护以及企业信用体系建设等方面做了大量工作。

清华大学公共管理学院院长薛澜表示，现在大家对"含金量"有一个误区，认为砍得越多越好，砍去越重要的越好，还是应该一分为二地看。"如果这个事情政府该管，涉及的权力不管是大是小，都要把它管好；如果这个事政府不该管，不管它涉及权力大小，都应该取消和下放。"

放权是机构职能转变的首要任务和突破口。下放和减少投资项目审批、下放和减少生产经营活动审批事项、减少资质资格许可、减少行政事业性收费、减少专项转移支付……向市场放权、向社会放权、向地方放权，打破的是权力意识，也打破了既得利益，这种"壮士断腕"不仅需要勇气，更需要对市场规律的深刻认识和掌控。比如，什么权力该放，如何才能放到位，哪些投资仍然需要政府核准，如何调动中央和地方两方面的积极性，等等，无不需要大智慧。

李克强总理表示，"改革不仅要取消和下放权力，还要创新和改善政府管理，管住管好该管的事。放和管两者齐头并进。"这就是说，政府部门在简政放权的同时，也会创新和改善政府管理工作，会把该管的事情管好。可以说，更好地厘清这背后的界限，有利于社会进行更好的分工。

从这就可以看出，"放权"与"管事"从来都不是敌对的关系，而是相互促进的关系。权力下放了,对于市场主体和社会个体而言,意味着其有更广阔的天地、有更自由的氛围。这些,对于他们决定自身发展的方向、把控自身发展的前途和命运,有着极大的推动力。让市场主体和社会个体拥有更多自己管事的机会与选择,可以让他们接受更多的洗礼,对于他们未来的健康成长而言,也是利大于弊的。

例如,为落实好简政放权,各级政府在人员编制不增的情况下还探索了许多提高职能效率的方法,多个部门和领域已经实现"互联网＋政务服务"。

以往,北京市国税局发票验旧是纳税人最为头疼的涉税业务。一到月末,验票、售票的窗口前纳税人就会排起长龙。自推行"抄报即验旧"新型服务模式,升级发票系统,绝大部分不用到办事厅来验证了。广东省地税局是借"互联网＋"打造市化生物局,广东地税积极打造"指尖上的微服务",开发、推广、运营地税微信公众号。纳税人只需动动手指,即可在手机上查询涉税信息,查阅最新通知公告、税收政策、办事指南、办税服务厅地图和电话、查验发票真伪、办理发票抽奖登记、查询个人所得税完税情况和社保费缴纳情况等。地税微信公众号菜单功能"微服务"中的"城市服务"上线,用户可通过"城市服务"查验发票、个人所得税、社保费缴纳情况。广东省公安厅涉密的15项行政审批事项和21项社会服务事项100%全部实现网上办理,行政审批事项所需材料平均减少了30%,审批时间平均减少3个工作日;审批项目网上办理率达到100%,网上办结率超过97%,并始终保持"零超时、零投诉、零违规"。

该放的就要放到位,该管的更得管好、管住。具体而言,制订发展规划、研判经济发展趋势、加强制度建设、统筹管理全局性事项,对食品、环境、安全生产等领域群众高度关注、反映强烈的问题重拳出击……政府的工作重点就是要"保基本"。这是建设现代政府的内在要求,也是更好地服务人民群众的有效保障。营造公平竞争的市场环境、有效提供基本公共服务、加强对经济运行活动的事中和事后监管、确保经济持续健康发展等,这些无不需要政府部门管理者的大智慧。

"放和管是两个轮子,只有两个轮子都做圆了,车才能跑起来。"转变政府职能,放权和监管需要齐头并进,才不至于陷入"一放就乱、一乱就收、一收就死"的怪圈。

(二)放权引来市场活水

2015年,中国经济经历了新常态下的转型和阵痛,经济增速的下行和传统产能的升级等问题受到国内外关注。在2014年"两会"期间的总理招待会上,李克强曾指出,简政放权有利于厘清政府和市场的关系,激发市场活力,也可以用它去顶住经济下行的压力。李克强还说,"活力来自民间,而简政放权的减法,则让经济放缓有支撑的力量"。

一年来的创业创新发展也验证了总理的研判。与传统经济数据的疲软不同，创业创新在 2015 年的中国经济市场显得异常火热。根据有关部门发布的数据，仅 2015 年上半年，全国新登记注册市场主体就达 685.1 万户，比上年同期增长 15.4%；注册资本（金）12.9 万亿元，同比增长 38.4%。

与此同时，快递、影视娱乐等产业也在政策松绑的背景下获得了高速发展。例如，2017 年中国游戏市场实际销售收入达到 2 036.1 亿元，同比增长 23.0%，中国游戏用户规模达到 5.83 亿人，游戏用户数量已经趋于饱和。有行业研究报告指出，简政放权是促进游戏产业发展的重要因素。比如，2015 年，国家新闻出版广电总局大幅度压缩游戏出版审批时限，实现客户端游戏、网页游戏出版审批平均 1 个月办结，移动游戏等出版审批平均时限则更短。

中南大学副教授孟川瑾表示，对于非基本公共服务领域，需要政府减少审批权限，降低准入门槛。政府只管做好基本公共服务，制定好非基本公共服务领域的规则以及做好相应的监督，让民间资本可以有保障地进入和退出，打通服务市场和资本市场间的渠道。政府职能的转变从根本上来说，也是在为全面深化改革提供助力。这意味着，政府"上管天文地理，下管鸡毛蒜皮"的时代也一去不复返，这会进一步激发市场主体的积极性，社会主义市场经济也必将更有活力。

（三）放权带给百姓实惠

2015 年是中国经济和社会结构的"改变"之年，在这一年，中国老百姓许多日常诉求得到了回应。从整体上看，服务业迅速发展，旅游消费热潮不断，就业扩大、收入增长和环境改善也给群众带来了真正的实惠。

李克强总理曾在多个场合表示，就业才是中国政府最关心的数据。人力资源和社会保障部最新发布的数据显示，"十二五"期间，我国连续 5 年城镇新增就业人数在 1 200 万以上，累计新增就业超过 6 400 万人，圆满完成任务。

此外，北京大学、清华大学近日相继发布的《2015 年毕业生就业质量报告》显示，毕业生灵活就业和创业人数猛增，打破了国企、民企、外企的单一就业结构。

不仅如此，在简政放权的过程中，高层领导人还多次强调要让老百姓有获得感。以前，在面向公民服务方面，困扰基层群众的"办证多、办事难"现象大量存在，"证明我妈是我妈"等各类"奇葩证明""循环证明"屡见不鲜，群众办事"多头跑、重复跑、跨地跑"问题层出不穷，给群众带来诸多不便，近两年来，为简化办事程序，方便群众办事，多个地方和部门设立了行政办事大厅，效果明显。全面梳理证明种类，要让信息多跑路，让群众少跑腿。

二、简政放权的价值导向

党的十八大提出要"深化行政审批制度改革，继续简政放权，推动政府职能向创造良好发展环境、提供优质公共服务、维护社会公平正义转变"。党的十八届三中全会进而提出要"大幅度减少政府对资源的直接配置"。这是深化行政体制改革，建设职能科学、结构优化、廉洁高效、人民满意的服务型政府的重要举措，也是全面深化改革的重要内容。"简政放权"既是目标，又是手段，言简意赅而又蕴含丰富的价值导向，深刻理解其价值含义，对全面深化改革意义重大。

（一）效率价值导向

简政放权的首要含义是效率。因为市场经济也是效率经济。中国特色社会主义市场经济必须使市场在资源配置中发挥决定性作用，使资源得到最佳配置。为此，政府的行政活动就必须遵循经济运行的规则，体现经济规律的要求，从而带来最大经济效益。简政放权就是通过精简政府行政事项权力，把市场能办的多放给市场，把社会可做好的交给社会，政府能不插手的就不插手，管住管好该管的事，构建一个有限的、服务型的、高效率的政府，彰显效率的价值导向。为此，要突出三个方面：首先，各级政府要进一步明确职责、厘清工作规程。只有职责清晰、边界清晰、流程清晰，才能提高政府行政的效率；其次，要理顺政府和市场的关系，管住政府这只"看得见的手"，不要伸得太长；最后，要理顺政府与社会的关系，政府不能对所有社会事务都大包大揽，必须集中精力提高"基本公共服务"的质量和效率，为民众提供更好更优质的公共服务。

（二）公平价值导向

中国现正处在改革的攻坚期、深水区和矛盾的凸显期。改革开放以来，社会主义建设取得了举世瞩目的成就。GDP 跃居全球第二，人均收入不断增长，人民生活达到总体小康，正向全面小康迈进。但是这个发展的黄金期同时也是矛盾的凸显期，近年来各种群体性事件逐渐增多，社会仇富仇官心理日益显现。这说明在社会治理过程中，公平正义没有得到很好的执行和体现。公平正义是中国特色社会主义的内在要求。简政放权实际上是政府的自我革命，是还权于民，用权于民，放权于民，公平地处理社会事务，让公权力真正为老百姓服务，为社会服务，这就是它的公平价值导向。那么，如何在简政放权过程中保障其公平价值？这就需要对简政放权进行顶层整体设计。一方面，简政放权要加快配套改革，加强法制建设，使权利的行使规范化、制度化、法律化；另一方面，简政放权要打破固有的利益格局，将过分集中的权力削减，下放到社会。减少因权力过度集中导致的权力寻租、权力腐败。

（三）民主价值导向

民主价值内在地包含于简政放权当中。政府相关部门对资源特别是某些优质资源的占有权、控制权、审批权、决策权和分配权等交给市场、企业、社会公众等来决定，是还权于市场、企业、社会公众的行为，彰显了其中的民主价值导向，是经济民主、社会民主、人民民主的体现。由集权到分权，由一个公共部门决定到众多社会主体决定，由一时一事的上层决定到随社会变化的自主决定，既能够提高效率，也能体现民主精神，是打破各种行政壁垒，疏通管制障碍，调动各方积极性、主动性、创造性，释放社会活力的重要方式。按照十八届三中全会的要求，从中央到省市县乡的各级政府要在简政放权中充分体现民主的精神，有两点是必须要注意的。一是简什么政、放什么权，精简下放哪些领域、哪些方面、哪些层次的权力，要充分听取民意，吸纳民情；二是简政放权过程要接受社会的监督、舆论的监督和公众的监督，以遏制利用公权力的寻租现象。

（四）创新价值导向

简政放权也内在地体现了创新的价值导向。简政放权是政府行政管理模式和行政管理体制的一次重大变革，是政府公共管理方式的一次重大创新，包含着创新的价值取向。要求政府对必须负责任的事情和必须提供的公共服务一定要管好，管到位，尽到责任。其余的事情，则要尽可能地放给基层，放回市场，政府主要搞好宏观调控和综合协调。从缩小职能范围，到精简科层组织，简化审批程序，这无一不体现政府在管理模式和体制机制上的创新。为创新政府服务社会的模式，在简政放权的过程中要从三个方面着力：一是思想要解放，理念要创新，要充分认识到简政放权和促进经济社会全面发展的一致性，是创新社会治理的有效手段；二是创新行政管理的体制、机制，积极探索特殊行业、特殊的区域如特区、自贸区等特殊的体制机制与政策，并及时总结经验，不断完善并推广；三是创新管理的方式、方法和手段。借助互联网、大数据、云计算等现代科技手段，创新管理的技术含量，从而提高管理的效率，使权力的下放更高效、更有价值。

（五）和谐价值导向

简政放权也彰显着和谐价值导向。社会和谐是中国特色社会主义的本质属性，也是社会主义核心价值观的基本内容之一。在权力高度集中的管理模式和体系下，干群关系的紧张及公众与政府的对立和矛盾很容易出现。管得过宽、过多既延缓了办事效率，又很容易激发干群之间的矛盾，引起社会公众的不满情绪。如果办事程序不公开、不透明、不流程化，甚至可能导致权力寻租，就会提高办事的机会成本、企业的经营成本，社会矛盾因此逐渐积累，最终导致社会冲突与不和谐。简政放权就是为了更好地理顺政府、社会、公众的关系，使各关系主体互相配合、互相支持、互相合作，形成良性的和谐的共生共荣关系。如何在简政放权过程中缔造和谐的社会关系？第一，有关部门要对现有的法律、法规、条例进行梳理和审视，修订其中不合理、不该管的事项，补充应该管而又没管好的事项，并明确管辖范围与方式，不与民争利；第二，借助于监督方式改革，在简政放权过程中维护最广大人民的根本利益，解决社会公众最迫切、最关心、最棘手的一些利益问题，化解当前社会的矛盾和不和谐因素；第三，先行试点，整体推进。通过对当前不和谐程度较重的一些领域和行业如医患关系等的简政放权作为重点和试点，整体推进群众意见最集中、最关注领域和行业的改革，最大限度地实现好、维护好、发展好最广大人民的根本利益。

第四讲　简政放权中存在的一些问题及建议

一、简政放权中存在的一些问题

（一）"放权"却放不下部门利益

由于多种原因，权力的"错放""空放""乱放"现象不同程度地存在，主要表现在三个方面。

一是"放权不匹配"。下放权力与地方经济社会发展不符，放权针对性、有效性不强。西部某市，当地干部反映，上面下放的权力多与地方发展无关痛痒，而县里最需要土地审批权、采矿权、信贷审批权，然而这几项基本不会下放到地方。

二是"放权有水分"。不少地方干部反映，动辄上百项的权限下放中间，存在一定水分。一些下放权力，甚至细到多少投资标准的项目审批权才能下放，有拆分权力"凑下放数量"之嫌。更让基层担心的是，权限下放能否稳定，过去就曾出现过上级部门在权限下放一段时间后，以审核或备案为由，变相收回下放的权限。

三是"放权不完整"。有的地方，上级只下放受理权或初审权，终审权没下放到位；有些把决定权下放了，但留下发证环节，出现一半环节在上级办、一半环节在县里办的现象，群众反而更不方便。还有的部门在下放权力时，只放复杂的、要负重大责任的权限，而把操作简单的、权力含金量高的、体现权力特征明显的、没有特别大责任要负的权力留在手中。

（二）"接权"力量尚显不足

权力下放"接不住、管不好"存在多重原因。事权下放了，人没下来，是基层普遍反映的难点之一。现在大量权力下来了，基层的担子和责任越来越重了，但人员还是最原始的一套机构编制和人马，相应机构设置、资金、硬件设施如果没到位，将造成地方有权用不起来。要应对新增的大量任务实在力不从心。长期的计划经济和审批经济，使得体制内养了很多庸人、闲人、懒人，"不让他们审批，他们干什么去？"权力下放了，这些人却没下沉，而基层一直处于人少事多的缺编状态，这才是导致问题出现的根源。如果说事权取消或下放是简政放权的突破口，那人事制度改革则是简政放权成败的"定音锤"。

基层政府接不了权，折腾的还是企业和群众。贵州省福泉市，由于权力下放的不一致性，曾发生过有商机出现，但在州、省甚至国家层面要求备案，最终错过投资机遇的事情。不少干部与专家认为，许多审批事项关联性强，环节多，权力下放必须注重整体性、系统性。

（三）督权应与放权同步

如果权力下放后，地方没有按章办事怎么办？权力下放需要配套的法制环境，建议国家制定行政授权法等相关法律，将下放权限依法授权给承接的下级部门实施，其法律后果由下级部门承受，实现目前对下级行政赋权向法律赋权转变，以维护权责一致的严肃性。放权的同时要注重分权，中央、省、市和县四级权属划分要清晰，许多市场主体不知道各级政府权限，往往跑上跑下多次才弄明白。我国政府上下间、部门审批权限间缝隙很大，权力如果没有很好地分配，容易造成行政资源与行政效率无谓地流失。权力下放后，为防止有受权部门或人员借机设租、寻租，需要实现权力评价与权力监督机制的完善。

（四）放权存在"截留"现象

中央改革决心大、动作大，但一些地方对改革的担心多、动作小，跟进不力。国务院部门下放的一些权力，被地方政府截留，出现了"肠梗阻"现象。当前，政府部门在取消和下放行政审批权中，存在放小不放大、放虚不放实、放责不放权、明放暗不放等现象。一些地方和部门把含金量低的事项取消和下放，对含金量高的抱着不放，有的是"卸包袱"，只把管理难度和责任大的事项下放。

目前中央做出一系列部署加速政府向市场放权，但是这些部署能不能落到实处，遏制部门利益是解题关键。权力部门化、部门利益化、个人利益被法定化，这些都是现在的普遍现象，如果政府的部门利益不能得到有效遏制，简政放权自然会出现避重就轻现象。

当前部分下放事项转移承接的难度较大,有的事项从改革要求看,应该尽快移交或下放,但由于相关承接单位在人员编制、承接力量等方面存在不足,短时间内难以承接。例如,把规划职能从市下放到区,但是区一级没有规划专业人才,没有能力做好规划。

(五)存在"放管脱节"现象

一些地方和部门对加强市场监管研究不够,办法不多。很多部门和人员长期习惯通过审批和处罚实施管理,现在审批事项减少了,行政处罚规范了,就不知如何管理,也不愿管理。有些领域的监管力量不足,有些领域的监管体制不顺。

(六)重复监管和监管漏洞并存

在市场监管方面,我国现有500多部涉及市场监管的法律法规,这些法律法规政出多门,彼此不协调,造成重复监管和监管漏洞并存。

对于未来的改革方向,还存在改革的空间。我们国家正处在经济社会快速发展和转型的阶段,新事物不断出现,会产生很多新情况、新问题,我们需要研究,哪些问题政府需要加以监管,哪些问题确需采取审批的方式,哪些问题可以通过制定法律法规加以规范,如果对行政审批的创设不加以严格管理,无疑会大大抵消改革的实际效果,也会影响政府职能转变的成效。

二、处理好简政放权中的各种复杂关系

当前积极推进简政放权,一是要把本属于市场、社会和地方基层政府的权力交给市场、社会、地方和基层政府,充分发挥它们的积极性和创造性,最大限度发挥各类主体的效率,减轻中央或上游政府的负担和突破它们的决策瓶颈。二是市场、社会、地方和基层政府要有能力把政府(包括上游政府)转移过来的权力接过来,使用好,激发市场活力,激发社会活力,调动地方基层政府的积极性。三是中央和上游政府的监管要跟上,要能够对放出去的权力的绩效准确评价,对出现的问题及时反馈,使市场、社会、地方和基层政府能够在秩序与活力的框架内积极改革、加快发展和扩大开放。这三点也说明,简政放权是一个非常复杂的过程,需要精心思考、全面设计、细心实施。

这个问题上,我们不妨以出租汽车行业管理为例。简政放权必须兼顾改革创新,在改革中实现创新和在创新中推动改革。要考虑互联网"专车"出现带来的新问题。眼下,在政府管制之外,出现了互联网"专车",并成为人们日常出行的便利工具之

一，满足了社会的多元化需求，得到社会各界的普遍欢迎。这种新事物是市场开放条件下出现的创新，目前在特大城市和大城市已经成为人们生活的重要组成部分。如果仅仅从居民需求出发认识"专车"，它确实提供了便利，改善了人们的出行，提高了居民生活质量。仔细分析，互联网"专车"的出现需要几个条件：互联网发展、移动终端普及、私家车广泛使用、居民需求多元化。在这样的背景下出现的互联网"专车"一下子就冲击了传统的出租汽车行业，以致在一些地区，出租汽车驾驶员和出租汽车公司怨声载道，以互联网"专车"没有客运许可和交通事故保险等理由要求政府依法取缔。互联网"专车"是典型的"法无禁止则可为"的创新现象，但也确实给政府的治理带来一系列的问题，诸如私家车加入运营的门槛问题；国际上的一些软件平台，像 Uber 进入中国，通过价格战引发的群体事件等社会治理问题。

从出租汽车和互联网"专车"在当前的境遇分析，简政放权至少需要考虑做好以下几项具体工作：

第一，简政放权要考虑把决策和决策咨询交给公众和社会去讨论。例如，涉及出租车的利益主体很多，诸如司机、出租汽车公司、中央政府、地方政府、客户、媒体、公众、专家，乃至一些跨国网络平台等。要创造条件使多元的利益主体形成一个公共政策平台，共同讨论，全面反映各方的需要和看法，一起找到解决问题的办法。这个讨论可以通过媒体展开，这样就可以把政府的政策意图通过舆论平台让公众了解，避免更多的问题和争议，也避免政策出台后的群体事件，更有利于公共政策的后续执行。

第二，政府当前转变职能的重要内容是与市场和社会一道工作，把各类公共服务的性质进行准确分类、定性，确定它们的基本运作模式，做好深入细致的基础性工作。例如，出租车到底如何定性？需要中央政府拿出一个基本的意见，不是简单地看中国香港和新加坡的做法，两地都是 100% 的城市，没有农业劳动力，不存在农业劳动力的竞争问题——没有中国大陆意义上的出租车司机劳动力市场问题。出租汽车事件的发生既有历史的原因，也有现实的原因。历史的原因是，各类经营制度存在，政府定位不清。当前的情况是，旧的矛盾没有解决——经营权问题、经营期限问题、经营模式问题，等等；新的矛盾就出现了——"专车"。历史上遗留下来的经营权问题还没有解决好，又出现了新技术带来的创新。这些都挑战着政府的治理能力和治理体系。解决好当前的出租汽车问题，要提升到全面深化改革，完善中国特色社会主义制度，推进国家治理体系和治理能力现代化的高度来认识，来解决。要使认识到位，要使手段有效。2015年各地出现的出租汽车闹事都与新技术的发展有关，如互联网"专车""滴滴打车"软件的广泛使用。尤其是互联网"专车"冲击了出租汽车市场，影响了出租汽车司机的收入，在南京，出租汽车因此罢运，进而引发乘客打砸出租汽车事件，这些现象值得注意。

第三，在实施简政放权过程中，要澄清一个基本观念：自由不受干预的市场是有效的这一判断并不完全准确。人们通常认为，如果市场犯了错误，它自身可能会迅速纠正，事实上市场也可能纠正不了自己所犯的错误。政府的作用不是越小越好，管制会阻碍创新，没有管制也会出现问题。事实上，市场经济是存在许多问题的，而且面临许多严重的问题。"近距离观察美国经济，你会发现一些更深层次的问题：在这个社会里，十年来就连中产阶级也面临收入增长的停滞不前；社会不平衡日益加剧；尽管也有例外，但穷人靠自己的力量爬到社会上层的比率比'老欧洲'还要低。"其实，在这之前许多美国学者已经看到了这一点，提出了许多新的理论，诸如资本主义3.0等。斯蒂格利茨还说道，"事实恰恰相反，我们在另一路上走得太远了——创造一个物质高于道德的社会；在这个社会中，我们获得的经济快速增长是以环境和社会问题为代价的，是不可持续的；在这个社会中，我们没有团结起来解决大家的共同需求，一定程度上是因为极端个人主义和市场机要主义令集体感荡然无存，导致一部分人疯狂剥削不受保护、容易上当的弱势群体，令社会鸿沟加剧"。在简政放权过程中，如何适度把握市场与政府、市场与社会以及中央和地方政府的关系，就需要智慧。

第四，政府加强监管需要人力资源配置，使放出去的权力切实得到监督和管理。在简政放权中，人们议论最多的问题之一是放下来的权力怎么接，这实际上道出了市场、社会和地方基层政府的承接能力问题。这里只分析地方基层政府的承接能力。中国台湾学者李衍儒认为，"政府乃是一个劳力密集型的产业，行政机关所有活动皆赖公务人员推展，故公务人力资源如能有效管理，则政府各项使命可顺利达成"。据此可以进一步分析，在承接各类下放的权力过程中，公务员非常重要，所有的政策措施依赖于公务员，公务员素质和执行力是第一位的。由此说来，不能不深入思考公务员队伍建设问题。问题是一样的，当政府把权力下放给企业，具有现代精神的企业家就不可或缺。没有企业家的探险精神和积极努力，就不会有创新，没有企业的法治精神，市场就不会规范。再就是回到社会组织，如何让这些社会组织承担起公共服务的责任，社会企业家不可缺少，完善相关的法律法规也势在必行。

第五，避免"中梗阻"就要发挥地方政府的公务员作用，重视政府人力资源配置和建设，积极推进基层人事制度改革。先看看国外的涉及公共部门的人事制度。通常，国际上把创造地方政府的就业环境放在一个非常突出的位置。根据《世界地方政府自治宣言》第五条，"地方政府雇员的雇佣和培训机会，应当确保地方政府的职位是具有吸引力前景的职业。中央政府和／或上级政府应鼓励和促进地方政府实行功绩制。"《欧洲地方自治宪章》第六条要求，"地方政府雇员的任职资格条件，应确保根据品行和能力录用到高素质的人员；为实现这一目的，应提供充分的培训机会、报酬和职业前景"。这就是说，要把地方公务人员的高素质放在首位，为此要充分考虑他们的培训、报酬和职业前景，使他们有信心来从事这项工作。

权力下放后的监管需要一支强有力的公务员队伍。按照国际经验，我国的中央和地方政府人员都不足，正如财政部长楼继伟说的，"全国公务员中，只有不到6%是中央公务员，而一般国家中，这个比例是30%甚至更多。这个比例说明，大量的事务比如全国性的司法公正、资源的交换，还有环境的保护，本来应该由中央政府来负责，但目前我们还是让地方政府来做的。我不相信中国在地方和中央的关系上能够例外"。与发达国家不一样，中国的地方政府承担了过多的职能，但财力一直不足，尤其是压缩了人头费用，造成地方就业不足。从事服务业的就业人员在城镇就业人口中占比不足1%。我国城镇单位就业结构中，主体是生产性的部门。在实际意义上，基层社会生活、社会体制、社会治理、公共服务、行政体制、人事体制、就业与公共消费是紧密联系在一起的，不可分割。必须把简政放权与政府人事制度改革有机结合起来。

在中国这样一个地域辽阔、人口众多、地区和城乡差别都非常大的国家，简政放权要考虑各地的不同特点，还要考虑基层公共服务的人力资源配置问题。因为，"公共服务的生产规模并不是由生产输出单位的数量来衡量的，它通常由生产所服务的人口规模来测定"。与世界大部分国家相比，中国大部分地区的人口密度是非常高的，这是中国的国情。西部地区，尤其是四川的藏区，则人口稀少。在中国制定基本公共服务的标准就不能"一刀切"，一定要考虑各地的差异，在这方面加强中央政府的调节能力。这是我们在新的历史时期，考虑基本公共服务体系尤其要考虑的问题之一。我国政府人员不足不是中央或地方的问题，而是中央和地方都存在人员不足问题。就目前的情况看，政府职能，尤其是政府的公共服务职能要进一步加强，尤其是涉及政府的公共服务职能必须加强，不是根据理念，而是根据需求。同样，也不是根据理念设计社会的规模，是根据需要，而评价的标准是绩效，绩效是评判简政放权实效的核心标准，也是政府监管的重要手段。

三、对简政放权承接问题的建议

（一）由政府做好承接平台

在放权、分权之后的权责和谁来监管必须明确。简政不等于减少服务，放权不等于放弃责任。不是一放了之，而是放活、放好、放到位；"管"不是无所不包，而是管权、管责、管制度。"放"和"管"就像两个轮子，只有两个轮子都做圆了，车才能跑起来。在大量减少审批后，政府要更多转为事中事后监管，切实把市场管住、管好。这是政府管理方式的重大转变，难度更大、要求更高。各级政府及其工作人员要积极适应这一转变，切实履行好管理职责，要明确"放"与"管"的边界，创新加强事中事后监管，实现责任和权力同步下放、放活和监管同步到位。要转变监管理念，强化法治、公平、责任意识，坚持依法监管。监管要与社会信用体系相衔接，建立健全诚信档案、失信联合惩戒和黑名单制度，促使市场主体自觉守法，营造公平经营环境。

（二）审批权限的下放要与财权、人权同步推进

浙江省公共政策研究院院长姚先国等专家建议，审批权限下放必须与地方审批能力建设相匹配，事权下放应与财权、要素配置权同步配套，应该帮助地方在制度建设、人员培训、检验检测设备配套和软硬件建设方面跟进，否则不能真正提高审批效率。有的干部建议开放各部门数据库、专家库，可以实现上级与下级网上共享，企业与群众也减少不必要的重复提供资料环节。

（三）为百姓提供一站式服务

改革保留后的行政审批事项，包括行政许可、非行政许可审批和相关行政事业性收费事项原则上均应纳入行政服务中心办理，力求所有审批进中心、中心之外无审批，为企业和百姓提供便捷高效"一站式"服务。所有行政审批事项必须公开审批机关、审批内容、审批依据、审批条件、申报材料、审批流程、审批时限、收费标准，并公开审批责任人和投诉监督电话。各县区、开发区（新区）行政服务中心要充分做好下放审批事项集中进驻准备工作，加快大厅升级改造，完善基础设施。同时进一步健全市、县、乡、村四级行政服务体系，落实机构编制，完善服务功能，将便民的触角延伸到最基层的农村和社区。

（四）健全市、县区、开发区（新区）一体化运行的行政审批网上操作平台

推进所有行政审批事项依托网络平台运行，实行网上办理、网上公开，做到流程固化、责任到人、明确时限、全程留痕，实现全市行政审批资源共享，全程网上运行，提高审批服务透明度和满意度。

（五）加强放权过程中的监督监管

事中事后的监管要及时跟上。从一些地方来看，当审批权下放到基层和社会组织后，由于缺乏有效监管，反倒使其变成了狐假虎威的"二政府"。更有部分接棒者，使简政放权成为部分人"重收费，轻服务"的借口，事项没做好反而成为新的问题。要正确处理简政放权与加强监管之间的关系，积极探索从规范主体活动资格为主向规范主体活动和评估活动结果为主的转变，变重审批轻监管为宽准入严监管。如发现对明放暗不放、虚放实不放、甚至变相回收的市直部门，对应接而不接、承接不彻底造成审批断档、审批脱节的县区、开发区（新区），要通过约谈、通报批评等形式及时纠正，情节严重的要从严查处，严肃问责，确保简政放权一步到位，规范运行，取得实效。可将放权工作纳入政府绩效考核内容。

（六）引入社会和群众的监督

所有行政审批事项和下放权限必须通过各类媒体公开公示，设立举报电话，开展专项检查，全面接受社会监督。

简政放权，得到了各级政府和社会的普遍关注。行政审批权力下放是个"系统工程"，需要统筹协调，在实践过程中逐步完善，稳步推进，需要在这个过程中积极开拓创新，创造出一个符合盘锦市情的创新模式。我们也将继续关注盘锦市的有益探索，同时也为省内其他地区提供有益的借鉴。

第五讲　总理谈简政放权

一、不合理文件要坚决清理

人民日报记者：简政放权的改革已经进行了几年，但也有一些企业和群众反映，现在很多事办起来还很难，特别是一些事情在办理的过程当中有找不到门的感觉。针对这种现象和问题，您下一步准备怎么办？

李克强：简政放权可以说是转变政府职能的关键，三年前就在这里，我曾经明确表示过，本届政府减少审批事项要达到1/3，现在这个目标已经提前实现了。但与此同时，确实还存在许多问题，有更高的期待。

现在审批事项还是比较多，而且保留的事项当中有很多标准不统一。简政放权必须一以贯之，哪里遇到问题、碰到阻力就要设法去解决，这是削减部门利益的事情。我们就是要用减政府权力的"痛"来换得企业、群众办事的"爽"。

对那些于法无据影响群众的创业热情，甚至损害群众利益的不合理文件要坚决进行清理，该废除的废除。当然，我们说放权并不是说放任。营造公平竞争环境的监管措施必须到位，还要防止任性、任意地检查，这样简政放权才能更有效，才能让生产力发展起来、群众得到好处。

二、政务公开像扫二维码一样清清楚楚

中央人民广播电台记者：大家对政务公开有越来越高的期待，每年依法申请公开信息的数量也在逐渐增多。但是一些地方和部门不够"给力"，发布消息相对滞后，大家心里有些着急，有些意见。请问总理您怎么看？

李克强：政务公开和简政放权可以说都是推进政府职能转变的关键，中央也明确要求，要推进政务公开，我们还要在若干方面进行努力。

第一，该公开的应该全部公开。公开是惯例，不公开是例外。尤其是涉及公众利益的措施，财政预算收支情况等，都应该加大公开的力度，让群众像扫二维码一样清清楚楚、一览无余。

第二，能上网的要尽可能上网。政府的权力清单要上网，权力的运行也要上网，要留下痕迹，这样可以减少自由裁量的空间。人们不是常说"人在做、天在看"吗？现在是云计算的时代，我们要让"权在用、云在看"。行使权力不能打小算盘。

第三，要及时回应社会的关切。我们出台一些政策，本来是为了利民、惠民，群众看不懂、有疑问，那就要解释。一些合理的建议，该修改的就要修改。今年两会前，我就要求国务院的部长们要主动发声，回答记者的提问。不是有一个"部长通道"吗？我跟他们说：你们可不能记者一发问你就拱拱手一走了之，要把嘴巴张开，直截了当地回答问题。

思考题

1.材料：当今，我国政府对市场的管理比较混乱，经常会出现多头管理"九龙治水"的情况。这不仅会对市场造成混乱，同时也给了权力寻租的空间。所以政府只有采取系列创新性政策措施，统筹稳增长、调结构、促改革，以更大决心和勇气转变政府职能，大力推进行

政管理体制改革，才能不断激发市场活力，增强经济发展内生动力，释放出巨大的改革红利，最终推动中国经济这艘巨轮更加稳健破浪前行。

问题： 为响应中央简政放权的政策，多地政府纷纷出台了权力清单制度，你怎么看？同时针对简政放权说出自己的看法和观点。

2. 李克强总理在天津滨海新区行政审批局，见证了该局把 18 个不同单位的 216 项审批职责，打包归为"一局一章"，并封存 109 枚废弃公章的一幕，他感慨道："为了盖这些章，老百姓不知要跑多少腿。"对于"公章瘦身"，你怎么看？

3. 新一届中央领导集体高度重视简政放权、转变政府职能工作，并将其作为打开工作局面的一招"撒手锏"。对此，你怎么看？

专题八 坚持绿色发展，着力改善生态环境

引言：

2013 年以来，我国中东部地区多次出现大范围雾霾天气，持续时间之长，影响范围之广，前所未有。许多地区都发布了雾霾橙色预警。部分城市细颗粒物即 PM2.5 浓度，一度接近 1 000 微克／立方米，空气处于极度污染中，引起人们的普遍关注和强烈担忧。

1. PM2.5 是什么？

如果是初次接触，"PM2.5" 这一串字符也许会让你看得云里雾里，不知所云。其实它有一个容易理解的中文名——细颗粒物 [PM 是英文 particulate matter（颗粒物）的首字母缩写]，是对空气中直径小于或等于 2.5 微米的固体颗粒或液滴的总称。这些颗粒如此细小，肉眼是看不到的，它们可以在空气中飘浮数天。人类纤细的头发直径大约是 70 微米，这就比最大的 PM2.5 还大了近三十倍。

2. PM2.5 来自哪里，都有些什么成分？

虽然自然过程也会产生 PM2.5，但其主要来源还是人为排放。人类既直接排放 PM2.5，也排放某些气体污染物，在空气中转变成 PM2.5。直接排放主要来自燃烧过程，比如化石燃料（煤、汽油、柴油）的燃烧、生物质（秸秆、木柴）的燃烧、垃圾焚烧。在空气中转化成 PM2.5 的气体污染物主要有二氧化硫、氮氧化物、氨气、挥发性有机物。其他的人为来源包括：道路扬尘、建筑施工扬尘、工业粉尘、厨房烟气。自然来源则包括：风扬尘土、火山灰、森林火灾、漂浮的海盐、花粉、真菌孢子、细菌。

环境恶化的严峻现实，社会公众的焦虑和期盼，深深牵动着党和政府的心。党的十八大作出建设生态文明的战略部署，提出建设"美丽中国"的目标，凸显出中央对环境治理的坚定意志和决心。建设天蓝、地绿、水净的美好家园，既是党和政府的紧迫任务，也是全体社会成员的共同责任。

第一讲　生态文明提出的背景

世界上最早用生态史观研究人类文明史的是日本民族学和文化人类学学者梅棹忠夫。1944 年以来，他多次在亚洲、非洲、欧洲各地从事民族学考察。1957 年，他利用考察获得的资料，以生态学方法探讨世界文明史的规律，发表了《文明的生态史观序说》一文。1967 年，《文明的生态史观：梅棹忠夫文集》出版，他提出的生态史观，重视自然环境、生态条件对文明史进程的重要作用。1988 年 3 月三联书店上海分店出版了王子今译的《文明的生态史观》中译本。

苏联环境学家首先提出了"生态文明"概念（《莫斯科大学学报·科学共产主义》1984 年第 2 期《在成熟社会主义条件下培养个人生态文明的途径》一文），但他们对"生态文明"的理解仅仅是人类进一步发展到重视我们生存的生态状况。

1987 年，叶谦吉首次明确"生态文明"的概念，认为生态文明是"人类既获利于自然，又还利于自然，在改造自然的同时又保护自然，人与自然之间保持和谐统一的关系"；刘思华提出"现代文明"是"物质文明、精神文明、生态文明的内在统一"的观点。

1988 年，刘宗超、刘粤生在《地球表层系统的信息增值》一文中首次从天文地质对地球表层影响的角度提出要确立"全球生态意识和全球生态文明观"，此文发表在《自然杂志》1991 年第 6 期；1989 年刘宗超、刘粤生撰写的《地球表层的信息增值范型——全球生态文明观》一文在《自然杂志》1993 年第 11 ～ 12 期合刊上发表；申曙光在北京大学学报（哲学社会科学版）1994 年第 3 期发表了《生态文明及其理论与现实基础》一文；黄顺基、刘宗超 1994 年在《中外科技政策与管理》第 9 期上发表《生态文明观与中国的可持续发展》一文；1994 年，刘宗超在中国人民大学出版社 1995 年出版的《现代科学技术导论》一书中撰写了"科技进步与生态文明观"一章；刘宗超、刘粤生撰写的《地球表层系统研究的新视角——从物理观到生态文明观》一文在《大自然探索》1995 年第 3 期上发表；1995 年 6 月刘宗超在其博士论文《生态文明观与中国的可持续发展》一文中对生态文明观的理论框架和实践模式进行了全面的论述；1996 年全国哲学社会科学规划办公室将"生态文明与生态伦理的信息增值基础"正式列为国家哲学社会科学"九五"规划重点项目（项目编号为96AZX022，课题组组长为刘宗超，核心成员为刘粤生、张天平、张孝德、贾卫列），首开世界系统研究生态文明理论的先河，1997 年 5 月中国科学技术出版社出版了刘宗超主持的课题组的研究成果：《生态文明丛书》第一册《生态文明观与中国可持续发展走向》一书，首次提出"21 世纪是生态文明时代，生态文明是继农业文明、工业文明之后的一种先进的社会文明形态"。至此，中国学者基本完成了生态文明观作为哲学、世界观、方法论的建构，这也标志着中国生态文明学派——生态文明北京俱乐部的诞生。

1999 年湖南教育出版社出版了刘湘溶的《生态文明论》、广东高等教育出版社出版了蓝红主编的《生态文明论》，《当代生态农业》2000 年第 1 期发表王如松的《论生态革命走向生态文明》，2000 年经济科学出版社出版了刘宗超等人的《生态文明观与全球资源共享》……这些均对生态文明理论的不断完善起到了促进作用。

刘宗超在 2002 年 8 月 10 日出版的《中国财经报》发表了《生态文明——21 世纪人类的选择》的宣言论文。在生态文明北京俱乐部的基础上，于 2002 年发起筹办、2003 年经国家批准正式成立了全球首家生态文明专门研究机构——北京生态文明工程研究院。

生态文明北京俱乐部是继罗马俱乐部、布达佩斯俱乐部后第三个真正意义上从人类发展的战略高度思考全人类未来发展模式的学术团体，它的成立从机构建制、专家队伍、理论研究、政策研究、上书建言、国内外宣传等方面有效地促进了生态文明观的形成与发展，多年来在一系列实践模式上为生态文明建设和生态产业的发展切实发挥出了引领和示范作用。罗马俱乐部、布达佩斯俱乐部的主要成员闵家胤教授认为："站在第三个 1 000 年和 21 世纪的门槛上，我相信人类社会将继续进化。在经历工业社会（信息社会）之后，会从工业文明进化到生态文明，成为可持续进化的、并享有光明的未来。"

2003 年 6 月 25 日发表的《中共中央国务院关于加快林业发展的决定》提出了"建设山川秀美的生态文明社会"，全国生态文明的研究进入了一个新的阶段。

党的十七大报告指出："建设生态文明，基本形成节约能源资源和保护生态环境的产业结构、增长方式、消费模式。循环经济形成较大规模，可再生能源比重显著上升。主要污染物排放得到有效控制，生态环境质量明显改善。生态文明观念在全社会牢固树立。"

从党的十二大到十五大，中国共产党一直强调建设社会主义物质文明和精神文明。党的十六大在此基础上提出了社会主义政治文明，党的十七大报告首次提出生态文明，这是中国共产党科学发展、和谐发展理念的一次升华，充分体现了生态文明对中华民族生存发展的重要意义。同时，这也是中国环保战略的历史性转变，宣示了国家对于环境保护的强烈政治意志。2010 年 9 月，厦门大学出版社出版了生态文明北京俱乐部核心成员贾卫列、刘宗超的《生态文明观：理念与转折》一书，此书总结了生态文明北京俱乐部在生态文明理论研究方面的成果，初步构建了生态文明理论体系的框架。当代科技哲学大师黄顺基教授评价说：本书的出版使当今兴起的生态文明研究达到了一个新的高度。

随着十二届全国人大一次会议、全国政协十二届一次会议的召开，生态文明建设又一次成为全社会关注的议题。党的十八大把生态文明建设提升到"五位一体"总体布局的战略高度，提出大力推进生态文明建设，建设"美丽中国"，实现中华民族永续发展。这关系着全国人民的福祉，关乎中华民族未来的长远大计，也标志着中国共产党对中国特色社会主义有了更加系统、更加成熟、更加深刻的认识。

第二讲　我国生态文明建设面临的问题

生态文明的提出，实际上是人们对可持续发展问题认识深化的必然结果。严酷的现实告诉我们，人与自然都是生态系统中不可或缺的重要组成部分。过去很长的一段时间，环境保护的问题在中国始终没有得到应有的重视。我们曾经高喊着"人定胜天"的口号，毁林垦荒、围湖造田。改革开放初始，就有专家学者大声疾呼——中国不能走西方国家先污染后治理的老路。但那些为官一任的急功近利者根本听不进逆耳的忠言。改革开放以来，我国经济的高速发展几乎都是以环境污染加剧和资源能源的大量消耗以及生态破坏为代价的。据有关资料统计，我国创造 1 万美元价值所消耗的原料，是日本的 7 倍、美国的近 6 倍、印度的 3 倍。目前我国仍有 61% 的城市没有污水处理厂，不足 20% 的城市生活生产垃圾能够按环保的方式处理，三分之一的土地遭遇过酸雨的袭击，七大河流中一半以上的水资源完全不可用，四分之一的中国人没有纯净的饮用水，三分之一的城市人口不得不呼吸被污染的空气。据中科院测算，目前由环境污染和生态破坏造成的损失已占 GDP 总值的 15%，超过了 9% 的经济增长。我们面临着残酷的社会现实。人口包袱沉重、自然资源不足、生态系统破坏、环境质量下降宣告着环境危机正在越来越严重地制约经济发展，成为吞噬经济成果的恶魔。

可怕的数字告诉我们，物质财富的增长不能与环境污染同步增长，更不应在能源使用上竭泽而渔，消费模式的改变也不应以破坏生态文明为结果。近年来的自然灾害频繁发生，大自然母亲正在以她特有的方式告诉她的儿女要与自然和谐相处，如果贪婪索取和肆意破坏，她就会惩罚我们这些不听话的孩子。从高能耗、低产出、污染严重的工业文明，走向高效率、高科技、低消耗、低污染、整体协调、循环再生、健康持续的生态文明，推动整个社会走上生产发展、生活富裕、生态良好的文明发展道路是我们唯一的出路。事实已经证明，人类的发展应该是人与社会、人与环境、当代人与后代人的协调发展。在这个过程中，不仅要讲究代内公平，而且要讲究代与代之间的公平，亦即不能以当代人的利益为中心，为了当代人的利益而不惜牺牲后代人的利益，而必须讲究生态文明，牢固树立起可持续发展的生态文明观。

一、环境污染严重

（一）水污染情况

当前我国水污染形势依然相当严峻，根据近几年《中国环境状况公报》公布的数据显示，我国大部分水资源受到不同程度的污染，水资源质量存在不同程度的下降。

1. 地下水环境质量

依据《地下水质量标准》（GB/T 14848—2017），我国地下水质主要超标指标为铁、锰、氟化物、"三氮"（亚硝酸盐氮、硝酸盐氮和氨氮）、总硬度、溶解性总固体、硫酸盐、氯化物等，个别监测点存在重金属超标现象。

2. 海水污染情况

近几年，我国近海海域的污染状况呈现恶化的趋势，区域性灾害频繁发生。四大海区中，黄海和南海近岸海域水质良好，渤海近岸海域水质一般，东海近岸海域水质极差。9个重要海湾中，黄河口水质优，北部湾水质良好，胶州湾、辽东湾和闽江口水质差，渤海湾、长江口、杭州湾和珠江口水质极差。

（二）大气污染情况

我国大气污染的状况不容乐观，尤其是城市的大气污染状况更是相当严重。严重的大气污染会改变地球的气候，造成温室效应、臭氧层破坏、酸雨等全球性生态环境问题。

（三）固体废物污染情况

改革开放以来，我国工业化和城市化进程不断加快，我国绝大多数城市尤其是大城市都面临来自固体废物污染的严峻挑战。这些固体废物主要有：工业固体废物、生活垃圾和危险废物等。全国年产垃圾以每年8%～10%的速度递增，200多个城市出现垃圾围城的局面。固体废物产生的环境问题：一是对大气环境的影响。造成细微颗粒增加，释放毒气、沼气，造成大气的二次污染；二是对水环境的影响。渗滤液污染地表水和地下水，危害水生生物，使河流湖泊面积减少，排灌能力降低；三是对土壤环境的影响。有毒液体杀害土壤的微生物，破坏土壤的腐解能力，减少耕地面积。

二、生态恶化

（一）生物多样性受威胁

"生物多样性"是生物（动物、植物、微生物）与环境形成的生态复合体以及与此相关的各种生态过程的总和，包括生态系统、物种和基因三个层次。

生物多样性是人类赖以生存的条件，是经济社会可持续发展的基础，是生态安全和粮食安全的保障。我国是世界上生物多样性最为丰富的国家之一，然而，目前我国生物多样性下降的总体趋势尚未得到有效遏制，生物资源过度利用和无序开发、工程建设以及气候变化严重影响着物种生存和生物资源的可持续利用。我国的生物多样性保护面临着前所未有的压力与挑战：①部分生态系统功能不断退化。我国人工林树种单一，抗病虫害能力差。90%的草原不同程度退化。内陆淡水生态系统受到威胁，部分重要湿地退化。海洋及海岸带物种及其栖息地不断丧失，海洋渔业资源减少。②物种濒危程度加剧。据估计，我国野生高等植物濒危比例达15%～20%。野生动物濒危程度不断加剧，有233种脊椎动物面临灭绝，约44%的野生动物呈数量下降趋势。③遗传资源不断丧失和流失。

（二）水土流失严重

众所周知，我国"人多地少"，人均土地面积仅相当于世界人均土地的1/3；人均耕地面积不足世界人均水平的1/2。我国的水土流失严重，根据《2017中国生态环境状况公报》显示，根据第一次全国水利普查成果，中国现有土壤侵蚀总面积294.9万平方千米，占普查范围总面积的31.1%。其中，水力侵蚀129.3万平方千米，风力侵蚀面积165.6万平方千米。2017年，全国新增水土流失综合治理面积5.9万平方千米。目前，全国耕地平均质量等级为5.09等。其中，评价为一至三等的耕地面积为5.55亿亩，占耕地总面积的27.4%；评价为四至六等的耕地面积为9.12亿亩，占耕地总面积的45.0%；评价为七至十等的耕地面积为5.59亿亩，占耕地总面积的27.6%。

三、资源短缺

（一）水资源短缺

水资源是人类赖以生存和发展不可或缺的自然资源。我国人均淡水资源占有量约2 100立方米，仅为世界平均水平的28%，目前全国城市中有约2/3缺水，约1/4严重缺水，水资源短缺已成为制约经济社会持续发展的重要因素之一。我国水资源的分布极不均衡，根据环保部门对中国内地640个城市的淡水资源调查数据显示，有 400 个城市供水不足，300 个城市缺水，110 个城市严重缺水，总计 2.32 亿人年均用水量不足。如前文所述，我国水资源的污染状况比较严峻，这也是造成水资源短缺一个重要原因。此外，水资源的重复利用率和有效利用率低，未来我国水资源短缺形势将更加严峻。

（二）能源短缺

能源是一个国家国民经济发展的基本支撑，从总体来说，我国能源资源总量比较丰富，但是随着经济社会的快速发展，对能源的需求不断加大，能源消耗与日俱增。再者，我国的能源消费结构依然比较单一，过分依赖煤炭等矿产资源。

四、原因分析

众所周知，生态环境问题是一个多层面、多因素综合作用的复杂系统问题，我国生态文明建设面临以上诸多问题，究其原因也是多方面的。

（一）人们的生态意识淡薄

"美丽中国"是中国共产党第十八次全国代表大会提出的概念，强调把生态文明建设放在突出地位，融入经济建设、政治建设、文化建设、社会建设各方面和全过程。2017 年 10 月 18 日，习近平同志在十九大报告中指出，加快生态文明体制改革，建设美丽中国。2018 年 5 月 18—19 日召开的全国生态环境保护大会，习近平总书记出席会议并发表重要讲话。这是自 1973 年第一次全国环境保护会议以来，规格最高的一次会议；也是今年党和国家机构改革启动之后的有关生态文明建设的最为重要的会议。这次会议标志着习近平生态文明思想的正式确立，也吹响了用习近平生态文明思想全面指引美丽中国建设的前进号角。习近平说，人与自然是生命共同体，人类必须尊重自然、顺应自然、保护自然。总书记指出，我们要建设的现代化是人与自然和谐共生的现代化，既要创造更多物质财富和精神财富以满足人民日益增长的美好生活需要，也要提供更多优质生态产品以满足人民日益增长的优美生态环境需要。必须坚持节约优先、保护优先、自然恢复为主的方针，形成节约资源和保护环境的空间格局、产业结构、生产方式、生活方式，还自然以宁静、和谐、美丽。美丽中国，是我们未来的目标和希望。生态文明，是托起美丽中国的强有力的臂膀。然而，一棵树好栽，而一片森林则不易培育。生态文明重在建设，难在坚持。让我们携起手来，汇聚每一个人的努力，将生态意识融入日常生活的每一个环节，更加自觉地珍爱自然、保护环境，走向生态文明新时代，托起一个山明水秀、天朗气清的美丽中国。

（二）经济发展方式不合理

改革开放以来，我国经济建设取得了举世瞩目的成就，但与此同时，我国也承担了巨大的资源能源压力，付出极其沉重的生态环境代价。"我国的 GDP 以每年 8% ～ 12% 的速度增长，环境损失也占当年 GDP 的 8% ～ 13%。"从总体上看，高投入、高消耗、高污染与低产出、低技术、低效益的经济发展模式依然存在。这种粗放型的经济增长方式必然对资源和生态环境产生恶劣的影响。

客观地说，我国经济发展中存在的一些问题，跟过去我们经济发展水平不高、技术水平低下、经济总量小和人们对资源与生态环境问题的忽视有关。试想在一个温饱问题还没有根本解决的人口大国，不可能不要高速度；在技术水平不高、环境意识不强的情况下也不可能不靠高投入、高消耗，进而也难免高污染。尽管我们在转变发展方式上也做过不少努力，也取得了一些成就，但通过高投入、高消耗、高污染来换取高增长的发展惯性依然很大；从思想上忽视经济增长质量、忽视生态环境成本的倾向还相当严重；经济增长过度依赖投资、出口，过度依赖工业特别是重工业发展，过度依赖物质投入的问题还十分突出。从投入和消耗来看，投入大、消耗多仍是当今中国经济增长的主要特征。

（三）环境法律制度不健全

当前，我国环境法律体系已基本上建立起来，但是仍然不完善，在环境法律制定、执行等方面存在诸多问题。环境法律内容滞后。现行法律法规跟不上经济社会发展的步伐，不能反映经济建设和社会发展中新出现的环境问题。我国现行的环境保护法（修订版），于 2015 年实施，内容偏重于"防治污染和公害"的规范和处罚，对于如何"保护和改善环境"则明显不足。从立法的角度上，就容易误导公众片面认为环境保护就是防治环境污染和公害，落实到行为上就会出现被动防治而不是主动保护。环境法律条块分割，缺乏统一性和完整性。我国除了《环境保护法》之外，也有单项环境法律，如《矿产资源管理法》《野生动物保护法》《森林法》《草原法》《水法》等，这些法律的实施容易造成部门分割，再加上存在的部门利益，一旦出现环境问题就会出现扯皮的局面。所以，从整个生态环境保护的角度来看，我们缺少综合系统的生态保护法律法规。

（四）环境执法力度不够

目前，在环境执法过程中，存在有法不依，执法不严，违法不究，打击不力，执法不及时、不到位等现象。同时，对违法行为的处罚力度有限，违法成本太低，即使造成严重的环境问题也无法得到有效的遏制；执法过程监管缺位，无法用法律手段限制执法过程中存在的行政干预、人治大于法治、关系大于原则的现象。另外，环保机构权力有限。我国的环保部门隶属于政府机构，法律赋予这些执法部门的强制性手段和措施过少，一些地方政府为了发展当地经济，对污染企业大都睁一只眼闭一只眼，甚至一些地方政府还充当了污染企业的保护伞。

第三讲　生态文明建设的最新成果

《中共中央关于制定国民经济和社会发展第十三个五年规划的建议（2015年10月29日中国共产党第十八届中央委员会第五次全体会议通过）》指出，到2020年全面建成小康社会，是我们党确定的"两个一百年"奋斗目标的第一个百年奋斗目标。"十三五"时期是全面建成小康社会决胜阶段，"十三五"规划必须紧紧围绕实现这个奋斗目标来制定。中国共产党第十八届中央委员会第五次全体会议全面分析国际国内形势，认为如期全面建成小康社会既具有充分条件也面临艰巨任务，必须在中华人民共和国成立特别是改革开放以来打下的坚实基础上坚定信心、锐意进取、奋发有为。全会研究了"十三五"时期我国发展的一系列重大问题，就制定"十三五"规划提出以下建议。

一、全面建成小康社会新的目标要求

党的十六大提出全面建设小康社会奋斗目标以来，全党全国各族人民接续奋斗，各项事业取得重大进展。今后五年，要在已经确定的全面建成小康社会目标要求的基础上，努力实现以下新的目标要求。

（一）经济保持中高速增长

在提高发展平衡性、包容性、可持续性的基础上，到2020年国内生产总值和城乡居民人均收入比2010年翻一番。主要经济指标平衡协调，发展空间格局得到优化，投资效率和企业效率明显上升，工业化和信息化融合发展水平进一步提高，产业迈向中高端水平，先进制造业加快发展，新产业新业态不断成长，服务业比重进一步上升，消费对经济增长贡献明显加大，户籍人口城镇化率加快提高，农业现代化取得明显进展，迈进创新型国家和人才强国行列。

（二）人民生活水平和质量普遍提高

就业比较充分，就业、教育、文化、社保、医疗、住房等公共服务体系更加健全，基本公共服务均等化水平稳步提高。教育现代化取得重要进展，劳动年龄人口受教育年限明显增加。收入差距缩小，中等收入人口比重上升。我国现行标准下农村贫困人口实现脱贫，贫困县全部摘帽，解决区域性整体贫困。

（三）国民素质和社会文明程度显著提高

中国梦和社会主义核心价值观更加深入人心，爱国主义、集体主义、社会主义思想广泛弘扬，向上向善、诚信互助的社会风尚更加浓厚，人民思想道德素质、科学文化素质、健康素质明显提高，全社会法治意识不断增强。公共文化服务体系基本建成，文化产业成为国民经济支柱性产业。中华文化影响持续扩大。

（四）生态环境质量总体改善

生产方式和生活方式绿色、低碳水平上升。能源资源开发利用效率大幅提高，能源和水资源消耗、建设用地、碳排放总量得到有效控制，主要污染物排放总量大幅减少。主体功能区布局和生态安全屏障基本形成。

（五）各方面制度更加成熟更加定型

国家治理体系和治理能力现代化取得重大进展，各领域基础性制度体系基本形成。人民民主更加健全，法治政府基本建成，司法公信力明显提高。人权得到切实保障，产权得到有效保护。开放型经济新体制基本形成。中国特色现代军事体系更加完善。党的建设制度化水平显著提高。

二、完善发展理念

实现"十三五"时期发展目标，破解发展难题，厚植发展优势，必须牢固树立创新、协调、绿色、开放、共享的发展理念。

创新是引领发展的第一动力。必须把创新摆在国家发展全局的核心位置，不断推进理论创新、制度创新、科技创新、文化创新等各方面创新，让创新贯穿党和国家一切工作，让创新在全社会蔚然成风。

协调是持续健康发展的内在要求。必须牢牢把握中国特色社会主义事业总体布局，正确处理发展中的重大关系，重点促进城乡区域协调发展，促进经济社会协调发展，促进新型工业化、信息化、城镇化、农业现代化同步发展，在增强国家硬实力的同时注重提升国家软实力，不断增强发展整体性。

绿色是永续发展的必要条件和人民对美好生活追求的重要体现。必须坚持节约资源和保护环境的基本国策，坚持可持续发展，坚定走生产发展、生活富裕、生态良好的文明发展道路，加快建设资源节约型、环境友好型社会，形成人与自然和谐发展现代化建设新格局，推进"美丽中国"建设，为全球生态安全作出新贡献。

开放是国家繁荣发展的必由之路。必须顺应我国经济深度融入世界经济的趋势，奉行互利共赢的开放战略，坚持内外需协调、进出口平衡、引进来和走出去并重、引资和引技引智并举，发展更高层次的开放型经济，积极参与全球经济治理和公共产品供给，提高我国在全球经济治理中的制度性话语权，构建广泛的利益共同体。

共享是中国特色社会主义的本质要求。必须坚持发展为了人民、发展依靠人民、发展成果由人民共享，做出更有效的制度安排，使全体人民在共建共享发展中有更多获得感，增强发展动力，增进人民团结，朝着共同富裕方向稳步前进。

坚持创新发展、协调发展、绿色发展、开放发展、共享发展，是关系我国发展全局的一场深刻变革。全党同志要充分认识这场变革的重大现实意义和深远历史意义，统一思想，协调行动，深化改革，开拓前进，推动我国发展迈上新台阶。

党的十八大把生态文明建设提升到"五位一体"（经济建设、政治建设、文化建设、社会建设、生态文明建设）总体布局的战略高度，第一次单列一个部分加以论述，有关内容和要求写入新修订的党章。提出大力推进生态文明建设，建设"美丽中国"，实现中华民族永续发展。这是十八大报告的一个突出亮点，说出了党的心声和最广大人民群众的心声，引起全社会强烈共鸣，受到党内外，国内外的广泛关注。

生态现在通常指生物在一定的自然环境下生存和发展的状态，以及它们之间和它与环境之间环环相扣的关系。"生态"也即指自然界诸系统之间的交错复杂关系。生态，从某种意义上讲，就是人们对生命的态度、对生存的态度、对生活的态度。

文明是指人类社会的进步和开化状态，与"野蛮"一词相对立。

生态文明是人类积极改善和优化人与自然关系，建设可持续发展的生态社会而取得的所有成果的总和，是人类文明发展到一定阶段的必然产物。生态文明是指人与自然、人与人、人与社会和谐共生、良性循环、全面发展、持续繁荣为基本宗旨的文明境界和社会形态。它是工业文明发展到一定阶段的产物，是超越工业文明的新型文明境界，是正在积极推动、逐步形成的一种社会形态，是人类社会文明的高级形态。

"生态文明""五位一体""绿色发展""循环发展""美丽中国""山清水秀""天蓝、地绿、水净的美好家园"……铿锵有力的声音响彻祖国大地，崭新的提法，充满活力与希望。

（一）新高度

1.生态文明独立成篇

党的十四大报告中就有关于环境保护的论述。

在党的十五大报告中明确提出了实施可持续发展战略。

生态文明观在党的十六大报告中所规定的全面建设小康社会的整体发展目标中，

出现了如下的一些新提法："生态环境得到改善""资源利用效率显著提高""促进人与自然的和谐""生态良好的文明发展"等。这些关于生态和环境问题的一些新提法的出现，标志着我们党已初步确立了社会主义生态文明观。

党的十七大报告在全面建设小康社会奋斗目标的新要求中，第一次明确提出了建设生态文明的目标："基本形成节约能源资源和保护生态环境的产业结构、增长方式、消费模式。循环经济形成较大规模，可再生能源比重显著上升。主要污染物排放得到有效控制，生态环境质量明显改善。生态文明观念在全社会牢固树立。"

党的十七届四中、五中全会对生态文明建设进一步做出战略部署，要求提高生态文明水平。党的十七届五中全会明确要求"树立绿色、低碳发展理念"。

此后，生态文明建设进一步上升为政府的施政纲领和国家发展理念。2007年12月，国家在中部设立武汉城市圈、长株潭城市群全国资源节约型、环境友好型社会建设综合配套改革试验区。

"十二五"规划纲要则明确把"提高生态文明水平"作为"十二五"时期的重要战略任务。

2012年7月23日上午，胡锦涛在省部级主要领导干部专题研讨班开班式上做重要讲话。这次讲话总书记浓墨重彩地论述了生态文明建设。他指出："推进生态文明建设，是涉及生产方式和生活方式根本性变革的战略任务，必须把生态文明建设的理念、原则、目标等深刻融入和全面贯穿到我国经济、政治、文化、社会建设的各方面和全过程，坚持节约资源和保护环境的基本国策，着力推进绿色发展、循环发展、低碳发展，为人民创造良好生产生活环境。"

从党的十四大报告"加强环境保护"短短一句话，到十七大报告中直接提到"环境"或"生态"字眼的地方，共28处，再到十八大报告中大幅增长至45处，"生态文明"15处。

在党的十八大报告中专门用了二十分之一的篇幅，将生态文明专门成为一个独立部分，在第八个大问题中全面阐述了我们国家的生态文明建设，有非常多的新提法，把生态文明提到一个新的历史高度，释放了强烈的资源循环利用、关注环境保护、节能减排等相关领域的信号，系统化、完整化、理论化地提出了生态文明的战略任务，彰显了执政党的执政意志。

从"尊重自然、顺应自然、保护自然"的理念，到"融入经济建设、政治建设、文化建设、社会建设各方面和全过程"的指引，再到"绿色发展、低碳发展、循环发展"的路径，党的十八大所理解和规划的生态文明，早已超越了单纯的节能减排、节约资源、保护环境等问题，而是上升到实现人与自然和谐共生、提升社会文明水平的现代化发展高度，并且体现为工作部署、发展目标、制度设计。

党章修正案对中国特色社会主义事业总体布局的充实和完善，主要体现在把生态文明建设纳入中国特色社会主义事业总体布局。将生态文明建设写入党章并做出阐述，使中国特色社会主义事业总体布局更加完善，使生态文明建设的战略地位更加明确，有利于全面推进中国特色社会主义事业。党章中关于建设社会主义生态文明增写了党领导人民建设社会主义生态文明的表述。

2."五位一体"协调推进

党的十八大要求：全面落实经济建设、政治建设、文化建设、社会建设、生态文明建设"五位一体"总体布局，促进现代化建设各方面相协调，促进生产关系与生产力、上层建筑与经济基础相协调，不断开拓生产发展、生活富裕、生态良好的文明发展道路。

邓小平首先提出物质文明、精神文明的"两个文明"建设，此后，中共在此基础上党的十六大报告提出经济建设、政治建设、文化建设"三位一体"，到党的十七大提出经济建设、政治建设、文化建设和社会建设"四位一体"，并首次提出建设生态文明的理念，再到党的十八大报告提到，未来要"全面落实经济建设、政治建设、文化建设、社会建设、生态文明建设'五位一体'总体布局"。生态文明建设提升到了与经济、政治建设同样的地位。

"三位一体"到"四位一体"再到"五位一体"，为发展的内涵增添了新元素，为发展的品质赋予了新标准，为发展的方式确立了新坐标。

第一，新元素。

从党的十六大的"三位一体"，到党的十七大的"四位一体"，增加了社会建设的重要内容，强调构建社会主义和谐社会的重大任务，从注重物的增长到尊重人的发展，这是在着力解决现代化进程中人与人的关系，为现代化进程提供稳定的社会架构，是科学发展的内在要求。从十七大的"四位一体"再到如今的"五位一体"，增加了生态文明建设，强调为人民创造良好的生产生活环境，这是在着力解决现代化进程中人与自然的关系，努力使中国的现代化走上可持续发展道路，这是科学发展的本质要求和升华之举。

第二，新标准。

要符合社会主义建设规律。从"三位一体"到"四位一体"再到"五位一体"，我们党的每一次理论创新和重大部署，不断为总体布局添加"增项"，都是根据实践与时俱进的结果。总体布局的发展和丰富，是中国共产党不断总结社会主义建设经验，深化对社会主义建设规律的认识，使党的理论体系不断继承创新、科学发展，闪耀着智慧的光芒。

要符合生态发展规律。生态文明地位的"升格"，体现了我们党对生态文明建设更加重视，对生态发展规律的认识更加深刻。生态文明建设与建设中国特色社会主义紧密联系在一起，成为全党未来的奋斗目标。

如在现代化布局方面，"五位一体"大大丰富了"现代化"的理论体系。意味着中国进入 21 世纪后，从局部现代化到全面现代化，从不大协调的现代化到全面协调的现代化。以往的提法是经济现代化，这次报告特别提出：推动形成人与自然和谐发展现代化建设新格局。

第三，新坐标。

未来中国"五位一体"的特色社会主义发展模式，经济建设是根本，政治建设是保障，文化建设是灵魂，社会建设是条件，生态文明建设是基础。

中国特色社会主义，既是经济发达、政治民主、文化先进、社会和谐的社会，也应该是生态环境良好的社会。

五大建设是一个相互联系、相互协调、相互影响、相互促进、相辅相成的有机整体，你中有我，我中有你，互为补充。"五位一体"的新布局更加强调均衡、可持续和以人为本，协调推进，而不顾此失彼，也不单兵突进。

唯物史观认为，地理环境因素、人口因素与物质生活资料的生产方式共同构成社会存在，它们对经济、政治、文化、社会发展和人的发展具有制约作用。因此，以实现人与自然和谐共生、全面协调、持续发展的自然状态和社会状态为目标的生态建设就成为经济建设、政治建设、文化建设和社会建设的前提和基础。只有把生态文明建设的理念、原则、目标等深刻融入和贯穿到经济、政治、文化、社会建设的各方面和全过程，才能全面推进现代化，为人民创造良好生产生活环境。

比如，经济发展创造了"中国奇迹"，但如果其他几个方面跟上，特别是社会建设和生态文明建设跟上，就不会造成短板效应，制约发展。

（二）新概念

1. 生态修复

所谓生态修复是指对生态系统停止人为干扰，以减轻负荷压力，依靠生态系统的自我调节能力与自我组织能力使其向有序的方向进行演化，或者利用生态系统的这种自我恢复能力，辅以人工措施，使遭到破坏的生态系统逐步恢复或使生态系统向良性循环方向发展。主要指致力于那些在自然突变和人类活动影响下受到破坏的自然生态系统的恢复与重建工作，恢复生态系统原本的面貌，比如砍伐的森林要种植上，退耕还林，让动物回到原来的生活环境中。这样，生态系统得到了更好的恢复，称为"生态修复"。

21 世纪是修复地球的世纪，工业革命时代由于经济的发展，地球的生态系统遭到严重破坏，地球的生态系统处于退化状态。生态修复包括四个方面：

一是恢复它的生态结构，也就是恢复一个生态系统的完整性，即恢复物种多样性和完整的群落结构。

二是修复它的功能，也就是恢复一个生态系统的健康。一个自然生态系统有它特有的生态功能。

三是恢复可持续性，这包括两方面的内容，即生态系统的抵抗能力和生态系统自我修复能力。

四是恢复它的文化，人文特色。一个地方的文化缘起于自然环境，文化遗产往往孕育于自然遗产。生物多样性和文化多样性是相辅相成的。

绿化不等于生态修复，只是生态修复的手段之一。人们在一片空地上种上花草，这就是绿化，但不是生态恢复。恢复生态是恢复当地生物多样性、生态的完整性以及周围环境的协调性和生态系统自我维持性。

生态修复需要人的帮助。有人说，生态修复很简单，把修复区的人口搬出来就可以了。实际上受损生态系统没有人的帮助，很难恢复。有些生态系统可以自我恢复，也许要 100 年、1 000 年的时间，有了人的帮助，这个恢复过程会加快。

2. 生态产品

党的十八大报告集中论述大力推进生态文明建设，其中在提到加大自然生态系统和环境保护力度时强调，要"增强生态产品生产能力"。这一表述新意十足，内涵丰富。

（1）生态产品的概念是一个新兴的概念。生态产品指维系生态安全、保障生态调节功能、提供良好人居环境的自然要素。包括清新的空气、清洁的水源和宜人的气候等。生态产品同农产品、工业品和服务产品一样，都是人类生存发展所必需的。

（2）生态产品是生态文明建设的核心概念。"生态产品"的提法，重点在"产品"。产品不一定是商品，但一定是有价值的。这提醒我们，要意识到生态环境本身的价值以及为了维护生态环境所投入的代价。如森林提供生态产品体现在：吸收二氧化碳、制造氧气、涵养水源、保持水土、净化水质、防风固沙、调节气候、清洁空气、减少噪声、吸附粉尘、保护生物多样性、减轻自然灾害等。一些国家或地区对生态功能区的"生态补偿"，实质是政府代表人民购买这类地区提供的生态产品。

过去我们定义产品，都是从生产角度定义。把树砍了，是一种劳动，树变成了产品。但把树砍了以后，它提供清新空气的重要功能损失了，清新空气这种生态产品就没有了。

改革开放以来，我国物质产品生产能力极大提高，但生态产品生产能力却在减弱。而随着人民生活水平的提高，对物质产品的需求在相对减弱，对良好生态环境、优质生态产品的需求越来越迫切。

3. 生态价值

生态价值，虽然看起来是不起眼的小概念，但它实际体现了非常深厚的伦理思想。

生态价值是指人类直接或间接从生态系统得到的利益。主要包括生态直接向人类社会成员提供服务（如人们普遍享用洁净空气、水等舒适性资源），向经济社会系统输入有用物质和能量、接受和转化来自经济社会系统的废弃物。

所谓"价值"，一般表示事物对于人的功用，说某一事物有价值，是指它对人有用，符合人的利益，能满足人的需要。以往，价值概念主要用于经济学中，表示凝结在商品中的一般劳动或社会必要劳动。以往经济学认为，劳动是一切价值的源泉，世界上只有劳动产品有经济价值，生命和自然界没有价值，没有经过人类劳动的自然物，如空气、水、土地、野生动植物和矿藏等，是没有价值的。因而人们一直认为，自然界是没有价值的。由于这种传统观念的影响，便出现了"三无"的思想，即"资源无限，取之不尽，用之不竭"；"资源无价，可以无偿使用"；"资源无主，可以谁采谁有"。在现实生活中表现出的"产品高价、原料低价、资源无价"的现象，正是这种思想的反映。

而生态伦理学家认为，生命和自然界是有价值的。这种价值首先决定于它的有用性，其价值的大小则取决于它的稀缺性和开发利用条件。未经人类劳动参与、未投入市场交易的天然资源，都是有价值的。就像原始森林一样，越是未受到人们改造过的，未投入市场交易的自然物，对人类越宝贵。原始森林等天然资源的价值，将随着时间的推移日益增大。而原始森林之所以是原始森林，就是因为它是天然形成的，没有受到人类劳动的培植，也没有进入市场交易，它是无价之宝。全球性的生态危机向我们提出一个问题：每一代人究竟应当怎样衡量自己创造的文明成就，又应当如何评价自己决策行为的功过得失。要回答这个问题，关键在于价值，在于价值的取向与判断标准。解决好环境和资源的价值问题，必须确立新的价值观——环境友好的生态价值观，这已是新世纪人类的重大课题之一。

第四讲　我国生态文明建设面临的严峻挑战及对策

一、我国生态文明面临的严峻挑战

我国虽地大物博，经济保持快速、持续增长，国内生产总值跃居世界第二，但人口众多，环境容量有限，人均资源占有量少，处在工业化、城镇化、市场化、国际化程度不断提高的阶段，面临资源枯竭、复合型环境污染、大范围生态退化的压力。我国发展中不平衡、不协调、不可持续问题依然突出，经济增长的资源环境约束强化。我国人均耕地、林地、草地面积和淡水资源分别仅相当于世界平均水平的43%、14%、33%和25%，主要矿产资源人均占有量占世界平均水平的比例分别是煤67%、石油6%、铁矿石50%、铜25%。同时，长期以来我国发展方式粗放，"两高一资"企业比例较高，造成一些地区资源消耗高，环境污染重。

随着工业化、城镇化的快速推进，经济总量不断扩大，人口继续增加，资源相对不足、环境承载力弱成为我国在新的发展阶段的基本国情。近年来，我国环境治理和生态保护取得积极成效，但生态环境总体恶化的趋势没有得到根本扭转。水、大气、土壤等污染仍然严重，固体废物、汽车尾气、持久性有机物、重金属等污染持续增加，水土流失加重，天然森林减少，草原退化，生态系统更加脆弱。能源消费总量持续增加，能源利用效率不高。

如果到21世纪中叶我国要达到中等发达国家水平，意味着要用50年时间走过发达国家150年的工业化历程。这就决定了中国的污染排放、资源消耗具有较高的强度。因此，我国所面临的资源压力在世界上是少有的，环境治理难度很大，加之欠账太多，这的确是一个重大现实问题、短期内难以解决的重要难题。

近代以来，西方现代化看起来颇为成功，以致现代化也就常被理解为西方化。一些民族、国家不断在器物、制度和观念上，在生产方式和生活方式上模仿西方。但是西方的现代化其实付出了巨大的代价，消耗了比其人口比例高得多的不可再生的能源和资源，占据了比其人口比例高得多的二氧化碳排放量。这种发展方式，实质上是少数人剥夺多数人，是造子孙孽断子孙路。现在，全球的生态危机，本质上就是这种不能重复、不可复制的资本主义发展方式的危机，它宣告了西方自第一次工业革命以来的高投入、高消耗、高污染排放的增长模式不可持续；它预示着人类发展模式必须转向自觉、自律。各个方面、各条战线，我们的生产方式、生活方式，都不能不经历一番刻骨铭心、脱胎换骨的根本性变革。

改革开放以来，在城市化和工业化进程中，中国在环境和资源上遇到的瓶颈之所以无法得到化解，原因在于以往的生产方式效率低下，在消费模式的选择上，人们倾向于发达国家那种高消费和不健康的生活方式，这种情况下，提升和强化生态文明建设意义非常重大，这将从根本上改变目前中国的生产方式和生活方式。

拓展阅读

库里提巴是巴西南部的一个中等城市，在过去真的是名不见经传。它既不是巴西的首都，也非第一大城市，但在1990年，却与巴黎、温哥华、悉尼和罗马等世界顶级的都市并列，被联合国授予了首批全球"最宜居城市",可谓一鸣惊人。作为巴西人引以为荣的城市,库里提巴管理者的主要工作就是围绕生态和民生做文章,单从他们治理垃圾的理念和绝招就不难看出,他们是怎么创造奇迹的。

排放垃圾要缴费,这在世界的其他城市似乎是天经地义的,可是在库里提巴,排放垃圾不仅不缴费,还可以用来换取食品。1989年,库里提巴市政府发起了名为"让垃圾不再是垃圾"的运动,动员全市各家庭从垃圾中分离出可回收利用的物资。回收的垃圾分成五类,其中纸张、玻璃、罐头瓶和塑料等可作为工业原料;而腐烂的蔬菜、水果等有机物则可用作农业肥料。库里提巴每日回收的纸张再利用,就相当于每天少砍了1 200棵树。库里提巴市政府还资助了"垃圾购买项目",市民可用垃圾交换食物。在库里提巴市的各个居民社区,垃圾回收公司的专用车辆每周来两次,都是两辆同行,前一辆车回收"垃圾",后一辆车分发食品,2公斤回收物资可换得1公斤食品,也可以兑换公共汽车票、练习簿或圣诞节玩具等。这种垃圾购买活动满足了市民的日常生活需求,而所提供的粮食、蔬菜、水果和蜂蜜等,则是政府购买的当地农民季节性剩余产品,所以又增加了农民收入。迄今为止,库里提巴可回收垃圾的回收率已达到95%,每月有260吨可回收垃圾交换80吨食品,市政府每年出资110万雷亚尔(约合340万人民币)用于该项目的食品采购。有了科学的方法,政府又舍得投入,百姓受益,群众怎能没有参与的积极性,何愁垃圾不好解决。

库里提巴市治理垃圾一举多得的绝招,着实令人赞叹。在我们倡导节约、反对浪费的今天,不知我们的垃圾处理工作可否借鉴他们的模式,真正变废为宝,别再让垃圾浪费了!

二、坚持绿色发展,着力改善生态环境

生态文明是人类遵循人、自然、社会和谐发展这一客观规律而取得的物质与精神成果的总和,是人与自然、人与人、人与社会和谐共生、良性循环、全面发展、持续繁荣的体现。而近些年来,虽然我国经济经历了高速发展的时期,已成为世界第二大经济体和世界工厂,取得举世瞩目的成就,但在生态文明建设方面却显得相当薄弱,明显滞后,与我国作为文明大国、文明古国的地位极不相称。不少地方片面追求GDP,高耗能高污染产业快速增长极度影响生态环境,过度消耗自然资源的生产方式极大制约了经济社会发展,环境和资源的匮乏成为不少地方发展的瓶颈,我国对多种能源资源的对外依存度快速飙升。多半城市缺水,优良耕地减少,水污染严重,雾霾天气严峻,生态系统退化,生态环境脆弱。人们追求高消耗、高消费的生活方式,在享受物质增长带来的满足甚至豪华的同时,忽视了生态环境的破坏和人与自然的和谐。可以说,人与自然的和谐问题已成为影响我国未来的关键因素,成为科学发展观贯彻落实的巨大障碍。长此下去,我们不仅不能成为生态文明强国,而且会贻害和愧对子孙万代。

要从根本上扭转这种局面，全社会尤其是各级领导干部必须抱着对国家负责、对人民负责、对子孙后代负责的态度，狠抓生态文明建设不动摇。首要的是转变价值观念、发展观念、生活观念和消费观念，正确认识人与自然的关系，正确认识发展与民生的关系，正确认识当前和未来的关系。按照科学发展观的要求，改变我们的物质文明建设方式，转变我们的经济发展方式，调整我们的精神文明建设方式，形成尊重自然、顺应自然、爱护自然、保护自然、重视生态文明建设和环境保护的社会氛围、道德观念、生产方式和生活方式。

要从根本上扭转这种局面，全社会必须坚持节约资源和保护环境的基本国策。坚持节约优先、保护优先、自然恢复为主的方针，坚持绿色发展、循环发展、低碳发展，形成节约资源和保护环境的空间格局、产业结构和发展方式。要在重点区域实行生态建设的"一票否决制"，从源头上扭转生态环境恶化趋势，逐步恢复和还原山清水秀气爽的美好生态环境。

坚持绿色富国、绿色惠民，为人民提供更多优质生态产品，推动形成绿色发展方式和生活方式，协同推进人民富裕、国家富强、中国美丽。

（一）促进人与自然和谐共生

有度有序利用自然，调整优化空间结构，划定农业空间和生态空间保护红线，构建科学合理的城市化格局、农业发展格局、生态安全格局、自然岸线格局。设立统一规范的国家生态文明试验区。

根据资源环境承载力调节城市规模，依托山水地貌优化城市形态和功能，实行绿色规划、设计、施工标准。

支持绿色清洁生产，推进传统制造业绿色改造，推动建立绿色低碳循环发展产业体系，鼓励企业工艺技术装备更新改造。发展绿色金融，设立绿色发展基金。

加强资源环境国情和生态价值观教育，培养公民环境意识，推动全社会形成绿色消费自觉。

（二）加快建设主体功能区

发挥主体功能区作为国土空间开发保护基础制度的作用，落实主体功能区规划，完善政策，发布全国主体功能区规划图和农产品主产区、重点生态功能区目录，推动各地区依据主体功能定位发展。以主体功能区规划为基础统筹各类空间性规划，推进"多规合一"。

推动京津冀、长三角、珠三角等优化开发区域产业结构向高端高效发展，防治"城市病"，逐年减少建设用地增量。推动重点开发区域提高产业和人口集聚度。重点生态功能区实行产业准入负面清单。加大对农产品主产区和重点生态功能区的转移支付力度，强化激励性补偿，建立横向和流域生态补偿机制。整合设立一批国家公园。

维护生物多样性，实施濒危野生动植物抢救性保护工程，建设救护繁育中心和基因库。强化野生动植物进出口管理，严防外来有害物种入侵。严厉打击象牙等野生动植物制品非法交易。

以市县级行政区为单元，建立由空间规划、用途管制、领导干部自然资源资产离任审计、差异化绩效考核等构成的空间治理体系。

（三）推动低碳循环发展

推进能源革命，加快能源技术创新，建设清洁低碳、安全高效的现代能源体系。提高非化石能源比重，推动煤炭等化石能源清洁高效利用。加快发展风能、太阳能、生物质能、水能、地热能，安全高效发展核电。加强储能和智能电网建设，发展分布式能源，推行节能低碳电力调度。有序开放开采权，积极开发天然气、煤层气、页岩气。改革能源体制，形成有效竞争的市场机制。

推进交通运输低碳发展，实行公共交通优先，加强轨道交通建设，鼓励自行车等绿色出行。实施新能源汽车推广计划，提高电动车产业化水平。提高建筑节能标准，推广绿色建筑和建材。

主动控制碳排放，加强高能耗行业能耗管控，有效控制电力、钢铁、建材、化工等重点行业碳排放，支持优化开发区域率先实现碳排放峰值目标，实施近零碳排放区示范工程。

实施循环发展引领计划，推行企业循环式生产、产业循环式组合、园区循环式改造，减少单位产出物质消耗。加强生活垃圾分类回收和再生资源回收的衔接，推进生产系统和生活系统循环链接。

1. 推动科技创新

结合深化科技体制改革，建立符合生态文明建设领域科研活动特点的管理制度和运行机制。加强重大科学技术问题研究，开展能源节约、资源循环利用、新能源开发、污染治理、生态修复等领域关键技术攻关，在基础研究和前沿技术研发方面取得突破。强化企业技术创新主体地位，充分发挥市场对绿色产业发展方向和技术路线选择的决定性作用。完善技术创新体系，提高综合集成创新能力，加强工艺创新与试验。支持生态文明领域工程技术类研究中心、实验室和实验基地建设，完善科技创新成果转化机制，形成一批成果转化平台、中介服务机构，加快成熟适用技术的示范和推广。加强生态文明基础研究、试验研发、工程应用和市场服务等科技人才队伍建设。

2. 调整优化产业结构

推动战略性新兴产业和先进制造业健康发展，采用先进适用节能低碳环保技术改造提升传统产业，发展壮大服务业，合理布局建设基础设施和基础产业。积极化解产能严重过剩矛盾，加强预警调控，适时调整产能严重过剩行业名单，严禁核准产能严重过剩行业新增产能项目。加快淘汰落后产能，逐步提高淘汰标准，禁止落后产能向中西部地区转移。做好化解产能过剩和淘汰落后产能企业职工安置工作。推动要素资源全球配置，鼓励优势产业走出去，提高参与国际分工的水平。调整能源结构，推动传统能源安全绿色开发和清洁低碳利用，发展清洁能源、可再生能源，不断提高非化石能源在能源消费结构中的比重。

3. 发展绿色产业

大力发展节能环保产业，以推广节能环保产品拉动消费需求，以增强节能环保工程技术能力拉动投资增长，以完善政策机制释放市场潜在需求，推动节能环保技术、装备和服务水平显著提升，加快培育新的经济增长点。实施节能环保产业重大技术装备产业化工程，规划建设产业化示范基地，规范节能环保市场发展，多渠道引导社会资金投入，形成新的支柱产业。加快核电、风电、太阳能光伏发电等新材料、新装备的研发和推广，推进生物质发电、生物质能源、沼气、地热、浅层地温能、海洋能等应用，发展分布式能源，建设智能电网，完善运行管理体系。大力发展节能与新能源汽车，提高创新能力和产业化水平，加强配套基础设施建设，加大推广普及力度。发展有机农业、生态农业，以及特色经济林、林下经济、森林旅游等林产业。

4. 推进节能减排

发挥节能与减排的协同促进作用，全面推动重点领域节能减排。开展重点用能单位节能低碳行动，实施重点产业能效提升计划。严格执行建筑节能标准，加快推进既有建筑节能和供热计量改造，从标准、设计、建设等方面大力推广可再生能源在建筑上的应用，鼓励建筑工业化等建设模式。优先发展公共交通，优化运输方式，推广节能与新能源交通运输装备，发展甩挂运输。鼓励使用高效节能农业生产设备。开展节约型公共机构示范创建活动。强化结构、工程、管理减排，继续削减主要污染物排放总量。

5. 发展循环经济

按照减量化、再利用、资源化的原则，加快建立循环型工业、农业、服务业体系，提高全社会资源产出率。完善再生资源回收体系，实行垃圾分类回收，开发利用"城市矿产"，推进秸秆等农林废弃物以及建筑垃圾、餐厨废弃物资源化利用，发展再制造和再生利用产品，鼓励纺织品、汽车轮胎等废旧物品回收利用。推进煤矸石、矿渣等大宗固体废弃物综合利用。组织开展循环经济示范行动，大力推广循环经济典型模式。推进产业循环式组合，促进生产和生活系统的循环链接，构建覆盖全社会的资源循环利用体系。

6. 加强资源节约

节约集约利用水、土地、矿产等资源，加强全过程管理，大幅降低资源消耗强度。加强用水需求管理，以水定需、量水而行，抑制不合理用水需求，促进人口、经济等与水资源相均衡，建设节水型社会。推广高效节水技术和产品，发展节水农业，加强城市节水，推进企业节水改造。积极开发利用再生水、矿井水、空中云水、海水等非常规水源，严控无序调水和人造水景工程，提高水资源安全保障水平。按照严控增量、盘活存量、优化结构、提高效率的原则，加强土地利用的规划管控、市场调节、标准控制和考核监管，严格土地用途管制，推广应用节地技术和模式。发展绿色矿业，加快推进绿色矿山建设，促进矿产资源高效利用，提高矿产资源开采回采率、选矿回收率和综合利用率。

（四）全面节约和高效利用资源

坚持节约优先，树立节约集约循环利用的资源观。

强化约束性指标管理，实行能源和水资源消耗、建设用地等总量和强度双控行动。实施全民节能行动计划，提高节能、节水、节地、节材、节矿标准，开展能效、水效领跑者引领行动。

实行最严格的水资源管理制度，以水定产、以水定城，建设节水型社会。合理制定水价，编制节水规划，实施雨洪资源利用、再生水利用、海水淡化工程，建设国家地下水监测系统，开展地下水超采区综合治理。坚持最严格的节约用地制度，调整建设用地结构，降低工业用地比例，推进城镇低效用地再开发和工矿废弃地复垦，严格控制农村集体建设用地规模。探索实行耕地轮作休耕制度试点。

建立健全用能权、用水权、排污权、碳排放权初始分配制度，创新有偿使用、预算管理、投融资机制，培育和发展交易市场。推行合同能源管理和合同节水管理。

倡导合理消费，力戒奢侈浪费，制止奢靡之风。在生产、流通、仓储、消费各环节落实全面节约。管住公款消费，深入开展反过度包装、反食品浪费、反过度消费行动，推动形成勤俭节约的社会风尚。

提高全民生态文明意识。积极培育生态文化、生态道德，使生态文明成为社会主流价值观，成为社会主义核心价值观的重要内容。从娃娃和青少年抓起，从家庭、学校教育抓起，引导全社会树立生态文明意识。把生态文明教育作为素质教育的重要内容，纳入国民教育体系和干部教育培训体系。将生态文化作为现代公共文化服务体系建设的重要内容，挖掘优秀传统生态文化思想和资源，创作一批文化作品，创建一批教育基地，满足广大人民群众对生态文化的需求。通过典型示范、展览展示、岗位创建等形式，广泛动员全民参与生态文明建设。组织好世界地球日、世界环境日、世界森林日、世界水日、世界海洋日和全国节能宣传周等主题宣传活动。充分发挥新闻媒体作用，树立理性、积极的舆论导向，加强资源环境国情宣传，普及生态文明法律法规、科学知识等，报道先进典型，曝光反面事例，提高公众节约意识、环保意识、生态意识，形成人人、事事、时时崇尚生态文明的社会氛围。

培育绿色生活方式，倡导勤俭节约的消费观。广泛开展绿色生活行动，推动全民在衣、食、住、行、游等方面加快向勤俭节约、绿色低碳、文明健康的方式转变，坚决抵制和反对各种形式的奢侈浪费、不合理消费。积极引导消费者购买节能与新能源汽车、高能效家电、节水型器具等节能环保低碳产品，减少一次性用品的使用，限制过度包装。大力推广绿色低碳出行，倡导绿色生活和休闲模式，严格限制发展高耗能、高耗水服务业。在餐饮企业、单位食堂、家庭全方位开展反食品浪费行动。党政机关、国有企业要带头厉行勤俭节约。

（五）加大环境治理力度

以提高环境质量为核心，实行最严格的环境保护制度，形成政府、企业、公众共治的环境治理体系。

推进多污染物综合防治和环境治理，实行联防联控和流域共治，深入实施大气、水、土壤污染防治行动计划。实施工业污染源全面达标排放计划，实现城镇生活污水垃圾处理设施全覆盖和稳定运行。扩大污染物总量控制范围，将细颗粒物等环境质量指标列入约束性指标。坚持城乡环境治理并重，加大农业面源污染防治力度，统筹农村饮水安全、改水改厕、垃圾处理，推进种养业废弃物资源化利用、无害化处置。

改革环境治理基础制度，建立覆盖所有固定污染源的企业排放许可制，实行省以下环保机构监测监察执法垂直管理制度。建立全国统一的实时在线环境监控系统。健全环境信息公布制度。探索建立跨地区环保机构。开展环保督察巡视，严格环保执法。

（六）筑牢生态安全屏障

1. 推进生态文明建设，必须优化国土空间开发格局

要按照人口资源环境承载均衡、经济社会生态效益统一的原则，有效控制开发强度，实现生产空间集约高效、生活空间适宜居住、生态空间青山绿水。要加快实施主体功能区战略，严格按照主体功能定位发展，构建科学合理的城市化格局、农业发展格局、生态安全格局，要在我国实施城镇化进程和机遇中切实将生态建设摆

在首要位置。要保护海洋生态环境，严格限制填海造地，杜绝海洋污染，珍惜国家蓝色国土。

2．推进生态文明建设，必须全面厉行资源节约

要加强全过程节约管理，集约利用资源，大幅度降低能源、水资源和土地消耗，提高利用效率和效益。控制能源消耗总量，加强节能降耗，发展节能低碳产业，发展新能源和可再生能源。加强水源地保护和用水总量管理，推进水循环利用。实行最严格耕地保护制度，严守18亿亩耕地保护红线。加强矿产资源保护和合理开发。发展循环经济，实现资源能源效益最大化。

3．推进生态文明建设，必须加大自然生态系统和环境保护力度

要实施好重大生态修复工程，推进荒漠化、石漠化、水土流失综合防治，扩大森林、湖泊、湿地面积。强化水、大气、土壤等污染防治，深化颗粒污染防治，加强对重金属污染、土壤污染和河流、地下水污染的综合治理，保证城乡居民的饮水安全。要专项组织对京津冀严重雾霾空气污染、华北地区地下水严重污染等突出问题的综合攻关治理。

（1）坚持保护优先、自然恢复为主，实施山水林田湖生态保护和修复工程，构建生态廊道和生物多样性保护网络，全面提升森林、河湖、湿地、草原、海洋等自然生态系统稳定性和生态服务功能。

（2）开展大规模国土绿化行动，加强林业重点工程建设，完善天然林保护制度，全面停止天然林商业性采伐，增加森林面积和蓄积量。发挥国有林区林场在绿化国土中的带动作用。扩大退耕还林还草，加强草原保护。严禁移植天然大树进城。创新产权模式，引导各方面资金投入植树造林。

（3）加强水生态保护，系统整治江河流域，连通江河湖库水系，开展退耕还湿、退养还滩。推进荒漠化、石漠化、水土流失综合治理。强化江河源头和水源涵养区生态保护。开展蓝色海湾整治行动。加强地质灾害防治。

（4）保护和修复自然生态系统。加快生态安全屏障建设，形成以青藏高原、黄土高原－川滇、东北森林带、北方防沙带、南方丘陵山地带、近岸近海生态区以及大江大河重要水系为骨架，以其他重点生态功能区为重要支撑，以禁止开发区域为重要组成的生态安全战略格局。实施重大生态修复工程，扩大森林、湖泊、湿地面积，提高沙区、草原植被覆盖率，有序实现休养生息。加强森林保护，将天然林资源保护范围扩大到全国；大力开展植树造林和森林经营，稳定和扩大退耕还林范围，加快重点防护林体系建设；完善国有林场和国有林区经营管理体制，深化集体林权制度改革。严格落实禁牧休牧和草畜平衡制度，加快推进基本草原划定和保护工作；加大退牧还草力度，继续实行草原生态保护补助奖励政策；稳定和完善草原承包经营制度。启动湿地生态效益补偿和退耕还湿。加强水生生物保护，开展重要水域增值放流活动。继续推进京津风沙源治理、黄土高原地区综合治理、石漠化综合治理，开展沙化土地封禁保护试点。加强水土保持，因地制宜推进小流域综合治理。实施地下水保护和超采漏斗区综合治理，逐步实现地下水采补平衡。强化农田生态保护，实施耕地质量保护与提升行动，加大退化、污染、损毁农田改良和修复力度，加强耕地质量调查监测与评价。实施生物多样性保护重大工程，建立监测评估与预警体系，健全国门生物安全查验机制，有效防范物种资源丧失和外来物种入侵，积极参加生物多样性国际公约谈判和履约工作。加强自然保护区建设与管理，对重要生态系统和物种资源实施强制性保护，切实保护珍稀濒危野生动植物、古树名木及自然生境。建立国家公园体制，实行分级、统一管理，保护自然生态和自然文化遗产原真性、完整性。研究建立江河湖泊生态水量保障机制。加快灾害调查评价、监测预警、防治和应急等防灾减灾体系建设。

在今后五年、十年乃至更长的时期，全党、全社会和全国人民只有把生态文明建设放在突出位置，坚持不懈地推进生态文明建设，并深入融汇到经济建设、政治建设、文化建设、社会建设的各方面和全过程，习近平总书记所说的中国人民长久以来的"中国梦"才会真正得以实现。

（七）完善生态建设法律法规

推进生态文明建设，必须加强生态文明制度建设。要加快完善生态建设法律法规体系，加大制修订有关法律、法规、规章和制度。建立国土空间开发保护制度，完善水资源与矿产资源管理制度、环境保护制度。建立体现生态文明建设要求的目标体系、考核办法、奖惩机制，要将资源消耗、环境损害、生态效益作为重要评价内容，完善经济社会发展评价体系，严格生态文明考核评价。要总结和推广各地区生态文明建设的先进经验和做法，将绿色GDP作为首要的考核指标。要建立资源有偿使用制度和生态补偿制度。开展节能量、碳排放权、排污权、水权交易试点。健全生态环境保护责任追究制度和环境损害赔偿制度。

1. 全面推进污染防治

按照以人为本、防治结合、标本兼治、综合施策的原则，建立以保障人体健康为核心、以改善环境质量为目标、以防控环境风险为基线的环境管理体系，健全跨区域污染防治协调机制，加快解决人民群众反映强烈的大气、水、土壤污染等突出环境问题。继续落实大气污染防治行动计划，逐渐消除重污染天气，切实改善大气环境质量。实施水污染防治行动计划，严格饮用水源保护，全面推进涵养区、源头区等水源地环境整治，加强供水全过程管理，确保饮用水安全；加强重点流域、区域、近岸海域水污染防治和良好湖泊生态环境保护，控制和规范淡水养殖，严格入河（湖、海）排污管理；推进地下水污染防治。制订实施土壤污染防治行动计划，优先保护耕地土壤环境，强化工业污染场地治理，开展土壤污染治理与修复试点。加强农业面源污染防治，加大种养业特别是规模化畜禽养殖污染防治力度，科学施用化肥、农药，推广节能环保型炉灶，净化农产品产地和农村居民生活环境。加大城乡环境综合整治力度。推进重金属污染治理。开展矿山地质环境恢复和综合治理，推进尾矿安全、环保存放，妥善处理处置矿渣等大宗固体废物。建立健全化学品、持久性有机污染物、危险废物等环境风险防范与应急管理工作机制。切实加强核设施运行监管，确保核安全万无一失。

2. 健全法律法规

全面清理现行法律法规中与加快推进生态文明建设不相适应的内容，加强法律法规间的衔接。研究制定节能评估审查、节水、应对气候变化、生态补偿、湿地保护、生物多样性保护、土壤环境保护等方面的法律法规，修订土地管理法、大气污染防治法、水污染防治法、节约能源法、循环经济促进法、矿产资源法、森林法、草原法、野生动物保护法等。

3. 完善标准体系

加快制定修订一批能耗、水耗、地耗、污染物排放、环境质量等方面的标准，实施能效和排污强度"领跑者"制度，加快标准升级步伐。提高建筑物、道路、桥梁等建设标准。环境容量较小、生态环境脆弱、环境风险高的地区要执行污染物特别排放限值。鼓励各地区依法制定更加严格的地方标准。建立与国际接轨、适应我国国情的能效和环保标识认证制度。

4. 健全自然资源资产产权制度和用途管制制度

对水流、森林、山岭、草原、荒地、滩涂等自然生态空间进行统一确权登记，明确国土空间的自然资源资产所有者、监管者及其责任。完善自然资源资产用途管制制度，明确各类国土空间开发、利用、保护边界，实现能源、水资源、矿产资源按质量分级、梯级利用。严格节能评估审查、水资源论证和取水许可制度。坚持并完善最严格的耕地保护和节约用地制度，强化土地利用总体规划和年度计划管控，加强土地用途转用许可管理。完善矿产资源规划制度，强化矿产开发准入管理。有序推进国家自然资源资产管理体制改革。

5. 完善生态环境监管制度

建立严格监管所有污染物排放的环境保护管理制度。完善污染物排放许可证制度，禁止无证排污和超标准、超总量排污。违法排放污染物、造成或可能造成严重污染的，要依法查封扣押排放污染物的设施设备。对严重污染环境的工艺、设备和产品实行淘汰制度。实行企事业单位污染物排放总量控制制度，适时调整主要污染物指标种类，纳入约束性指标。健全环境影响评价、清洁生产审核、环境信息公开等制度。建立生态保护修复和污染防治区域联动机制。

6. 严守资源环境生态红线

树立底线思维，设定并严守资源消耗上限、环境质量底线、生态保护红线，将各类开发活动限制在资源环境承载能力之内。合理设定资源消耗"天花板"，加强能源、水、土地等战略性资源管控，强化能源消耗强度控制，做好能源消费总量管理。继续实施水资源开发利用控制、用水效率控制、水功能区限制纳污三条红线管理。划定永久基本农田，严格实施永久保护，对新增建设用地占用耕地规模实行总量控制，落实耕地占补平衡，确保耕地数量不下降、质量不降低。严守环境质量底线，将大气、水、土壤等环境质量"只能更好、不能变坏"作为地方各级政府环保责任红线，相应确定污染物排放总量限值和环境风险防控措施。在重点生态功能区、生态环境敏感区和脆弱区等区域划定生态红线，确保生态功能不降低、面积不减少、性质不改变；科学划定森林、草原、湿地、海洋等领域生态红线，严格自然生态空间征（占）用管理，有效遏制生态系统退化的趋势。探索建立资源环境承载能力监测预警机制，对资源消耗和环境容量接近或超过承载能力的地区，及时采取区域限批等限制性措施。

7. 完善责任追究制度

建立领导干部任期生态文明建设责任制，完善节能减排目标责任考核及问责制度。严格责任追究，对违背科学发展要求、造成资源环境生态严重破坏的要记录在案，实行终身追责，不得转任重要职务或提拔使用，已经调离的也要问责。对推动生态文明建设工作不力的，要及时诫勉谈话；对不顾资源和生态环境盲目决策、造成严重后果的，要严肃追究有关人员的领导责任；对履职不力、监管不严、失职渎职的，要依纪依法追究有关人员的监管责任。

8. 鼓励公众积极参与

完善公众参与制度，及时准确披露各类环境信息，扩大公开范围，保障公众知情权，维护公众环境权益。健全举报、听证、舆论和公众监督等制度，构建全民参与的社会行动体系。建立环境公益诉讼制度，对污染环境、破坏生态的行为，有关组织可提起公益诉讼。在建设项目立项、实施、后评价等环节，有序增强公众参与程度。引导生态文明建设领域各类社会组织健康有序发展，发挥民间组织和志愿者的积极作用。

我们相信，在党的十八大精神的指引下，按照第十二次全国人民代表大会的要求，我们全党全国人民只要大力推进生态文明建设，奋发图强，真抓实干，坚持不懈，圆"美丽中国"之梦就一定会在我们这几代人中实现。

第五讲　把碳达峰、碳中和作为生态文明建设的历史性任务

2021 年两会，碳达峰、碳中和被首次写入政府工作报告，也进一步成为网络热词，走入公众视野。

2020 年 9 月，中国首次在联合国大会上表示"将提高国家自主贡献力度，采取更加有力的政策和措施，二氧化碳排放力争于 2030 年前达到峰值，努力争取在 2060 年前实现碳中和"，这被称为中国碳达峰、碳中和的"30·60"目标。在 2020 年 12 月召开的中央经济工作会议，以及 2021 年两会期间发布的政府工作报告和"十四五"规划纲要中，都再次明确了要实现碳达峰、碳中和"30·60"目标。

碳达峰是指在某一个时点，一个经济体的二氧化碳排放量不再增长，达到峰值后逐步回落；或者是碳排放到了一定水平后，在这个水平附近小幅波动一段时间，然后再平稳下降。也就是说，实现碳达峰的时间可能是特定的某一年，也可能是连续的几年。

碳中和是指一个经济体在一定时间内，直接或间接产生的二氧化碳排放总量，通过植树造林、技术固碳等方式吸收掉，实现二氧化碳的净排放为零。任何一个经济体不可能完全不排放二氧化碳，比如有机构预测中国在 2060 年实现碳中和后，每年化石能源的消费比例还有 10% ~ 15%。

客观来讲，中国想实现碳达峰、碳中和的"30·60"目标并不是件容易的事。因为从绝对规模看，2011 年至今中国都是各国家和地区中二氧化碳排放量最大的，占全球碳排放总量的比例长期稳定在 30% 左右。从增速看，2015 年到 2019 年，中国碳排放量年均增长 1.2%，高于全球同期的平均增速 0.8%。中国不仅碳排放量大，而且增速还高，因此要实现目标需要付出很大努力。

2021 年 3 月 15 日下午习近平总书记主持召开中央财经委员会第九次会议发表重要讲话时强调，实现碳达峰、碳中和是一场广泛而深刻的经济社会系统性变革，要把碳达峰、碳中和纳入生态文明建设整体布局，拿出抓铁有痕的劲头，如期实现 2030 年前碳达峰、2060 年前碳中和的目标。近年来，中国积极节能减排、不断自我加压，以更切实有效的行动，积极应对气候变化。

2021 年 5 月 26 日，国家主席习近平向世界环境司法大会致贺信。习近平指出，地球是我们的共同家园。世界各国要同心协力，抓紧行动，共建人和自然和谐的美丽家园。中国坚持创新、协调、绿色、开放、共享的新发展理念，全面加强生态环

境保护工作，积极参与全球生态文明建设合作。中国持续深化环境司法改革创新，积累了生态环境司法保护的有益经验。中国愿同世界各国、国际组织携手合作，共同推进全球生态环境治理。

2016 年，世界各国领导人以最大的政治决心和智慧推动达成应对气候变化的《巴黎协定》。5 年来，《巴黎协定》进入实施阶段，得到国际社会广泛支持和参与。当前，国际格局加速演变，新冠肺炎疫情触发对人与自然关系的深刻反思，全球气候治理的未来更受关注。习近平主席提出三点倡议。第一，团结一心，开创合作共赢的气候治理新局面。在气候变化挑战面前，人类命运与共，单边主义没有出路。我们只有坚持多边主义，讲团结、促合作，才能互利共赢，福泽各国人民。中方欢迎各国支持《巴黎协定》、为应对气候变化作出更大贡献。第二，提振雄心，形成各尽所能的气候治理新体系。各国应该遵循共同但有区别的责任原则，根据国情和能力，最大程度强化行动。同时，发达国家要切实加大向发展中国家提供资金、技术、能力建设支持。第三，增强信心，坚持绿色复苏的气候治理新思路。绿水青山就是金山银山。要大力倡导绿色低碳的生产生活方式，从绿色发展中寻找发展的机遇和动力。

中国为达成应对气候变化《巴黎协定》作出重要贡献，也是落实《巴黎协定》的积极践行者。中国提高国家自主贡献力度，采取更加有力的政策和措施，力争 2030 年前二氧化碳排放达到峰值，努力争取 2060 年前实现碳中和。

一、习近平生态文明思想是建设人与自然和谐共生的现代化、实现高质量发展的根本遵循

在现代化建设的过程中，伴随着经济的高速发展出现了一系列问题。习近平总书记在 2012 年就曾说过："我们在生态环境方面欠账太多了，如果不从现在起就把这项工作紧紧抓起来，将来会付出更大的代价。"在生态环境日益恶化的严峻形势之下，在实现全面建成小康社会一百年奋斗目标的压力之下，在建设美丽中国，实现中华民族伟大复兴的历史使命感召之下，习近平总书记从"绿色发展"所需要坚持的基本原则出发与时俱进地提出了改善生态环境质量的重要论断。

马克思恩格斯明确承认，无论人与自然的现实统一程度如何，"自然界的优先地位仍然保持着"。"人并没有创造物质本身。甚至人创造物质的这种或那种生产能力，也只是在物质预先存在的条件下才能进行。"不仅承认自然及其规律的客观性和先在性，恩格斯的"自然辩证法"还强调了自然界相对于人类社会的根源性和整体性。至关重要的是，恩格斯绝没有认为人类可以轻易地掌握与运用自然规律，更不认为人类可以无视和践踏自然规律，最著名的是他"自然的报复"那段话："我们不要过

于得意我们对自然界的胜利。对于我们的每一次胜利，自然界都报复了我们。每一次的这种胜利，第一步我们确实达到预期的结果，但第二步和第三步却有了完全不同的意想不到的结果，常常正好把那第一个结果的意义又取消了。"

同时，在具体分析资本主义社会的劳动实践即物质变换时，马克思恩格斯还明确阐述了资本主义生产方式的生态破坏性和探求一种新的生产关系的重要性。"当西班牙的种植场主在古巴焚烧山坡上的森林，取得木灰来作能获得最高利润的咖啡树能运用一个世代之久肥料时，他们何尝关心到热带的大雨会冲掉毫无掩护的土壤而只留下赤裸裸的岩石呢？对于自然界和社会，在今天的生产方式中，主要只重视最初的最显著的结果。后来人们才惊奇于为了达到上述结果所采取的行为的较远的影响是完全另外一回事，在大多数情形下甚至是完全和那种结果相反的；需要和供给之间的协调，变成刚刚相反的东西。"马克思恩格斯在此意指资本主义的环境破坏是一种普遍的、全球性的生态破坏，这根源于资本的无限扩张冲动和全球性生产体系，因此，资本主义的侵略不仅是资本的全球侵略，也是生态环境的全球侵略。

"美丽中国"从一句抽象的理论表达落地生根为具象的实践形态，这是我国在"绿色发展"实践过程中，遵循实践、认识、再实践、再认识的人类历史发展规律，不断摸索、总结经验，并在实践中加以深化所得出的科学理论认识。在未来，"美丽中国"建设将与经济建设、政治建设、文化建设、社会建设、生态文明建设实现并举并重，共同推动我国经济社会可持续发展。提倡绿色的发展理念，源于对人类历史命运的理性思考、现实国情的深刻把握和未来人民福祉的责任担当。实施绿色发展战略是中国经济社会可持续发展的内在要求和必然选择。

生态文明建设是中国特色社会主义事业"五位一体"总体布局和"四个全面"战略布局及实现中华民族伟大复兴中国梦、建设美丽中国的重要内容，习近平生态文明思想是建设人与自然和谐共生的现代化的根本遵循。把碳达峰、碳中和纳入生态文明建设整体布局，彰显了我国坚持绿色低碳发展的战略定力和积极应对气候变化、推动构建人类命运共同体的大国担当。必须在持续提升生态文明建设战略认知和全面贯彻落实习近平生态文明思想的大战略、大框架、大逻辑中，坚决把碳达峰、碳中和作为生态文明建设的历史性任务，借以如期实现 2030 年前碳达峰、2060 年前碳中和的目标，更好地推动社会全面绿色转型，更好地建设人与自然和谐共生的现代化，更好地推动生态文明建设不断迈上新台阶、实现新进步。

生态文明建设是关系中华民族永续发展的根本大计、千年大计。

中国共产党是用马克思主义武装起来的政党。马克思主义关于人与自然关系的思想，要求我们必须在同自然的互动中生产、生活、发展。人类善待自然，自然也会馈赠人类；反之，"如果说人靠科学和创造性天才征服了自然力，那么自然力也对人进行报复"。2021年是中国共产党成立100周年。回顾百年中国共产党人与自然关系的奋斗史、发展史，都是党领导人民书写的马克思主义人与自然关系史。

20世纪20年代至40年代的中国，自然灾难和社会动乱、战争破坏相互交织，共同构成了对广大民众的自然威胁和生死存亡危机。中国共产党在革命根据地积极探索在战乱与自然灾害中如何救荒、生产、育人，成为中国共产党领导生态环境保护的政策渊源。1937年9月，边区政府就深刻认识到为从根本上改变西北大陆性的气候、温度、雨量、含蓄水源以及防止山洪泛滥，必须大量培植国家森林富源资源，广泛发动群众植树造林；1947年9月，毛泽东同志在陕北葭县（今佳县）发出了"没有黄河，就没有我们这个民族"的感慨，激励和感召着一代又一代中国共产党人"要把黄河的事情办好""让黄河成为造福人民的幸福河"。从提出"对自然不能只讲索取不讲投入、只讲利用不讲建设"，到认识到"人与自然和谐相处"；从"科学发展观"到"进入新发展阶段、贯彻新发展理念、构建新发展格局"；从党的十七大首次将"生态文明"写入党代会报告，到党的十八大把生态文明建设纳入中国特色社会主义"五位一体"总体布局；从党的十九大首次将"美丽中国"作为本世纪中叶建成富强民主文明和谐美丽的社会主义现代化强国的重要目标，到党的十九届五中全会提出"经济社会发展全面绿色转型"。这一伟大历程，凸显出中国共产党始终是我国生态文明建设的核心领导力量，凸显出生态文明建设对于确保中华民族永续发展、实现中华民族伟大复兴中国梦、建设美丽中国极其重要的基础地位和战略地位。

习近平生态文明思想是新时代生态文明建设的根本思想遵循，是21世纪的自然辩证法，是习近平新时代中国特色社会主义思想十分重要的组成部分。习近平生态文明思想创造性地揭示了人类社会人与自然关系交融互动、对立统一的发展规律，其所蕴含的"生态兴则文明兴，生态衰则文明衰""保护生态环境就是保护生产力，改善生态环境就是发展生产力""绿水青山就是金山银山""良好的生态环境是最公平的公共产品，是最普惠的民生福祉""全球生态文明建设的参与者、贡献者和引领者"等系列重大科学论断，深刻揭示了人类文明发展规律，丰富发展了马克思主义自然观和生产力理论，深化了党的执政理念和执政方式，进一步拓展了人类命运共同体新视野，是集马克思主义哲学、政治经济学和科学社会主义学说于一体的科学完整的学科体系、学术体系、话语体系。特别是"绿水青山就是金山银山"科学论断，坚持理论逻辑和实践逻辑的统一，坚持发展和保护的统一，创造性地破解了工业文明数百年来发展与保护"二元悖论"的历史性难题，是关于人类社会怎样通过"绿色发展"实现可持续发展、永续发展的新发展理念、新的实践论。

学习好、贯彻好、落实好习近平生态文明思想，自觉践行习近平生态文明思想，既是我们党作为马克思主义政党旗帜鲜明讲政治基本立场的体现，也是新时代建设人与自然和谐共生的现代化、实现高质量发展的根本要求。

二、把碳达峰、碳中和作为生态文明建设的历史性任务

2020 年 9 月，习近平主席在第七十五届联合国大会一般性辩论上的讲话中提出中国将提高国家自主贡献力度，"二氧化碳排放力争于 2030 年前达到峰值，努力争取 2060 年前实现碳中和。"2020 年 12 月举行的中央经济工作会议，将"做好碳达峰、碳中和工作"作为 2021 年要抓好的八大重点任务之一。中央财经委员会第九次会议提出把碳达峰、碳中和纳入生态文明建设整体布局，则进一步要求从生态文明建设整体布局、战略布局的高度，更加全面系统把握碳达峰、碳中和对于"十四五"时期经济社会发展及至 2035 年、本世纪中叶建设和实现人与自然和谐共生的现代化，既推动我国经济社会全面绿色转型，又在全球范围内促进和实现人类社会由工业文明向生态文明范式转型的重大意义。

作为全球最大的发展中国家和碳排放大国，要加强碳达峰、碳中和顶层设计和战略布局，一方面，立足国情，坚持供给侧结构性改革，通过减排降耗，倒逼传统产业转方式、调结构，实现新旧动能转换；另一方面，面向未来，以新发展理念为引领，建设绿色生态低碳的现代化产业体系。从国际视野看，通过宣示实现碳达峰、碳中和目标，既展现我国积极应对全球气候变化、建设清洁美丽世界的大国担当，又不断增强我国在全球气候治理中的主动权和影响力，推动和引领国际社会加速应对气候变化行动，从而在整体上促进和实现全球生态文明建设。

可以说，碳达峰、碳中和就是反映和体现生态文明建设成效的"牛鼻子"、试金石，是生态文明建设的主要矛盾。抓住了主要矛盾，就等于抓住了事物的根本。要在全面践行习近平生态文明思想，推动生态文明建设迈上历史新台阶、实现新进步的双重逻辑中，把碳达峰、碳中和作为生态文明建设的历史性任务。

（一）系统把握实现碳达峰、碳中和目标的若干实践举措

马克思指出："全部社会生活在本质上是实践的。"马克思和恩格斯在阐述历史唯物主义原理时，指出生产方式和生活方式是一对孪生姊妹，以及人类生产生活必须依靠"自然富源资源"，即作为基本生活资源的水、土壤和空气，以及作为基本劳动资源的森林、煤炭和贵金属等。

做好碳达峰、碳中和工作，必须从生产方式、能源方式、生活方式入手，重点把握实现碳达峰、碳中和目标的若干举措。

第一，着力推动循环、低碳、绿色的生产方式。从物质流动的方向看，传统工业生产是一种单向流动的线性生产，即"资源—生产—消费—废弃物排放"。要推动

线性生产方式向"资源—生产—消费—再生资源"的闭合圈流程转变，全面提高资源利用率。

第二，加快形成部分或全面替代化石能源消费的清洁能源体系。我国碳排放总量大、强度高，根源是化石能源的大量开发和使用，特别是能源结构以煤为主，煤炭消费比重过大。在碳达峰基础上推进碳中和，首先要加大力度推动钢铁、建材建筑、化工、重型交通等传统高耗能行业产业升级，大幅提高能源利用效率。还要加快形成太阳能、风能、水能、氢能等清洁能源为主的能源供应体系。

第三，坚持创新驱动，为碳达峰、碳中和目标实现提供关键性技术支撑。不论是淘汰落后产能，还是推动生产方式和用能方式智能化、绿色化、低碳化，都要强化技术创新，包括直接积极研发和推广化石燃料、生物质能碳捕集与封存技术等。必须坚持以新发展理念为引领，更多强调创新居首，提高防止被别人"卡脖子"的危机意识，全面提升技术创新水平和能力。

第四，大力推进自然碳汇。牢固树立"绿水青山就是金山银山"理念，按照山水林田湖草是生命共同体系统工程理念，加大力度增加森林碳汇，系统实施农田、湿地、荒漠改善及水土保持等自然碳汇生态工程，增加自然碳汇。

第五，加快生活方式转变。工业文明的生活方式，以物质主义—经济主义—享乐主义为主要特征，是一种高消费、高碳排放的生活方式。在尽早实现碳达峰的基础上实现碳中和，尤其需要建立起人与自然、生产与消费、物质与精神平衡协调的社会文明机制，推动生态文明观下的绿色生活方式转型。

（二）碳达峰、碳中和目标的提出，也是中国实现可持续发展的内在需求

碳达峰、碳中和已成为全社会关注的热点话题。多位专家在碳达峰、碳中和目标下绿色低碳发展战略研讨会上表示，实现碳达峰、碳中和目标，不仅仅意味着节能减排，而是发展方式将进行根本变革，能源企业要通过积极创新进行转型。与此同时，也应重视消费者行为转变的重大意义。

2021年3月召开的中央财经委员会第九次会议提出，中国力争2030年前实现碳达峰，2060年前实现碳中和，是党中央经过深思熟虑作出的重大战略决策，事关中华民族永续发展和构建人类命运共同体。

作为一个负责任大国，中国在应对气候变化方面不断提高自己的目标，也为全球应对气候变化作出了积极贡献。碳达峰、碳中和目标的提出，也是中国实现可持续发展的内在需求，是通往"美丽中国"的必经之路。

与会专家认为，碳达峰、碳中和涉及的领域很广，从气候变化科学，到应对气候变化的政策行动，从能源、建筑、交通等部门，到个人消费者。实现碳达峰、碳中和是一场硬仗，更是一项长期任务，必将带来社会经济的深刻变革。

　　中国气象科学研究院研究员翟盘茂认为，绿色低碳目标的提出，对降低气候风险具有重大意义。为实现目标，要降低能源和资源的利用难度，依靠能源转型，推进高质量发展。"应对气候变化是全人类的事，现在每个人的人均排放量都很大。"翟盘茂说，碳中和需要全社会多个行业进行转型，人类生产生活方式的转变会起到很重要的作用。多位专家强调，认知气候变化的紧迫性、必要性是非常重要的。由于碳排放在不断增加，时间紧且任务重，要充分认识到气候变化带来的严峻挑战。

　　同时能源系统转型势在必行，我国能源结构是以高碳的化石能源为主，化石能源占比约 85%。推动碳减排，就必须推动以化石能源为主的能源结构转型。其中，传统能源企业所受影响最直接。通过大力发展低碳能源来替代传统化石能源，已成为能源企业业务转型的必由之路。中国能源研究会副理事长周大地在会上提出，能源系统转型对实现碳达峰、碳中和目标至关重要。全社会 2060 年前碳中和，能源系统需要更早实现零碳，电力系统甚至 2040 年至 2045 年就要实现零碳。周大地认为，能源低碳化意味着从供应方到消费方，全部都要进行系统性转变，这一转型过程中有大量创新需求，对于中国的能源企业是一个新机遇，能源行业要大胆参与低碳能源的生产发展、技术研发、市场推广等。

　　国家气候中心副主任巢清尘认为，在气候变化的大背景下，未来极端事件的强度和频率会增强和增多，对新型能源系统的稳定安全运行会造成很大影响。如何更好地加强两个领域和行业的结合，需要有大量技术研发和提前研判的工作，需要跨部门、跨行业、跨领域知识的更好结合。

　　专家提出，碳达峰、碳中和备受关注，但对公众而言是一个"新生事物"，特别是，实现碳达峰、碳中和目标是一个系统工程，涉及地方经济发展、传统行业转型、新兴领域前瞻性投资、个人消费观改变等多方面，需进一步提升社会各界对碳达峰、碳中和的科学认知。中国社会科学院生态文明研究所研究员陈迎举例说，目前各级政府高度重视碳达峰方案的制定，各地应提高认识，做好区域协调发展，把产业的中长期规划、碳达峰和碳中和实施方案等统筹在一起。有专家认为，"十四五"期间乃至很长一个阶段，如果不能遏制化石能源的增长，将对碳达峰产生巨大压力，要坚决遏制高耗能、高排放项目盲目发展。此外，周大地提醒，在发展新能源方面，地方要系统规划，发挥我们体制的优势，进行最优布局，不能一哄而上。如果地方各自为政，可能会造成相关产业的重复建设和浪费。

　　除了领导干部的思想观念转变，大众的消费行为转变也是实现碳达峰、碳中和的重要途径。中国社会科学院生态文明研究所所长张永生认为，全球范围的碳中和代表着传统工业时代的落幕、绿色发展时代的开启，代表着巨大的机遇和挑战。我们首先要解决的一个障碍是公众对碳中和的认识不到位。陈迎举例说，普通公众认识上往往有一些偏差，有人认为，既然自然能够吸收 50% 的二氧化碳，减排一半就能实现"中和"，为什么还要强调零碳排放？这里涉及对碳汇的核算，要进一步厘清。加强生态保护和增强自然碳汇，是一个重要的途径，还有一个重要途径是通过人工技术手段来增加碳汇。相信未来会不断有新技术涌现，将为碳中和提供非常重要的渠道。"在动员全社会的时候，我们也不应该忽视消费模式和消费者行为转变的重大意义。"陈迎说，应对气候变化不仅需要政府和企业行动，也需要消费者在衣食住行等日常生活的各个环节发现减排潜力，行动起来，为实现碳达峰、碳中和贡献力量。

三、碳达峰、碳中和任重道远，绿色金融大有可为

重任在肩，更需砥砺前行。"十四五"时期是实现碳达峰、碳中和目标的关键时期。履行庄严承诺，需要全面而有力的政策落地。

（一）碳达峰、碳中和影响我国未来 40 年经济发展

碳达峰、碳中和可以说是影响我国未来 40 年经济发展的重要战略。海通证券首席宏观分析师、经济学博士梁中华在接受《证券日报》记者采访时表示，"碳达峰、碳中和相关话题值得高度关注。原因有三方面，首先，进入工业化时代，全球碳排放强度急剧提升，一旦极端天气频繁袭来，不仅危及人类生活，也会造成较大规模的经济损失。目前中国碳排放量位居全球首位，需要加快降低碳排放的步伐；其次，预计碳达峰、碳中和目标会加快落实；最后，几乎所有行业都会消耗能源，大多也会涉及碳排放的问题。为了已定目标，我国在宏观、金融、产业政策等领域都会有举措，势必会对产业发展和结构变化产生非常深远的影响"。川财证券首席经济学家、研究所所长陈雳在接受《证券日报》记者采访时表示，"碳达峰、碳中和成为本次全国两会讨论的热点方向，原因有两方面，一是应对全球气候变化；二是中国自身的产业绿色升级"。

2020 年中央经济工作会议将"做好碳达峰、碳中和工作"列为 2021 年的八项重点任务之一。要实现碳中和目标，我国的经济结构、能源结构、产业结构等都面临着深度的低碳转型。在此背景下，各行业如何进行低碳转型，实现碳中和目标，无疑成为两会代表委员热议的话题。

全国政协委员、中国石化集团公司总经理、党组副书记马永生表示，推进生态文明建设、实现碳达峰、碳中和目标，对能源领域提出了新要求，必须全面贯彻新发展理念和能源安全新战略，加快构建清洁低碳、安全高效的能源体系，保障我国经济社会高质量发展。

全国政协委员、国网电动汽车服务有限公司董事长、党委书记全生明建议，在能源供给侧大力实施清洁替代，加快建设具有清洁低碳、安全可靠、泛在互联、高

效互动、智能开放等显著特征的能源互联网，是推动我国能源清洁低碳转型、助力"30·60"双碳目标实现的战略选择和必然要求。

实现碳达峰、碳中和，需要全社会各行业共同努力，而形成绿色低碳生产生活方式是努力的方向之一。坚持以降碳为重点，促进经济社会高质量发展。各地区各部门各行业都要在绿色低碳发展的时代潮流中找准坐标和方向，对标碳达峰目标和碳中和愿景，谋划好自己的碳达峰行动方案。另外，加强改革创新、科技引领、产业支撑，加强生态经济体系建设，财政、金融、产业等各方面政策措施都要体现绿色低碳理念和要求，共同推动形成绿色生产生活方式。

未来五年是经济转型升级的重要窗口期，全国政协委员、中投公司副总经理赵海英认为，我国应当从基础性工作入手，大力发挥市场机制，引导资金助力经济低碳转型升级。赵海英建议，由监管机构引导、行业协会推动，共同完善碳排放信息披露指引。信息披露是实现碳中和的首要步骤和基础环节。碳排放、碳足迹定量信息披露是我国上市公司治理的重要短板。

实际上，在碳排放信息披露方面，国内上市公司还存在很多问题，比如缺乏明确的法律法规，也缺乏足够的社会监督。对此，全国人大代表、TCL 创始人李东生表示："我建议，首先建立上市公司碳信息披露法规体系，对标全球 ESG 企业社会责任评估体系，同时将这项内容纳入上市审查标准中，以此引导非上市公司遵循相关法律法规。其次搭建碳信息披露公共平台。再次，对达标企业给予政策扶持。最后，引导企业树立碳信息披露意识，完善内部信息收集机制。另外，还要加强投资者教育，加强公众的监督意识。"

（二）碳达峰、碳中和低碳转型成为未来长期投资机会

碳达峰、碳中和在资本市场也有相当高的关注度。投资机会方面，安信证券策略团队梁中华表示："这是长达 40 年的主题投资机会，与碳中和相关的投资机会包括两类：一是节能减排类，以电力设备行业为例，为了促进节能减排，电网对清洁能源的输送、调配尤为重要。特高压、能源互联网的建设将成为重点投资方向；二是新能源类，主要包括光伏、风电、新能源汽车等行业。因为碳浓度提高的主要原因在于化石燃料的过度消耗，提升新能源的使用能从根本上破解这一难题。而光伏、风电作为新能源的重要形式，未来占比有望进一步得到提升。"

（三）绿色金融大有可为

在实现碳达峰、碳中和目标的过程中，绿色金融是重要的配套支撑。2020 年 12 月 25 日，央行货币政策委员会提出"以促进实现碳达峰、碳中和为目标完善绿色金融体系"。2021 年 1 月 4 日召开的央行工作会议再次提及"落实碳达峰、碳中和重大

决策部署，完善绿色金融政策框架和激励机制"。

为促进我国绿色金融发展，全国人大代表、中国人民银行沈阳分行行长朱苏荣提出四点建议。一是完善绿色金融政策框架。制定《绿色金融法》，明确绿色金融范畴、基本原则、发展目标和要求、保障措施等，加快绿色金融顶层设计。二是完善绿色金融配套政策。对金融机构和企业进行规范，并对绿色金融产品和服务创新进行前瞻性指导。三是统一绿色金融标准。在《绿色金融法》总体框架和原则要求下，修订绿色信贷、绿色产业标准，建立绿色基金、绿色保险的界定标准，实现绿色金融标准的统一和有效衔接。四是强化绿色金融的激励约束机制。对于违反绿色低碳原则的行为和市场主体，要明确罚则，通过限制市场准入、市场融资等约束手段和惩戒措施，提高违法违规成本。

截至目前，我国绿色金融资产质量整体良好，绿色贷款不良率远低于全国商业银行不良贷款率，绿色债券更无违约案例。据 Wind 绿色债券概念板块统计，截至 2020 年年末，我国境内市场贴标绿色债券累计发行规模突破 1 万亿元，达到 11 521.43 亿元，存量规模 8 721.27 亿元。

在碳中和目标下，绿色金融发展空间广阔。全国人大代表、人民银行南京分行行长郭新明建议，创新绿色金融产品和服务，构建多层次绿色金融市场体系。扩大绿色债券发行量，积极支持企业及金融机构发行绿色债券，鼓励机构投资者提高绿色债券认购占比；探索推进绿色证券化产品、绿色资管产品等发展，支持证券基金及相关投资行业开发绿色投资产品，更好地履行 ESG 责任；发展气候变化相关绿色保险产品，通过保险产品定价促进气候风险内部化；建立巨灾保险制度，完善气候变化相关重大风险的巨灾保障体系。

2021 年绿色债券市场将会迎来重大机遇。为贯彻落实碳达峰、碳中和目标，国务院发布了《关于加快建立健全绿色低碳循环发展经济体系的指导意见》，其中不仅提到要大力发展绿色金融、绿色信贷，同时指出"支持金融机构和相关企业在国际市场开展绿色融资，有序推进绿色金融市场双向开放"。这会为绿色市场带来新的增量，完善市场发展，加速与国际市场的接轨。机遇之外，也有挑战，比如环境信息披露不足、绿色债券评级模型需要创新、转型带来的金融风险等问题，都亟待解决。

不同国家和组织对绿色金融的界定不一样。比如 OECD 认为在实现经济增长的同时减少污染、碳排放和垃圾，并提高自然资源使用效率的金融都可以被称为绿色金融。2016 年 8 月中国人民银行等七部委印发的《关于构建绿色金融体系的指导意见》中，则把绿色金融定义为"支持环境改善、应对气候变化和资源节约高效利用的经济活动，即对环保、节能、清洁能源、绿色交通和绿色建筑等领域的项目投融资、项目运营、风险管理等所提供的金融服务"。

　　2016 年被认为是中国绿色金融的元年，虽然起步时间较晚，但中国在绿色信贷、绿色债券、绿色股票、绿色保险和绿色基金等方面，都出台了相应政策文件，是全球首个搭建起比较完善的绿色金融政策体系的国家。

　　目前中国也已建立起多层次的绿色金融产品和市场体系。2020 年年末绿色贷款余额近 12 万亿元，存量规模位居世界第一，而且绿色贷款的不良贷款率远低于全国商业银行不良贷款率。绿色债券存量 8 132 亿元，位居世界第二，在信用债违约日渐常态化的情况下，绿色债券目前还没有发生违约。每年绿色债券所募集资金投向的项目，大概节约了标准煤 5 000 万吨，相当于减少二氧化碳排放 1 亿吨以上。

　　总之，中国要实现碳达峰、碳中和的"30·60"目标，时间紧迫、任务艰巨，所需的投资规模在百万亿以上，还存在着很大的资金缺口。为推动绿色金融更好满足碳达峰、碳中和的资金需求，应加快完善现有的绿色金融体系，具体措施包括多元化绿色金融工具和资金来源、加快统一国内绿色金融的标准并提高和国际标准的兼容性、构建强有力的绿色信息披露机制等。

　　正如习近平主席向世界环境司法大会致贺信中所说，中国历来重信守诺，将以新发展理念为引领，在推动高质量发展中促进经济社会发展全面绿色转型，脚踏实地落实目标，为全球应对气候变化作出更大贡献。"天不言而四时行，地不语而百物生。"地球是人类共同的、唯一的家园。让我们继往开来、并肩前行，助力《巴黎协定》行稳致远，开启全球应对气候变化新征程！

思考题

　　1. 结合中国碳达峰与碳中和行动目标，谈谈你对习近平生态文明思想的理解。

　　2. 谈谈碳达峰、碳中和目标的实现将如何影响我国能源结构、工业生产与消费方式，又会带来怎样的投资机会。

专题九 不忘初心、牢记使命

引言:

初心,就是本心,就是最初的心愿或信念,它包含着真诚与进取的精神品格,时刻提醒人们牢记来时的路、看清脚下的征程,只有始终坚持,才能得以实现。

对一个政党而言,初心就是建党为了谁、为什么出发,所要达到的目标或所要完成的任务是什么。中国共产党人的初心和使命,就是为中国人民谋幸福,为中华民族谋复兴。把初心和使命连在一起使用,是习近平总书记在党的十九大报告中富有创意的提法。初心是使命的本原,使命是初心的升华;不忘初心是牢记使命的内在要求,牢记使命是不忘初心的必然归宿。

党的十九大报告指出,在全党开展"不忘初心、牢记使命"主题教育,用党的创新理论武装头脑,推动全党更加自觉地为实现新时代党的历史使命不懈奋斗。

第一讲 共产党人的初心和使命是什么

每个人都拥有自己的初心,那么何谓初心?古人言:"初心者,矢志一也,不以故渝,不以时移,唯存道尔。"纳兰性德说,"人生若只如初见"。在这个时代,初心常常被我们遗忘,正如黎巴嫩著名诗人纪伯伦所说:"我们已经走得太远,以至于忘记了为什么出发。"孔子说:"居之不倦,行之以忠。"当有一天我们会发现,抛开一切世俗的附加,我们所坚守的信念和本心,是最为宝贵的,它存在向善、向美、向真的追求当中。

用现代的眼光来看,它就是我们一以贯之的理想与追求;那什么又是使命呢?古往今来,多少先哲用他们的鲜血与生命告诉我们,使命便是我们每一位中华儿女、每一位基层党员应该担当的职责,它是铁肩上担着的道义,是妙手写下的文章,是忧国忧民的情怀,更是甘为孺子牛的气度。在我看来,"不忘初心、牢记使命",便是共产党对全体党员的党性要求,也是中国共产党人对人民群众的庄严承诺。

一、"不忘初心、牢记使命"的提出

2015年7月1日,习近平总书记给国测一大队老队员老党员的回信首次提出"不忘初心，方得始终"。2016 年 7 月 1 日，习近平总书记在纪念中国共产党成立 95 周年大会上向全党郑重发出"不忘初心，继续前进"的号召。2017 年 10 月 18 日，在党的十九大上，"不忘初心、牢记使命"上升为大会的主题，习近平总书记深刻指出，"这个初心和使命是激励中国共产党人不断前进的根本动力"，并部署"在全党开展'不忘初心、牢记使命'主题教育"。

此后，习近平总书记在多个场合进一步强调"不忘初心、牢记使命"——2017年 10 月，在十九届一中全会上他说："我们要不忘初心、牢记使命，恪尽职守，勤勉工作。"瞻仰中共一大会址时他说："只有不忘初心、牢记使命、永远奋斗，才能让中国共产党永远年轻。"2017 年 12 月，主持中共中央政治局民主生活会时他要求："不忘初心、牢记使命，首先要从中央政治局的同志做起。"2018 年 2 月，在春节团拜会上他指出，"我们要不忘初心、牢记使命"，"在我们广袤的国土上继续书写 13 亿多中国人民伟大奋斗的历史新篇章"。2019 年 5 月，参观中央红军长征出发纪念馆时他又重申："我们不能忘记党的初心和使命，不能忘记革命理想和革命宗旨。"2019 年 5月 31 日，"不忘初心、牢记使命"主题教育工作会议上他再次强调："为中国人民谋幸福，为中华民族谋复兴，是中国共产党人的初心和使命，是激励一代代中国共产党人前赴后继、英勇奋斗的根本动力。"

十九大报告中，习近平总书记开宗明义，强调了共产党人的初心和使命——"为中国人民谋幸福，为中华民族谋复兴"。大会的主题也明确："不忘初心、牢记使命，高举中国特色社会主义伟大旗帜，决胜全面建成小康社会，夺取新时代中国特色社会主义伟大胜利，为实现中华民族伟大复兴的中国梦不懈奋斗。"

二、"不忘初心、牢记使命"的丰富内涵

十九大闭幕后，习近平总书记瞻仰上海中共一大会址和浙江嘉兴南湖红船，开启不忘初心、牢记使命之旅，强调要"不忘初心、牢记使命，永远奋斗"。这三个词饱含了开天辟地、敢为人先的首创精神，坚定理想、百折不挠的奋斗精神，立党为公、忠诚为民的奉献精神，共产党人寻找和追忆到了"红船初心"。通过回顾中国共产党走过的风风雨雨、辉煌激荡的来时路，共产党人表达了不忘初心，做"红船精神"的传播者、弘扬者和践行者，将"红船初心"化作建设中国特色社会主义现代化强国的坚强信念。

在上海中共一大会址纪念馆，习近平带领其他中共中央政治局常委同志一起重温入党誓词。

"不忘初心、牢记使命"内涵丰富，源于党性、成于历史、归于宗旨，凝聚着以习近平同志为核心的党中央对坚持和发展什么样的中国特色社会主义、怎样坚持和

发展中国特色社会主义这一重大时代课题，以及为什么必须全面从严治党、怎样全面从严治党的历史课题的全方位、深层次的思考。

源于党性。党从诞生之日起，就把马克思主义写在自己的旗帜上，把实现共产主义确立为最高理想，鲜明表达了中国共产党人的政治信念、价值追求、行动纲领。170 多年前，马克思、恩格斯在《共产党宣言》中宣布："无产阶级的运动是绝大多数人的、为绝大多数人谋利益的独立的运动。"《共产党宣言》是科学共产主义理论诞生的标志，科学指明了无产阶级革命的方向。中国共产党是中国工人阶级的先锋队，同时是中国人民和中华民族的先锋队，是中国特色社会主义事业的领导核心，代表中国先进生产力的发展要求，代表中国先进文化的前进方向，代表中国最广大人民的根本利益。

成于历史。1921 年中国共产党成立时把为中国人民求解放、谋幸福作为党的根本任务。1945 年党的七大将"中国共产党人必须具有全心全意为中国人民服务的精神"写入党章。改革开放后，邓小平同志提出，要把人民拥护不拥护、赞成不赞成、高兴不高兴、答应不答应作为制定各项方针政策的出发点和归宿。党的十八大以来，以习近平同志为核心的党中央严格执行八项规定、集中整治"四风"、坚决惩治腐败，党和群众血肉联系更加紧密，为夺取新的历史条件下伟大斗争的胜利奠定了深厚的群众基础。

归于宗旨。中国共产党 100 年来奋斗历程的基本经验之一，就是始终牢记全心全意为人民服务的宗旨，紧紧地依靠人民群众，诚心诚意地为人民谋利益，从人民群众中汲取前进的不竭力量。党的宗旨是指坚持全心全意为人民服务的宗旨，是党的最高价值取向。实现人民的利益，得到广大人民群众的拥护，是衡量党的路线、方针和政策是否正确的最高标准。不忘初心、牢记使命，就是不能忘记人民是我们的衣食父母，始终把以人民为中心作为一切工作的出发点和落脚点，把坚持党的根本宗旨作为一切行动的基本准则。我们党要推进中国特色社会主义伟大事业，实现新时代的奋斗目标，就必须坚持全心全意为人民服务的根本宗旨，继续发扬立党为公、忠诚为民的奉献精神，实现好、维护好、发展好最广大人民的根本利益，把广大人民群众的积极性、主动性、创造性充分调动起来，形成推动各项事业发展的强大力量。

守好初心，方知使命，方能担当，方得始终。立足新的历史方位，面对新的形势挑战，我们要沐风栉雨、砥砺前行，不忘初心强党性、不辱使命勇担当、不懈奋斗求始终，稳步走好新时代的长征路，奋力实现民族复兴的中国梦。

三、我们党的初心和使命是什么？

2019 年 6 月 28 日至 29 日，临汾职业技术学院各党总支、直属党支部书记及思政教师、辅导员代表一行 50 人赴西柏坡开展"不忘初心、牢记使命"主题教育活动。

习近平总书记说："不忘初心，方得始终。中国共产党人的初心和使命，就是为中国人民谋幸福，为中华民族谋复兴。"实现中华民族伟大复兴是近代以来中华民族最伟大的梦想。中国共产党一经成立，就把实现共产主义作为党的最高理想和最终目标，义无反顾肩负起实现中华民族伟大复兴的历史使命，团结带领人民进行了艰苦卓绝的斗争，谱写了气吞山河的壮丽史诗。

为了这个初心和使命，中国共产党人已经奋斗了 100 年。上海的中共一大会址、嘉兴的南湖红船是我们党梦想起航的地方。我们党从这里诞生，从这里出征，从这里走向全国执政。这里是我们党的根脉，我们走得再远都不能忘记来时的路。

1840 年以后，中国逐渐成了半殖民地半封建的国家。仁人志士一直怀揣救国救民的梦想，他们面临着两大历史任务：民族独立、人民解放和国家富强、人民幸福。多少个政党、多少个政治团体为之努力过、奋斗过，却都没能成功。

"十月革命一声炮响"给中国送来了马克思列宁主义。马克思主义同中国工人阶级相结合，产生了无产阶级自己的政党。"这是开天辟地的大事变"，深刻改变了近代以后中华民族发展的方向和进程，深刻改变了中国人民和中华民族的前途和命运，深刻改变了世界发展的趋势和格局。

100 年来，中国共产党带领中国人民完成新民主主义革命，建立中华人民共和国，实现了中国从几千年封建专制政治向人民民主的伟大飞跃；完成社会主义革命，确立社会主义基本制度，推进社会主义建设，实现了中华民族由近代不断衰落到根本扭转命运、持续走向繁荣富强的伟大飞跃；进行改革开放新的伟大革命，开辟中国特色社会主义道路，形成中国特色社会主义理论体系，确立中国特色社会主义制度，发展中国特色社会主义文化，使中国赶上了时代，实现了中国人民从站起来到富起来、强起来的伟大飞跃。正如习近平总书记所强调的，"今天，我们比历史上任何时期都更接近、更有信心和能力实现中华民族伟大复兴的目标"。

（1）"不忘初心、牢记使命"，就是要牢记我们党从成立起就把为社会主义、共产主义而奋斗确定为自己的纲领，牢记共产主义远大理想，坚定中国特色社会主义共同理想，一步一个脚印向着美好未来和最高理想前进。

1921 年 7 月党的一大通过的《中国共产党第一个纲领》表明，中国共产党是无产阶级的政党，目标是实现共产主义。党的纲领规定，革命军队必须与无产阶级一起推翻资本家阶级的政权，必须援助工人阶级，直到社会阶级区分消除、阶级斗争结束、社会的阶级区分消灭为止，承认无产阶级专政，消灭资本家私有制等。1922 年

7 月举行的党的二大通过《中国共产党第二次全国代表大会宣言》，提出了党的最高纲领和最低纲领。党的最高纲领是要组织无产阶级，用阶级斗争的手段，建立劳农专政的政治，铲除资产阶级财产制度，渐次达到一个共产主义社会。党的最高纲领和最低纲领是密不可分的，只有完成党在现阶段的基本任务，才能创造条件实现党的最高纲领。

习近平总书记指出，中国共产党一开始就在自己的纲领文件中开宗明义确立了坚持马克思列宁主义，鲜明写下"工人阶级""无产阶级"这些字句。尽管处于初创阶段，但奠定了我们党的前进方向和基石。在中国特色社会主义新时代，我们仍然要牢记共产主义远大理想，坚定中国特色社会主义共同理想，一步一个脚印地前进。

（2）"不忘初心、牢记使命"，就是要坚持全心全意为人民服务的根本宗旨，永远保持对人民的赤子之心，不断带领人民创造更加幸福美好的生活。

我们党从弱小到强大，党员成倍增长，基层组织不断成长。之所以能如此，根本在于我们党能始终同人民想在一起、干在一起，永远与人民同呼吸、共命运、心连心，永远把人民对美好生活的向往作为奋斗目标。

人民立场是中国共产党的根本政治立场，是马克思主义政党区别于其他政党的显著标志。党与人民风雨同舟、生死与共，始终保持血肉联系，是党战胜一切困难和风险的根本保证。任何时候，我们都要坚信党的根基在人民、党的力量在人民，坚持一切为了人民、一切依靠人民，充分发挥人民的积极性、主动性、创造性，不断把为人民造福事业推向前进。

（3）"不忘初心、牢记使命"，就是要永远保持建党时中国共产党人的奋斗精神，永远保持永不懈怠的精神状态和一往无前的奋斗姿态。

人无精神则不立，国无精神则不强。建党时中国共产党人的奋斗精神是什么精神呢？这就是"红船精神"。2005 年 6 月，时任浙江省委书记的习近平同志在《光明日报》刊发《弘扬"红船精神"走在时代前列》的重要文章，把"红船精神"概括为"开天辟地、敢为人先的首创精神，坚定理想、百折不挠的奋斗精神，立党为公、忠诚为民的奉献精神"。今天，我们要结合时代特点大力弘扬"红船精神"，继续朝着实现中华民族伟大复兴的宏伟目标奋勇前进。

（4）"不忘初心、牢记使命"，就是要始终保持谦虚谨慎、不骄不躁的作风，不畏艰难、不怕牺牲，为实现"两个一百年"奋斗目标、实现中华民族伟大复兴的中国梦而不懈奋斗。

在革命斗争和建设中形成的优良作风，是我们党宝贵的精神财富。1945 年，毛泽东同志在党的七大上作了题为"论联合政府"的政治报告，其中总结出中国共产党把马克思主义普遍真理同中国革命具体实践相结合中形成的"三大作风"，即"理论和实践相结合的作风，和人民群众紧密地联系在一起的作风以及自我批评的作风"。解放战争胜利后，在党的七届二中全会上，在全党即将面临新的历史性考试的时候，毛泽东同志又告诫全党，"务必使同志们继续地保持谦虚、谨慎、不骄、不躁的作风，务必使同志们继续地保持艰苦奋斗的作风"。

中华民族是历经磨难、不屈不挠的伟大民族，中国人民是勤劳勇敢、自强不息的伟大人民，中国共产党是敢于斗争、敢于胜利的伟大政党。我们党无论是在腥风血雨的新民主主义革命时期，还是在社会主义革命和建设时期以及改革开放和社会主义现代化建设新时期，始终不畏艰难、不怕牺牲。今天，夺取坚持和发展中国特色社会主义伟大事业新进展，夺取推进党的建设新的伟大工程新成效，夺取具有许多新的历史特点的伟大斗争新胜利，还有许多"雪山""草地"要跨越，还有许多"娄山关""腊子口"要征服，依然需要无所畏惧的伟大实践精神、浴火重生的伟大创造精神。

第二讲　为什么要"不忘初心、牢记使命"

汗青传百世，铁券铸丹芳。放眼中华民族上下五千年，从三皇五帝溯源至今，我们曾因百家争鸣而名著青史，由汉唐盛相而四海鹰扬，更有四大发明、唐诗宋词、丝绸瓷器……无论是政治、经济、军事还是文化、科技，都曾久立于人类文明的巅峰，是当之无愧的领路人与开拓者。但近代以来，中华民族遭受的苦难之重、付出的牺牲之大，在世界历史上都是极其罕见的。然而，战争与苦难无法磨灭中华儿女不畏强暴、奋起反抗的意志和精神，多少革命先烈将整个民族的命运扛在肩上，挺身而出、共赴国难，谱写出一曲曲惊天动地、可歌可泣的民族赞歌。中华民族正是在中国共产党的领导下，依靠一代又一代共产党人不忘初心、不懈坚守，经历了数十年艰苦卓绝的奋斗，推翻了压在头上的"三座大山"，开启了崭新的历史征程。

不忘初心，方得始终。"不忘初心"四个字是在告诫全党：我们党已经走过了100年的历程，但要永远保持建党时中国共产党人的奋斗精神，永远保持对人民的赤子之心。一切向前走，都不能忘记走过的路；走得再远、走到再光辉的未来，也不能忘记走过的过去，不能忘记为什么出发。简单地说，不忘初心，就是不要忘记我们党的理想、信念、宗旨。

（1）初心能安身立命。不忘初心是一种戒惧，本初之心是简单之心。在前行过程中，人们往往会被路边风景吸引甚至诱惑，偏离初定的正道，这实际上是一种贪婪。专心致志方能有所成就，心怀戒惧才能抵制诱惑。习近平总书记曾说过："我们党作为执政党，面临的最大威胁就是腐败。"也曾指出："腐败是社会毒瘤。如果任凭腐败问题愈演愈烈，最终必然亡党亡国。我们党把党风廉政建设和反腐败斗争提到关系党和国家生死存亡的高度来认识，是深刻总结了古今中外的历史教训的。中国历史上因为统治集团严重腐败导致人亡政息的例子比比皆是，当今世界上由于执政党腐化堕落、严重脱离群众导致失去政权的例子也不胜枚举啊！"一些党员干部之所以犯这些错误，在人生末路上追悔莫及，根本原因就是在为官从政的道路上，忘记了初心，迷失了方向。随着事业的攀升和权力的增大，当看到别人有权有钱，就放松了警惕、丢掉了本色，守不住初衷、把不住底线，最终背离初心、背弃誓言，偏离人生轨道，滑向违纪违法的歧途……只有不忘初心，时刻清醒我们党从哪里来、要到哪里去，当初我们为什么立党，立党后我们做了什么，今后还需要和将要做什么，才能永怀赤子之心、永葆矢志不渝的奋斗精神，为增进人民福祉，时刻用"先进"之光照亮黑暗中的孤舟，向黎明的成功彼岸前行。

（2）初心能精神永驻。每个人都有自己的路，失落、沮丧、悲伤，一路上，每个人都曾经历过，当遇到这些坎坷挫折时，又是什么力量支持着自己一路前行呢？法国著名哲学家萨特曾经说过："世界上有两样东西是亘古不变的，一是高悬在我们头顶上的日月星辰，一是深藏在每个人心底的高贵信仰。"而《信仰的力量》中也曾写道："能够激发灵魂的高贵与伟大，只有虔诚的信仰。在最危险的情形下，最虔诚的信仰支撑着我们；在最严重的困难面前，也是虔诚的信仰帮助我们获得胜利。"这些都表明正确的信仰是路标、是灯塔、是方向。革命战争年代，共产党人信仰坚定、世所罕见，他们宁可牺牲自己的生命，也绝不动摇自己的信仰。1928年，任湖北省委委员的夏明翰被捕后，面对敌人的严刑和诱惑，他写道："砍头不要紧，只要主义真。杀了夏明翰，还有后来人！"气壮山河的话语，表现了白色恐怖下坚贞不屈的共产党人的浩然正气。无论时光流逝，沧海桑田，一只红船在历史中前行，从南湖起航到奋楫金沙江、从四渡赤水到饮马长江，将红旗插在了井冈峰顶、遵义城头、延安宝塔、西柏坡上，把中国革命、建设、改革的历史串联成一幅动人心魄的大潮行舟图。我们党从小到大、从弱到强，靠什么历经磨难而不垮、越是艰险越向前？归根到底靠的是马克思主义理论指导，靠的是共产主义理想信念支撑。历史总是要前进的，历史从不等待一切犹豫者、观望者、懈怠者、软弱者。新时代，我们党靠什么领导人民实现"两个一百年"奋斗目标、开创中华民族美好前景？习近平总书记告诫全党，要坚定中国特色社会主义道路自信、理论自信、制度自信、文化自信。这"四个自信"都源自共产党人的初心，是对共产党人坚守初心的自信与自豪。不忘初心，既为我们党把舵导航、指路明向，又为我们党提振精神、凝聚力量，是共产党人与历史同步伐、与时代共命运的重要法宝。

（3）初心能无往不胜。在瞻仰上海中共一大会址和浙江嘉兴南湖红船时，习近平总书记强调，事业发展永无止境，共产党人的初心永远不能改变。唯有不忘初心，方可告慰历史、告慰先辈，方可赢得民心、赢得时代，方可善作善成、一往无前。100年来，我们党团结带领人民取得的伟大成就充分说明，不忘初心才能不迷失方向，不忘初心才能找到正确的道路。初心和使命就是激励中国共产党人不断前进的动力。要深刻认识党面临的执政考验、改革开放考验、市场经济考验、外部环境考验的长期性和复杂性，深刻认识党面临的精神懈怠危险、能力不足危险、脱离群众危险、消极腐败危险的尖锐性和严峻性。如果丢掉了初心、忘记了使命，就会陷入"四种危险"，就会经不起"四大考验"，就会缺乏前进的动力。因此，要不断增强党的政治领导力、思想引领力、群众组织力、社会号召力，确保我们党永葆旺盛的生命力和强大战斗力。从这个意义上说，"不忘初心、牢记使命"是我们党的力量源泉，是我们党永葆青春的秘诀。此次，习近平总书记在党的十九大报告中提出在全党开展"不忘初心、牢记使命"主题教育，带领中央政治局常委瞻仰上海中共一大会址和浙江嘉兴南湖红船，目的都是回顾我们党的光辉历程特别是建党时的历史，既进行革命传统教育，学习革命先辈的崇高精神，又明确新时代肩负的重大责任，增强现实的责任感和历史的使命感。历史是最好的教科书，历史是最好的营养剂。唯有在我们党的光荣历史中汲取力量，唯有在革命传统中汲取力量，唯有在革命先辈的言行和事迹中汲取力量，才能进一步增强"舍我其谁"的担当意识，才能更好地实现党的十九大提出的一系列奋斗目标。

第三讲　怎样做才能"不忘初心、牢记使命"

中国特色社会主义进入了新时代，这是我国发展新的历史方位。全面建设社会主义现代化强国的宏伟蓝图已经绘就，需要全体党员牢记初心和使命，以永不懈怠的精神状态和一往无前的奋斗姿态，继续朝着实现中华民族伟大复兴的宏伟目标奋勇前进！要永葆奋斗精神和赤子之心，凝聚继续前进的磅礴力量，践行初心，努力在决胜全面建成小康社会、实现中华民族伟大复兴中国梦的征程上书写新的壮丽篇章。

（1）不忘初心就是坚守人民至上。共产党人的服务宗旨就是全心全意为人民服务。1944年9月8日，毛泽东在为张思德举行的追悼会上，第一次以"为人民服务"为题发表了影响深远的演讲，深刻阐释了共产党人为人民服务的根本宗旨。中国共产党历经100年的风雨征程，始终坚守的正是人民的立场，共产党人的奋斗和牺牲就是为了中国人民站起来、富起来、强起来。不忘初心，就是"把人民对美好生活的向往作为奋斗目标，依靠人民创造历史伟业"。除了人民利益，共产党人没有自己的特殊利益，始终坚持全心全意为人民服务才有源头活水。在过去的几年中，常常见到的一幕就是，习近平总书记会直接出现在平民百姓中间，引起一片欢呼并引来无数手机镜头。在北京街头的中式快餐店，他端着盘子，排队买饭，和百姓一起用餐；春节来临，他自办年货，回到插过队的农村看望老乡；他淋着雨同工人交谈，到农民家看谷仓、床铺、灶房、猪圈；他记挂老人，去敬老院不忘查看每日食谱；他关心学生，告诉他们"要扣好人生第一粒扣子"；地震灾区考察时，他走进帐篷了解安置居民生活，夜深了就在简陋的活动板房中住宿。习近平总书记提出的"不忘初心、牢记使命"，就是要坚持全心全意为人民服务的根本宗旨，永远保持对人民的赤子之心，不断带领人民创造更加幸福美好的生活。十九大报告指出，我国社会主要矛盾已经转化为人民日益增长的美好生活需要和不平衡不充分的发展之间的矛盾。共产党人不忘初心，就是不能忘了全心全意为人民服务的宗旨，把人民群众的满意度作为衡量工作的标准，一件事情接着一件事情办，一年接着一年干，着力解决好发展不平衡、不充分的问题，大力提升发展质量和效益，更好满足人民在经济、政治、文化、社会、生态等方面日益增长的需要。

（2）不忘初心就是坚守理想信仰。革命理想高于天，共产党人的远大理想是什么？就是带领全国各族人民努力实现共产主义，实现共同富裕。不同时代的共产党人为了这个理想不惜抛头颅、洒热血，不惜牺牲自我、无私奉献。信念坚定是政治定力的保证，理想信念是指路明灯。100年来，一代又一代共产党人满怀坚定忠诚的信仰，恪守执政为民的宗旨，传承艰苦奋斗的作风，发扬开拓创新的精神，积极投身中国革命建设和改革开放各项事业，居安思危，勇于变革、勇于创新，永不僵化、永不停滞，朝着中华民族伟大复兴的光明前景破浪前进。不忘初心，就是坚持以马克思主义为指导，实现"两个一百年"奋斗目标和中华民族伟大复兴的中国梦。不忘初心，就是要坚守共产主义信仰与为民族复兴而奋斗相统一。

（3）不忘初心就是坚守党员本色。共产党人为何能深得民心，在夺取新时代中国特色社会主义伟大胜利中取得一场又一场新胜利？因为共产党人始终坚持大公无私的革命情怀，这种情怀也是民族情怀和国家情怀。从面对党旗、举起右手、庄严宣誓的那一刻起，个人的命运就已经和党的命运紧密相连，身上肩负着的，不仅是光荣，更是使命。进入新时代，我们要以习近平新时代中国特色社会主义思想武装头脑，坚决维护以习近平同志为核心的党中央权威和集中统一领导，牢固树立"四个意识"、坚定"四个自信"。弘扬忠诚老实、公道正派、实事求是、清正廉洁等价值观，既要政治过硬，也要本领高强，创造出无愧于时代、无愧于人民的业绩。

（4）不忘初心就是坚守实干兴邦。"空谈误国，实干兴邦"，工作不仅要说在嘴上、写在纸上、讲在会上，更重要的是落实到行动中。习近平总书记多次告诫我们，战国赵括"纸上谈兵"、两晋学士"虚谈废务"的历史教训大家都要引为鉴戒。要大力弘扬"马上就办"精神。"马上就办"是习近平同志时任福建省福州市委书记时向全市干部提出的要求，他强调："'马上就办'加上'真抓实干'，我们就能切实转变作风，把工作落到实处，开创新局面。"在抓落实的过程中，贵在持之以恒，也难在持之以恒。我们全体党员尤其是领导干部要提升"功成不必在我，建功必须有我"的境界，保持稳健发展的战略定力，坚持一张蓝图绘到底，久久为功，善做善成，把党的十九大描绘的宏伟蓝图一步步化为美好现实。

使命呼唤担当，使命引领未来。只要全党同志不忘初心、牢记使命，团结一致、永远奋斗，中华民族伟大复兴的巨轮就一定能够胜利驶向光辉的彼岸，让我们一起在梦想之海中，乘着信念之舟朝着最初的梦想——那座名为初心的灯塔出发吧！

拓展阅读

从梦想起航的地方再出发——习近平的初心追寻

2017年10月31日，中共中央总书记、国家主席、中央军委主席习近平带领中共中央政治局常委李克强、栗战书、汪洋、王沪宁、赵乐际、韩正，瞻仰上海中共一大会址和浙江嘉兴南湖红船。

"其作始也简，其将毕也必巨。"

72年前，在抗日战争胜利前夕，毛泽东用这句古语总结了我们党从成立起所走过的艰难困苦，带来的天翻地覆。

72年来，久经磨难的中华民族迎来了从站起来、富起来到强起来的伟大飞跃。回到我们党出发的起点，习近平再次引用这句话激励和告诫全党，他强调："事业发展永无止境，共产党人的初心永远不能改变"，"只有不忘初心、牢记使命、永远奋斗，才能让中国共产党永远年轻。"

两个"首次"，同一关键词

10月31日，党的十九大闭幕仅一周，习近平总书记带领新一届中央政治局常委专程从北京前往上海和浙江嘉兴，瞻仰上海中共一大会址和浙江嘉兴南湖红船。

在上海兴业路下车后，习近平等步行来到中共一大会址纪念馆。

1921年7月，13位代表怀抱救国救民和实现共产主义的梦想，从全国各地走向这里。

"上海党的一大会址、嘉兴南湖红船是我们党梦想起航的地方。我们党从这里诞生，从这里出征，从这里走向全国执政。这里是我们党的根脉。"习近平深情地说。

"明镜所以照形，古事所以知今。"重回中国共产党的"产床"，追寻党走过的过去，就是为了强健党的根脉，只有根脉强健，党才能长盛不衰、枝繁叶茂；只有牢记来时的路，牢记为什么出发，才能有开拓前进的勇气和力量。

这次上海和浙江嘉兴之行，是十九大后习近平首次离京活动。5年前，习近平在十八大后首次离京是到广东考察工作。两相对照，颇感寓意深刻。

在深圳莲花山，习近平向邓小平塑像敬献了花篮。一路上，习近平反复强调，全党全国各族人民要坚定不移走改革开放的强国之路，做到改革不停顿、开放不止步。

两个"首次"，拥有同一个关键词，那就是"追寻"。

从十八大迈向新时代，从十九大再启新征程，我们党始终担负着长期而艰巨的历史使命。要准备好应对重大挑战、抵御重大风险、克服重大阻力、解决重大矛盾，我们就必须保持建党时中国共产党人的奋斗精神和赤子之心。

红船依旧，精神永恒

活动期间，习近平等先后在一大会址纪念馆和南湖革命纪念馆参观。展览的3幅图片，引起习近平的久久凝视。

一幅是中国近代时事漫画《时局图》，一幅是清末给列强赔款的惊人数字图表，一幅是马克思观察中国国情后写下的一段话。

"多屈辱啊！多耻辱啊！"习近平连连感叹。

百年前的暗暗沉夜，无数仁人志士苦苦探求救国救民的道路，却历尽挫折。直到十月革命一声炮响，中国先进分子从马克思列宁主义的科学真理中看到了解决中国问题的出路。

在南湖的红船上，诞生了中国共产党的第一个纲领和第一份决议。十几位书生毅然扛起马克思列宁主义的旗帜，义无反顾肩负起实现中华民族伟大复兴的历史使命。

细细品阅建党时的珍贵文献，习近平指出，中国共产党一开始就在自己的纲领文件中开宗明义确立了坚持马克思列宁主义，鲜明写下"工人阶级""无产阶级"这些字句。尽管处于初创阶段，但奠定了我们党的前进方向和基石。

"秀水泱泱，红船依旧；时代变迁，精神永恒。"

在浙江工作期间，习近平就曾对"红船精神"作出概括：开天辟地、敢为人先的首创精神，坚定理想、百折不挠的奋斗精神，立党为公、忠诚为民的奉献精神。

开天辟地、敢为人先——真理只有在实践中才能得到检验，正是这敢为人先的一步，"中国革命的面貌就焕然一新了"。

坚定理想、百折不挠——"砍头不要紧，只要主义真"，无论苦难、曲折、死亡，没有任何力量能够动摇中国共产党人的理想信念。

立党为公、忠诚为民——《中国共产党章程》经过多次修改，"全心全意为人民服务"永远都是立党宗旨，占据着最高的地位。

首创精神、奋斗精神、奉献精神，伟大"红船精神"就是中国共产党为中国人民谋幸福，为中华民族谋复兴的初心。

在 96 年波澜壮阔的历史进程中，正是因为保持了初心，中国共产党才能跨过一道又一道沟坎，取得一个又一个胜利。正是因为深深扎根人民、紧紧依靠人民，中国共产党才拥有了无穷的力量，风雨无阻，奋勇向前。

牢记誓词，终生不渝

在中共一大会址纪念馆，习近平等瞻仰了中共一大代表群像浮雕。一一列数中共一大 13 名代表的姓名，习近平感叹英雄辈出，也感叹大浪淘沙。

96 年来，党走过的道路有起伏、有曲折，其间有人动摇了，有人堕落了。究其根本原因，就是忘记了初心。历史的浪潮浩浩荡荡，唯有理想信念之光不灭，才能走向光明未来。

习近平曾说过，"理想因其远大而为理想，信念因其执着而为信念"。96 年来，多少英雄先辈留下了视死如归、大义凛然的话语表达理想信念的坚贞，用热血和生命践行着入党的誓言。

"我志愿加入中国共产党，拥护党的纲领，遵守党的章程……"

在中共一大会址纪念馆宣誓厅，习近平带领其他中共中央政治局常委同志一起重温入党誓词。在习近平领誓下，铿锵有力的宣誓声震撼人心。

入党誓词字数不多，记住并不难，难的是终身坚守。习近平强调，每个党员要牢记入党誓词，经常加以对照，坚定不移，终生不渝。

我们党是否坚强有力，既要看全党在理想信念上是否坚定不移，更要看每一位党员在理想信念上是否坚定不移。牢记誓词，终生不渝，这是我们党永葆旺盛生命力和强大战斗力的根基。

忠诚为民，永远奋斗

人民是历史的创造者，是我们党力量的源泉。

96 年风雨同舟，人民立场始终是中国共产党的根本政治立场。中国共产党能够走到今天，最根本的原因是民心所系、民望所归，为人民谋幸福是党的初心。

我们党是为了实现好、维护好、发展好最广大人民的根本利益而出发的，这一点永远不能忘记。

党要忠于人民，矢志不渝为人民奋斗。

党的十九大上，"坚持以人民为中心"作为一条郑重写入党的基本方略，要求把党的群众路线贯彻到治国理政全部活动之中，把人民对美好生活的向往作为奋斗目标，依靠人民创造历史伟业。

10 月 27 日，十九大闭幕后的第三天，习近平便主持十九届中共中央政治局第一次集体学习，新的开局，着重强调了"做实"。他强调，"清谈误国、实干兴邦，一分部署、九分落实"。

事业发展永无止境，奋进脚步永不停歇。

正如习近平强调的，党的十九大擘画了党和国家事业发展的目标和任务，全党同志必须坚持全心全意为人民服务的根本宗旨，不断带领人民创造更加幸福美好的生活；牢记共产主义远大理想，坚定中国特色社会主义共同理想，一步一个脚印向着美好未来和最高理想前进；始终保持谦虚谨慎、不骄不躁的作风，不畏艰难、不怕牺牲，为实现"两个一百年"奋斗目标、实现中华民族伟大复兴的中国梦而不懈奋斗。

不忘初心、牢记使命，永远奋斗——这是中国共产党人永葆青春活力的秘诀，只有这样，我们方可告慰历史、告慰先辈，方可赢得民心、赢得时代，方可善作善成、一往无前。

（摘自新华网，2017-11-03）

思考题

1. 你是如何理解"不忘初心、牢记使命"的内涵的？

2. 为什么要"不忘初心、牢记使命"？

参 考 文 献

[1]〔美〕彼得·圣吉. 第五项修炼: 学习型组织的艺术与实务〔M〕. 郭进隆, 译. 上海: 三联书店, 1998.

[2] 李故新, 廖义军, 龙井仁. 形势与政策〔M〕. 北京: 中国社会出版社, 2013.

[3] 崔莉萍. 基于"一路一带"推动中华文明在欧亚大陆的再传播〔J〕. 新闻大学, 2014 (5).

[4] 王敬文. "一路一带"打开筑梦空间〔J〕. 中国外资, 2014 (10).

[5] 霍建国. "一路一带"战略构想意义深远〔J〕. 中国外资, 2014 (10).

[6] 蒋希蘅. 程国强. 国内外专家关于"一路一带"建设的看法和建议综述〔J〕. 中国外资, 2014 (10).

[7] 陈晋. 从中国梦看传统文化〔J〕. 新湘评论, 2016 (8).

[8] 范秀涛. 论高校思想政治教育中的"中国梦"〔J〕. 现代商贸工业, 2016 (10).

[9] 胡佳. 中国行政改革动力研究综述〔J〕. 理论与改革, 2009 (4).

[10] 何颖. 中国政府机构改革 30 年回顾与反思〔J〕. 中国行政管理, 2008 (12).

[11] 石亚军, 施正文. 我国行政管理体制改革中的"部门利益"问题〔J〕. 中国行政管理, 2011 (5).

[12] 曾黎. 浅谈"用工荒"与"就业难"的交点: 当前形势下进一步发挥人才市场的资源配置作用〔J〕. 中国乡镇企业, 2010 (3).

[13] 马增. 大学生就业问题现状及对策分析〔J〕. 内江科技, 2010 (2).

[14] 韩振峰. 五大发展理念是中国共产党发展理论的重大升华〔J〕. 思想理论教育导刊, 2016 (1).

[15] 张霞. 浅析五大发展理念之间的相互关系〔J〕. 商, 2015 (48).

[16] 王炎. 五大发展理念研究综述〔J〕. 中共山西省委党校学报, 2016 (3).

[17] 陈莉. 大学生就业所存在的问题以及就业指导〔J〕. 中国科教创新导刊, 2010 (2).

[18] 李姮. 建立新形势下贫困生就业体系刍议〔J〕. 边疆经济与文化, 2010 (3).

[19] 陈金玲, 吴纬地. 大学生就业难的原因分析及对策研究〔J〕. 法制与经济 (下旬刊), 2010 (2).

［20］尹汉宁．以多维视角认识把握五大发展理念［N］．人民日报，2016-01-12．

［21］任理轩．关系我国发展全局的一场深刻变革［N］．人民日报，2015-11-04．

［22］李克强．在国务院机构职能转变动员电视电话会议上的讲话［N］．人民日报，2013-05-15．

［23］段华明．21世纪海上丝绸之路：实现中国梦的海上大通道［N］．光明日报，2014-6-6．

［24］赵培章．伟大复兴路 共圆中国梦［N］．昆明日报，2016-06-29．

［25］柳玫玫．学先贤越热 中国梦越近［N］．宝鸡日报，2015-11-25．

图书策划　MS

普通高等院校"十三五"规划教材

形势与政策

XINGSHI
YU ZHENGCE

ISBN 978-7-5022-7490-0

9 787502 274900 >

天猫名狮旗舰店　　定价：33.00元